世界史躺著讀 I

日本現代知識巨人

出口治明 著

周若珍 譯

自序

我之所以萌生撰寫五千年史的念頭，原因之一，是因為在長達二十萬年的人類歷史中，距今五千五百年到五千年前起，才開始留下文字資料。若以繪畫或考古遺跡為基礎來思考，容易流於用已知的事物去推測其他同類事物，相較之下，以文字傳遞的資訊量更為龐大。這些文字記錄了當時人們生活、思考的證據，因此我認為以文字為基礎來探討歷史，是深具意義的。

有些人對古代歷史沒興趣，認為現代史才重要。然而我的想法是，如同人類從嬰兒成長為大人一般，時代也並非一轉眼就變成現代的。唯有學習長久累積至今的歷史，我們才能創造美好的新時代。

「哈利卡那索斯（Ἁλικαρνασσός）出身的希羅多德（Herodotus）因為擔憂人世間發生的事情會隨著時間流逝而為世人所遺忘，就連希臘人或異邦（barbaroi）所為之偉大且令人驚嘆的種種事蹟（尤其是導致兩者陷入交戰局面的背景成因），也終將無人知曉，是以親自進行研究調查，並根據其結果撰寫本書。」（《歷史（上）》希羅多德著，松平千秋譯，岩波文庫）

我認為這段話的含意，是「人類是一種無可奈何的動物，總是重蹈覆轍。我把自己在世界各地的所見所聞與調查結果記錄下來，希望你們透過這些紀錄好好學習，好變得聰明一點」。這段話已經完全闡明了學習歷史的意義。

這本書的原書名是《*Historiai*》，意為「探究」。希羅多德認為人類的足跡必須透過走遍世界各地來調查，歷史已經不只是希臘一國的東西，它存在於各國的關係之中。

我們無法只透過分析眼前的現象來理解歷史事件，因為倘若對整體沒有通盤的了解，亦無法掌握部份所代表的意義。換言之，日本史或中國史並非獨立存在於人類歷史中，全人類只有一個獨一無二的歷史（本書將其稱為五千年史），各地區的歷史都存在於這個大框架之下。

另外，我們都很熟悉將耶穌基督誕生的年份（其實是西元前四年左右）視為西元（AD）元年。AD是拉丁語的 Anno Domini（主的年份），若以英語表達，則是 in the year of our Lord。而在這之前的時間稱為西元前（BC，Before Christ），以倒數的方式計算。然而自從人類出現以來，時間的洪流宛如大河般奔騰至今，既不曾停下，也不曾倒流。

本著這樣的想法，我試圖將文字發明至今這五千年的歲月視為一道巨流來細細端詳。本書將這五千年區分為五個千年來記述，同時避免使用大眾較不熟悉的詞彙（例如將英國稱為聯合王國，將荷蘭稱為尼德蘭）。

我並非歷史專家，這本書充其量只是一個喜愛歷史的市民出自興趣而撰寫的。但即使如此，我依然力求正確。倘若各位在讀完本書後能對歷史產生興趣，那將是我最大的喜悅。恭候各位讀者的感想與意見。

來信請寄到：hal.deguchi.d@gmail.com

最後，本書能得以問世，全都要歸功於新潮社的內山淳介先生，以及將我拙澀的言詞化為洗練文章的小野田隆雄先生。我在二〇一三年接受採訪，現在他們將訪談內容整理為這本書。在此我要向兩位致上最深的謝意。

二〇一五年十二月　盼望有一天能撰寫「詳說五千年史」

出口治明

自序……3
前史——人類發明文字之前……18

第一部　第一千年紀—第二千年紀＝西元前3000至西元前1001年

第一章　文字的誕生與最初的文明……24
1 文字的發明源自於語言……24
2 文明始於美索不達米亞……26
3 阿卡德帝國的薩爾貢大帝打造人類第一個帝國……29
4 人類為什麼會有交易行為？……31

第二章　馬戰車帶來的軍事革命……34
1 稱霸東地中海，並成為希臘文明根基的埃及中王國時期……34
2 中國的二里頭文化是傳說中的「夏朝」嗎？……35

3 漢摩拉比的古巴比倫王國統一美索不達米亞平原……37
4 西克索人的馬戰車推翻埃及中王國時期……37
5 獲得鐵器的西臺人殲滅古巴比倫王國……38

第三章 黃河文明的誕生與西元前一二〇〇年的巨變……41

1 埃及建立新王國……41
2 黃河文明興起……42
3 全世界最古老的國際和平條約……44
4 海上民族侵襲東地中海……44
5 鐵器時代隨著西臺人滅亡而展開……45
6 腓尼基人竄起，誕生於邊境地帶的字母開始流傳……46
7 雅利安人入侵印度，婆羅門教與《梨俱吠陀》誕生……47
8 中國發生商周革命……48

第二部　第三千年紀＝西元前1000至西元前1年

第一章　世界帝國的時代 52

1 史上最初的世界帝國：亞述 53
2 大流士一世所實現的全球化 57
3 亞歷山大大帝的真面目 61
4 安息帝國的建國與尚未成為帝國的羅馬 65
5 亞歷山大帶來的衝擊促成印度統一 68
6 統一中國的天才：秦始皇 70

第二章　知識爆炸的時代 75

前兆
1 希臘：因對抗腓尼基人而出現希臘文藝復興 76
2 印度：結合因果報應與輪迴思想的奧義書誕生 77
3 中國：西周滅亡，漢字廣傳，中華思想誕生 78
4 鐵器的普及促成知識爆炸 80
知識爆炸
5 希臘：蘇格拉底引導哲學轉向，柏拉圖提出二元論 81

6 印度：阿耆多．翅舍欽婆羅提出唯物論，佛教與耆那教誕生……83
7 中國①：破壞自然，文書行政，諸子百家……85
8 中國②：孔子、墨子、老子、商鞅……87
9 中國③：孟子的易姓革命與莊子……89
10 中國④：表面為儒家，內在為法家，知識份子為道家……90
11 猶太人的流散促使舊約聖經完成……92

第三部 第四千年紀＝西元元年至1000年

第一章

漢朝、羅馬帝國、拓跋帝國與法蘭克王國……96
1 大乘佛教運動為了對抗印度教而展開……97
2 佛像的打造始於貴霜王朝……100
3 王莽篡西漢，建立東漢……102
4 耶穌受刑而死，保羅受感化，新約聖經完成……103
5 羅馬帝國步入「人類最幸福的時代」……105
6 歐亞大陸的嚴寒引發大規模的民族遷徙……107
7 游牧民族無法輕易進入的國家——印度與波斯……108
8 漢朝滅亡。晉朝捨棄北方逃向南方……113

9 北魏統一華北。拓跋帝國成立……116
10 羅馬帝國經過分治，將重心東移……120
11 法蘭克人在歐亞大陸西方竄起……123

第二章 一神教革命的完成……127

1 隋朝建國，拓跋部掌握中國霸權……128
2 最強的突厥語族游牧民族──突厥在蒙古高原建國……129
3 羅馬帝國的查士丁尼一世夢想統一東西……130
4 薩珊王朝的霍斯勞一世與二世皆追尋波斯帝國的夢想……132
5 羅馬帝國與薩珊王朝展開敘利亞．埃及爭奪戰……133
6 先知穆罕默德成立伊斯蘭教，一神教革命成功……134
7 隋唐建立世界帝國……146
8 戒日王統一北印度……149
9 白村江的慘敗與倭國的鹿鳴館政策……151
10 女皇武則天成為大唐世界帝國的掌權者……154
11 宰相丕平二世，掌握法蘭克王國（墨洛溫王朝）的實權……160

第三章

沒有穆罕默德，就沒有查理曼

沒有穆罕默德，就沒有查理曼……162
1 法蘭克人改變信仰。羅馬教會尋求脫離羅馬帝國獨立……162
2 卡洛林王朝誕生，羅馬教宗成為擁有領土的「君主」……167
3 查理曼成為羅馬皇帝……169
4 阿拔斯革命在伊朗東部爆發……171
5 巴格達的建設帶來巨大的有效需求……173
6 何謂「沒有穆罕默德就沒有查理曼」……175
7 安史之亂與阿拔斯革命有關？……176
8 印度佛教（密宗）在青藏高原比中國佛教興盛的原因……178
9 維京人出現……179

第四章

伊斯蘭百年翻譯運動，與維京人的活躍

伊斯蘭百年翻譯運動，與維京人的活躍……180
1 伊斯蘭教國家學會造紙技術，展開百年翻譯運動……181
2 阿拔斯王朝任用馬穆魯克……183
3 伊斯蘭教與土庫曼人、馬穆魯克的關係……184
4 薩曼王朝的馬穆魯克經濟……185
5 唐武宗打壓宗教與吐蕃的衰亡……186
6 唐朝發生黃巢之亂……187

7 柬埔寨建立吳哥王朝……189
8 法蘭克王國分裂為三，羅馬帝國成立馬其頓王朝……189
9 維京人展開侵略活動：東至俄羅斯，西至英格蘭與法蘭西……191
10 馬扎爾人入侵潘諾尼亞，建立匈牙利……194

第五章 唐宋革命與伊斯蘭帝國的分裂……195

1 唐朝滅亡，進入五代十國……196
2 法蘭克王國（卡洛林王朝）滅亡，德意志進入薩克森王朝，法蘭西王國進入卡佩王朝……198
3 鄂圖一世就任羅馬皇帝，採行帝國教會政策……199
4 阿拔斯王朝衰落，三大哈里發並立……201
5 巴西爾二世重現東羅馬帝國的黃金時代……203
6 宋朝建國。一場名為唐宋革命的重大變革就此展開……204

第一章　歐亞大陸的溫暖期，與商業的興盛

第一章　歐亞大陸的溫暖期，與商業的興盛……214
1 契丹與宋朝締結澶淵之盟（ODA）……215
2 佛教的第三波傳佈，上座部佛教由斯里蘭卡傳至緬甸……217
3 宋朝名宰相王安石的改革：用精簡政府培育中產階級，以圖富國強兵……219
4 印度兩大王朝——伽色尼王朝與朱羅王朝的興盛……223
5 法提馬王朝的哈基姆打造了「智慧宮」……225
6 土庫曼人建立第一個帝國——塞爾柱王朝……226
7 塞爾柱王朝的大宰相——尼扎姆．穆勒克……227
8 穆拉比特王朝建立，伊斯蘭勢力進入非洲……229
9 西班牙出現基督教王國……230
10 阿方索六世掌握托雷多，托雷多翻譯學派開啟文藝復興的大門……232
11 穆拉比特王朝的優素福征服安達魯斯……232
12 諾曼人征服英格蘭（諾曼征服）……233
13 西西里島上也出現諾曼第王朝……235
14 一〇七一年戰敗後，羅馬帝國由軍事戰轉為外交戰……237
15 義大利的海上共和國海開始活躍……238
16 東西教會大分裂……239

17 卡諾莎之辱。敘任權鬥爭與三階級思想——「祈禱之人、戰鬥之人、耕作之人」…… 241
18 十字軍展開東征。其主要目的究竟是「奪回聖地」抑或「討生活」？…… 242
19 熙篤修道院創設。熙德傳說誕生…… 245

第二章

中世紀之春

中世紀之春…… 247
1 沃姆斯宗教協定終結了敘任權鬥爭。教宗權得到強化…… 248
2 北義大利的大都市成為自治體…… 249
3 贊吉王朝的誕生與第二次十字軍…… 250
4 安茹帝國（金雀花王朝）的成立…… 253
5 阿尤布王朝的薩拉丁奪回耶路撒冷…… 257
6 三位君主與第三次十字軍…… 258
7 羅馬皇帝亨利六世促逝，情勢巨變…… 261
8 歐洲進入「中世紀之春」，展開十二世紀文藝復興運動…… 264
9 宋金締結海上之盟…… 265
10 靖康之變。宋朝進入南宋時期…… 266
11 宋金和議，秦檜與岳飛對立…… 267
12 塞爾柱王朝與伽色尼王朝滅亡，古爾王朝統治北印度…… 268

第三章

蒙古和平 …… 270

1 第四次十字軍東征，襲擊君士坦丁堡 …… 271
2 腓力二世對約翰，安茹帝國瓦解 …… 272
3 為了鎮壓卡特里派而組成阿爾比十字軍 …… 273
4 在一二一二年發生的三起事件 …… 274
5 大憲章（The Great Charter）完成，第一次諸侯戰爭 …… 276
6 羅馬教會確立告解制度 …… 276
7 成立道明會以解決卡特里派問題 …… 278
8 「中世紀第一個近代人」腓特烈二世就任羅馬皇帝 …… 279
9 宗教裁判的制度化，第六次十字軍，馬穆魯克王朝誕生 …… 283
10 腓特烈二世之死與霍亨斯陶芬王朝的滅絕 …… 284
11 最後的十字軍 …… 286
12 德意志哈布斯堡家族發跡 …… 288
13 第二次諸侯戰爭到模範議會 …… 289
14 西西里晚禱，查理一世遭流放 …… 291
15 十三世紀地中海與歐洲的貿易 …… 292
16 安達魯斯的奈斯爾王朝與北非的馬林王朝 …… 295
17 中央歐亞升起兩個太陽——成吉思汗獲勝 …… 296
18 追求效益的蒙古帝國 …… 298
19 古爾王朝的馬穆魯克——艾伯克在印度德里建立了馬穆魯克王朝 …… 299
20 成吉思汗的後繼者竟為三男窩闊臺 …… 302

21 貴由即位後不久去世，蒙哥成為第四代可汗……304
22 馬穆魯克王朝的英雄——拜巴爾……308
23 蒙古的世界曆始於蒙哥……310
24 「韃靼之軛」的真相……311
25 熟知現實的英傑——忽必烈……312
26 影響十四世紀的兩件事——鄂圖曼王朝的建立、法蘭西國王與教宗之爭……325

第四章 寒冷期與黑死病的時代

寒冷期與黑死病的時代……326
1 蒙古世界帝國迎向全盛期……327
2 有關「名叫馬可．波羅的人」……329
3 北印度的圖格魯克王朝遷都至德干高原……330
4 黑死病大流行……331
5 大元大蒙古國衰亡，紅巾之亂爆發……333
6 大明建國與帖木兒的崛起……335
7 蒙古史與歷史的真相……336
8 法蘭西國王腓力四世與教宗博義八世的殊死戰……337
9 威尼斯的繁榮與非洲的金礦……339
10 亞維農之囚與十三日星期五……340
11 瑞士邦聯擊敗哈布斯堡軍隊。同時期歐洲豪雨成災……341
12 腓力四世死亡。卡佩王朝結束，進入瓦倫王朝……342

13 莫斯科大公國的誕生與塞爾維亞的興亡……343
14 英格蘭國王愛德華三世讓法蘭西陷入百年戰爭……344
15 黑死病成為文藝復興的契機之一……346
16 德意志的分治與漢薩同盟的組成……348
17 百年戰爭由法蘭西反敗為勝。「稅金之父」登場……350
18 鄂圖曼王朝出現耶尼切里……351
19 漢薩同盟透過鹹魚掌握波羅的海霸權……352
20 亞維農之囚結束，小分裂開始……354
21 英格蘭發生瓦特．泰勒農民起義，「民有、民治、民享」……355
22 雅蓋洛王朝大勝德意志騎士團……357
23 鄂圖曼王朝急速成長，與之抗衡的是帖木兒王朝……357
24 大明的黑暗政權……359

前史　人類發明文字之前

智人踏上偉大的旅程

智人（Homo sapiens）是人類的學名，在十八世紀由瑞典生物學家林奈命名，意指「有智慧的人」。屬於人科的原人在歷經了數百萬年的盛衰榮枯後，最終演化為現代人（Homo sapiens sapiens）。

現代人誕生於距今約二十萬年前，發源地是非洲坦尚尼亞的大裂谷（Great Rift Valley）。我們人類的祖先，就在那裡過著狩獵採集的生活。根據推算，當時的人口約為五千人。

莫約在十二萬年前，有些人離開了非洲。一般認為這是由於當時地球變得寒冷，大型動物群（Megafauna）數量減少的緣故。說得白話一點，就是無法輕易吃到美味的肉排。人們心想，或許在其他地方還有比較容易捕獲的牛或馬，因此某些勇敢的人類便踏上了旅程。

他們搭著獨木舟，沿著阿拉伯半島進入歐亞大陸，並停留了一段時間；到了約七萬年前，他們又再次展開旅程。當時的人口已經增加為五十萬人左右。他們往東、往西、往北，走遍了歐亞大陸，最後渡過白令海峽，一口氣從北美洲來到南美洲。有些人將智人為了追尋美味的大型動物而走遍世界的這趟旅程，稱為偉大的旅程（Great Journey）。

這個說法之所以得到證實，是因為同一區域的某個地層中，大型動物骨骸驟減的時期，與人類骨骸開始出現的時期幾乎一致。

這裡的重點是，當人類前往一塊未知的土地時，最輕鬆的方法就是沿著海岸前進。前人未至的地方當然沒有道路，比起一邊擔心遭到野獸襲擊，一邊用石器在森林或山間披荊斬棘地前進，倒不如搭上獨木舟，在看得見陸地的狀況下走海路，才更為安全又簡單。換言之，人類自古就懂得利用海路或水路，正所謂「山相隔，海相連」。

腦內革命帶來了「馴化」

美索不達米亞在希臘語中的意思，是「兩條河川之間」，也就是注入波斯灣的兩條河——底格里斯河與幼發拉底河之間的區域。

有些研究東方的學者將從美索不達米亞平原到敘利亞、巴勒斯坦，最後與埃及的尼羅河流域連接起來的這塊區域，稱之為「肥沃月灣」（如美國學者布雷斯特德〔James Henry Breasted〕等）。這個區域在距今一萬二千年前左右，發生了一種名為「馴化」（domestication）的現象。當時全世界的人口推估約為五百萬人。

此現象究竟是突然發生或是逐漸變化的，眾說紛紜，但人們因此不必再過著追著肉排跑的生活，而可以定居下來，並試圖掌控周遭的環境。一言以蔽之，也就是人類的大腦進化，開始想要主宰外界（自然界）了。

所謂的「馴化」，就是從狩獵採集生活到農耕畜牧社會的轉換。具體而言，發展的過程依序為掌控植物的農耕、掌控動物的畜牧，以及掌控金屬的冶金（使用金屬器具）。最後，人類就連制定自然界規律（自然法則）的某種存在都想掌控，於是神（GOD）的概念也因應而生。其最原始的形體——土偶，已在一萬年前左右的肥沃月灣地帶出土。一般認為，過去的人們必定為了某種目的而祭拜土偶，而它或許是將宛如母親的大地神格化之後的「大地女神」。

透過「馴化」，人類的生活產生了根本上的變化——人們可以依照自己的意志來生產糧食。從狩獵採集生活轉變為農耕畜牧社會之後，糧食的產量變得供過於求，接著人們將這些多餘的糧食儲存起來作為財富，並用於交易。於是貧富差距就此產生。生產力的增加，使人類社會出現了不用直接從事糧食生產的人們，他們是剝削階級，也就是國王、神官等統治階級與商人等等。

由於剝削階級不從事生產，因此不需要住在田園或牧場中。他們生活的區域漸漸形成都市，因此都市基本上可說是剝削階級居住的場所。之後的發展，就如同許多書上所寫的——都市誕生後，逐漸形成城邦，最後發展為國家。

「馴化」的概念雖然比較新，但認為「人類因為擁有比其他物種還要大的腦，所以產生想要掌控大自然、掌控自然界規律的想法」的這個學說，確實令人信服。

人類因為「馴化」而進入一個全新的發展階段後，經過了將近五千年的歲月，分化為兩個社會。住在美索不達米亞南部的人們發明了犁，發展成農耕社會；而住在美索不達米亞北方草原地帶的人們，則在馬匹的普及之下，發展為游牧社會。

第一部

第一千年紀	第二千年紀

3000BC — 1001BC

第一章 文字的誕生與最初的文明

在距今五千多年前，美索不達米亞出現了文字，人類最初的帝國誕生。根據推測，在這個時代，全世界的總生產毛額（GDP）有一半以上都集中在「肥沃月灣」。這個時代的主角，包括了生氣勃勃的蘇美城邦、穩定的埃及古王國，以及乾淨的印度河城邦。

1 文字的發明源自於語言

人類的文字是在「馴化」之後，經過了五千年以上，才由打造了美索不達米亞第一個城邦的蘇美人所發明；當時約為西元前三千五百年。

文字是在交易的過程中誕生的。

假設我是一名在幼發拉底河附近販售小麥的商人，當時的交易方式是以物易物，我賣給A先生三捆小麥，而A先生承諾他養的羊生下小羊後，要給我一頭小羊作為報償。為了記下這件事，我將三顆泥球放進黏土做的杯子（bulla）裡。之後，我又賣給B先生七捆小麥，而B先生也承諾當他養的牛生下小牛後，要給我一頭小牛作為報償。為了記下這件事，我再將七顆泥球放進另一個bulla裡。隨著和我進行交易的人不斷增加，bulla也愈來愈多，最後連自己都搞不清楚了。

這時我想到了一個方法，那就是在放進bulla的泥球上，分別作出A先生與B先生的記號。於是我發現，假設A先生的記號是○，B先生的記號是△，那麼我只要把三個有○記號的球和七個有△的球放進同一個bulla裡就好。這樣一來，當羊隻或牛隻生產時，我只要檢查bulla裡泥球的數量，就可以完成這筆交易。

我會選擇一個自己一看就知道「這是A先生」的記號來代表A先生，刻在泥球上；假如用我稱呼他的方式來作記號，就更是萬無一失了，例如中村先生、吉田先生。然而我猜想，古代可能沒有抽象的名字，對人的稱呼應該很具體，比如鼻子很大的人就叫做「鼻子先生」，住在山裡的人就叫做「山先生」。而我則將他們的名字轉化為圖樣般的記號，刻在泥球上。作為此種用途的泥球，就叫做代幣（token），而這就是後世硬幣或票券的原型。

這個認為「代幣的發展促使世界最初的文字誕生」的學說，是由美國一名女性學者丹尼絲・施曼德（Denise Schmandt-Besserat）所提出的。

將代幣上的圖樣用蘆葦或金屬製成的筆刻在泥板上，就成了楔形文字。之所以稱為楔形文字，是因為刻在泥板上的線條狀似楔的緣故。起初是表意文字，後來逐漸演變為表音文字。蘇美人透過楔形文字發展出了高度的文明——將一年定為十二個月、將一週定為七天的就是蘇美人，發明了帆船、輪、葡萄酒、啤酒及建築物奠基儀式的，也是他們。在那個時代，全世界的總人口約為一千萬人。

2 文明始於美索不達米亞

發明文字的美索不達米亞文明，在底格里斯河與幼發拉底河流域逐漸發展。這是因為河邊具有適合人類居住、交通方便，又容易種植穀物和果樹等好處的關係。這些優點在埃及的尼羅河流域同樣能看見；埃及也因為土地肥沃，自古以來就是穀倉地帶。

不過當我們檢視美索不達米亞與埃及的關係，便能發現美索不達米亞早一步開始有文明發展。美索不達米亞有蘇美人所建立的世界最早的城邦，農業和貿易也很發達。埃及人受到美索不達米亞文明的刺激後，為了與美索不達米亞對抗，才開始發展埃及文明。根據推測，當楔形文字傳到埃及時，埃及人也不願意直接使用，因此創造出了埃及特有的象形文字——聖書體（hieroglyph）。楔形文字一般刻在泥板上，而聖書體則大多寫在莎草紙（papyrus）或刻在石板上。

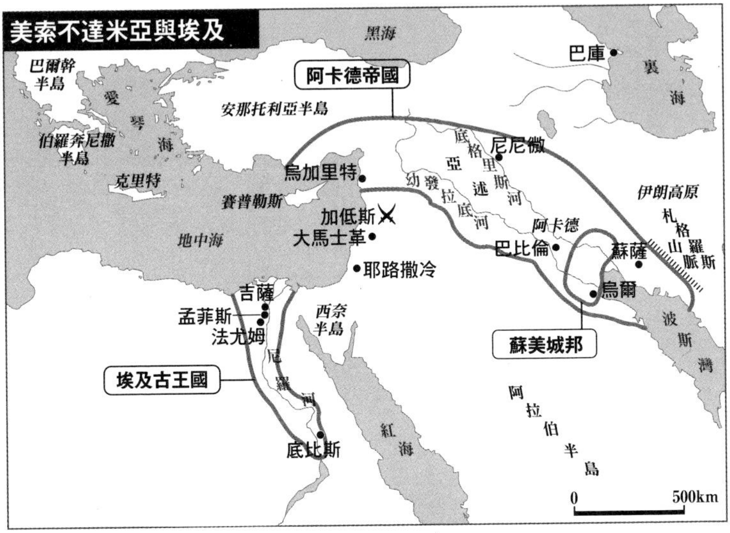

以文明發展而言，美索不達米亞起步得比較早，然而率先建立大國的，則是埃及。國王納爾邁（Narmer）在西元前三千年左右統一了上埃及與下埃及。

一般將埃及第三王朝到第六王朝的莫約五百年間（約為西元前二六八二—二一九一），稱為古王國。在第四王朝二代國王胡夫在任的時期（西元前二五五〇左右），埃及建造了至今世上最大的石造建築——吉薩大金字塔（Great Pyramid of Giza）。這是一種公共事業。

為什麼埃及會早一步發展成大國呢？關鍵在於其地理條件。尼羅河流經沙漠，兩側河岸綠意盎然，但除此之外全是一望無際的沙漠。

想建立大國，就必須匯集大量的剩餘生產物來作為權力後盾；為此，道路正是必要條件。而埃及的道路就是尼羅河。尼羅河的河道筆直而平坦，徐緩的河水可以運送大量的物資。此外，河岸上沒有山巒或丘陵地形，便於防守，只要在重點地區設置衛兵即可。分散在各「點」的城邦，就這樣透過水路、陸路串成「線」，最終得以統治一個「面（大國）」。

另外，每年的氾濫也會從上流帶來肥沃的土壤。正如同希羅多德所言，埃及的確是「尼羅河的禮物」。

相對地，底格里斯河與幼發拉底河流經綠地，水流湍急，周圍又有丘陵和森林，因此盜賊有許多地方可以藏身，住在上游地區山地的居民也經常侵襲物產富饒的河岸地區。另外，蘇美的各個城邦都擁有各自的神塔（Ziggurat），祭祀著專屬的守護神，並互相爭權。基於以上種種因素，沒有人能累積大量的剩餘生產物，導致美索不達米亞遲遲無法出現一個統一的國家。

印度河文明則是遲了美索不達米亞與埃及五百年，才開始發展。當時正值埃及古王國時代建造吉薩大金字塔的時期。

在這五百年的歲月中，我們可以看見文明從美索不達米亞出發，經過波斯灣，沿著海岸傳至印度，再順著印度河逆流而上。由於印度河文字尚未完成解讀，因此留下了大規模整潔城邦的印度河文明究竟是由什麼人打造出來的，至今仍不得而知。

我們從小學到的，是美索不達米亞、埃及、印度河與黃河這四大文明，是各自發展興盛的。

然而時至今日，主流學說反而認為各地文明的興起，皆是因為受到世界最古老的美索不達米亞文明刺激。這是因為每個文明的特產品在各地的遺跡中紛紛出土的關係。尤其是美索不達米亞、埃及與印度河流域之間的關係，更是緊密得超乎想像。

而黃河文明雖然距離遙遠，但今天我們幾乎可以篤定地確信，青銅器和二輪戰車（Chariot）都是從美索不達米亞經過中亞傳至黃河流域的。

3 阿卡德帝國的薩爾貢大帝打造人類第一個帝國

美索不達米亞的北部稱為亞述，南部稱為巴比倫；巴比倫又可以分成南北兩部份，北部是阿卡德，南部則是蘇美。

而摧毀世界最古老的蘇美城邦，並征服美索不達米亞全域以及安那托利亞半島西部的，正是阿卡德的國王（Akkad）薩爾貢（Sargon）。西元前二三三四年，他在美索不達米亞建立了第一個統一國家——阿卡德帝國。

阿卡德成為了史上第一個帝國。本書也依照慣例，將統一了使用不同語言之多個民族的政權稱為帝國。阿卡德和蘇美雖然南北相鄰，但語言和民族皆不同。

對一個帝國而言不可或缺的，就是共通的語言；若沒有通用語言，國家便無法統一。此時便出現了通用語（Lingua franca）的概念。阿卡德語成為人類最初的通用語。

薩爾貢不愧是統一了當時最先進地區的國王，留傳後世的逸文軼事也很多。根據泥板的記載，相傳薩爾貢打造了世界上第一座動物園，而且動物園裡還有印度河的水牛。至於他打造動物園的原因，可能是這樣的——征服語言不同的民族、建立統一帝國，就等於統治了所有的人類；統治了所有的人類之後，下一步就是想要統治所有的生物，於是打造動物園；再接下來則是連過去都想要掌控，所以會開始收集文物。亞述國王建造了大圖書館，中國清朝的康熙皇帝也編纂了空前的大辭典《康熙字典》。拿破崙的羅浮宮、大英帝國的大英博物館，也都是出自於同樣的理由。薩爾貢可謂其先驅。

另一個有關薩爾貢的傳說是：薩爾貢本是女巫的小孩，他被放在蘆葦編成的籠子裡，漂流在幼發拉底河上，最後被一名園丁撿到。聖經裡描述摩西誕生時的情節，就是直接套用這個傳說的。

薩爾貢的孫子——阿卡德帝國第四代國王納拉姆辛（Naram sin）宣稱自己是神。後世亦有君權神授說，不過世界上最早宣稱自己是神的君主，就是納拉姆辛。

阿卡德帝國持續了一百五十年左右，之後由蘇美人再次統一美索不達米亞（烏爾第三王朝，西元前二一一二——二〇〇四）。第一代國王烏爾納姆（Ur-Nammu）編纂了世上最古老的法典，第二代國王舒爾吉（Shulgi）鋪設了道路。烏爾第三王朝持續了一百年後便日漸衰微，美索不達米亞再次進入許多民族城邦林立的分裂時代。

4—人類為什麼會有交易行為？

隨著「馴化」使得糧食和生活必需品（毛皮、陶器、工具等）充足到可以蓄積，人們開始出現交易（以物易物）的行為。這是因為人類的本能告訴自己，光靠自己所處的生態系，是無法再繼續發展下去的（生態系貧乏）。

生態系的定義，是將一個生物群體與其周遭環境視為一個封閉的系統。也就是指生存在同一個地區的植物、動物、埋藏在地底的礦物，以及當地的氣候、風土特徵等等。生態系貧乏的意思，是指生態系裡的資源一〇〇%被用盡，就如同花朵的數量會決定蜜蜂的數量一樣。

日本最早出現文明的北九州地區沒有產鐵，北九州的人們當時是用石器將木頭削成農具來耕田。

然而鄰近的朝鮮半島則有產鐵。用鐵器耕作，農務會變得比較輕鬆，能耕種的田地面積也會增加，收穫量更是能大幅提昇。這件事情沿著島嶼傳入了北九州人的耳中，於是北九州人便坐上獨木舟，前往朝鮮半島。他們可能帶著海產等物品去交換吧。他們獲得鐵之後，北九州的文明又有更進一步的發展，人口也大幅增加。

這就是交易的基本型態。自己的生態系中所欠缺的東西，人們會從鄰近的生態系取得。他們會帶著剩餘生產物前往鄰近的生態系，與之交換。

於是，所謂以物易物這種彼此對等的交易行為，便自然地誕生了。

接下來還會出現另一種型態，也就是所謂的「威信財交易」（譯注：威信財意指古代帝王用來展現權力、樹立威信的財寶，如玉器等）。這種交易的目的並非讓生活過得更富足，而是君主之間賭上自己威信而進行的交易。

當人們可以累積剩餘生產物，產生貧富差距後，各地出現許多君主。這些君主在心裡對彼此抱有競爭意識，於是試圖向對方展現自己的財富。因此他們會帶著美女或美食去造訪對方。

這種行為暗示著「我比你有錢、比你強」。收到禮物的君主若覺得自己輸給對方，就會變成對方的家臣；反之，若覺得對方的禮物不算什麼，則會拿出更高級的禮物加倍回贈，這時收到回贈禮物的君主，則會趕緊成為對方的家臣。

不論是威信財交易或是一般的交易，我相信在交易的過程中，彼此文化圈的資訊也會開始流通。當人們得知他處有個富強的君主，或許就會產生想與對方較量一下的心態吧。

在此稍微岔個題：有些人認為想要變得富有，透過戰爭或強取豪奪，不是比交易更快嗎？但是戰爭和搶奪的成本太高了。

人類在體格上幾乎沒有差異，要是沒有槍砲類的武器，一個人必須花上非常大的力氣，才有辦法殺死另一個人。與其做這種麻煩事，倒不如互相交換物品，才更有效率。

我認為交易是一種單純而聰明的方法。

第二章 馬戰車帶來的軍事革命

西元前二千年前期，是位於肥沃月灣的大國真正開始興衰的時代。埃及當時是由中王國掌握霸權，但卻被擁有馬戰車的西克索人（Hyksos）擊潰。美索不達米亞的古巴比倫王國打造了第三個統一王朝，但在漢摩拉比王死後分裂，被擁有鐵器的西臺人（Hittites）消滅。而印度河文明則因為氣候變動的關係，持續了莫約八百年的繁榮也在此時告終。

1 稱霸東地中海，並成為希臘文明根基的埃及中王國時期

古代埃及在其悠久的歷史中，建立了三次強大的統一王國時代。

・古王國（第三——第六王朝），西元前二六八二—二一九一左右

・中王國（第十一——第十二王朝），西元前二〇四〇——一七九四左右
・新王國（第十八——第二十王朝），西元前一五四〇——一〇七〇左右

這個時代登場的中王國，在法尤姆（Faiyum）地區進行了排水開墾，並持續了二百五十年左右，但在日本卻鮮少被提起。或許是因為它不像古王國（金字塔）或新王國（盧克索神廟，Luxor Temple）那樣，留下醒目的遺跡吧。

其實中王國是稱霸整個東地中海的大帝國，它影響了地中海的克里特文明，同時也是希臘文明的基礎。克里特文明也稱為愛琴文明，著名的遺跡有克諾索斯宮殿（Knossos）的迷宮；這是因為中王國自古有將葬祭殿的前庭建造成迷宮的習慣。

此外，荷馬在《伊利亞德》中描述希臘神話的特洛伊戰爭時，提到衣索比亞的國王曼儂（Memnon）前來支援特洛伊；而這位曼儂王的原型，似乎就是打造中王國極盛時期的君主——阿蒙涅姆赫特三世（Amenemhat III）。據說阿蒙涅姆赫特三世征服的地區遠至敘利亞，或許《伊利亞德》裡的敘述就是與這個記憶重疊了吧。

2 中國的二里頭文化是傳說中的「夏朝」嗎？

現在將焦點移到中國。「馴化」大約在一萬年前出現在長江流域，從西元前二千年

左右開始，黃河流域中游的二里頭周邊便陸續產生城邦。一般推測，這個國家就是中國傳說裡的第一個王朝——夏朝。

這個推測的根據，是因為二里頭出土了大量用翡翠等珍貴寶石所製作的玉器或青銅器。這些物品在日常生活中根本用不到，因此可能是用來祭祀神明，或是用於「威信財交易」。就算一個都市已經具有城邦的規模，倘若缺乏相當程度的權力，就不可能有餘力製造這些人類生活中不需要的東西。如此一來，我們便能推測二里頭應該有個能統治該地區的城邦。

然而無法斷定這個國家就是夏朝的原因，則是因為沒有文字。再過一段時間，黃河流域才出現擁有文字的國家，也就是商朝（殷朝）。

誕生於美索不達米亞、擁有文字的文明，花了五百年左右的時間，才經由海路傳到印度。在這之後約一千年，黃河流域中游才出現使用甲骨文的商朝。有一個典型的證據顯示，美索不達米亞文明是透過游牧民族，經由陸路傳至商朝的——那就是宦官。

游牧民族靠著飼養羊隻和馬匹過生活，當然會希望留下比較強壯的羊或馬的下一代。為了預防羊、馬生下孱弱的下一代，他們會將孱弱的公羊、公馬去勢；而這個習慣後來延續到人類身上，就形成了宦官。中國自古就有來自西亞游牧民族的血緣。

3　漢摩拉比的古巴比倫王國統一美索不達米亞平原

在時代進入西元前一千年時，亞摩利人（Amorite）在美索不達米亞建立的古巴比倫王國日益強盛。

古巴比倫王國打倒北邊的亞述，在第六代國王漢摩拉比在位的中期（在位期間：西元前一七九二—一七五〇），統一了整個美索不達米亞。

這是繼阿卡德和烏爾第三王朝之後的第三個統一王朝。漢摩拉比留下了以「以牙還牙，以眼還眼」（talio，同態復仇）聞名的漢摩拉比法典，建立了一個強大的中央集權國家。順帶一提，在人類最早的烏爾納姆法典（烏爾第三王朝）中，則規定「以金錢還眼」。

古巴比倫王國以阿卡德語為通用語，首都巴比倫極為繁榮。然而在漢摩拉比去世後，古巴比倫王國便逐漸式微，風光的統一王朝也只延續了二十年左右。其後，美索不達米亞地區又呈現群雄割據的狀態，迎向小國分立的時代。

4　西克索人的馬戰車推翻埃及中王國時期

就在同一時期，埃及的中王國也呈現分裂狀態。這時一支名為西克索的民族入侵，消滅了中王國。埃及的土地上首次出現由異邦人建立的王國。

西克索的意思是「異國的統治者」，不過他們似乎也和阿卡德人及巴比倫人一樣屬於閃族（Semites）。他們擁有強力的武器——用馬牽引的戰車。

歐亞大陸中央的草原地帶，在西元前四百年左右首度將蒙古馬當作家畜馴養。一開始是拿來食用，後來才注意到蒙古馬優異的腳程和拉力。他們將馬匹和從美索不達米亞傳來的車輪加以組合，發明了用馬牽引的二輪戰車——馬戰車。馬戰車會載著車夫和戰士，而戰士負責射箭。

西克索和中國的商朝都是利用這種戰車來壓制敵人，侵略印度的雅利安人（後述）也以此為武器。馬戰車的速度很快，比步兵跑步還要快很多。戰爭裡最重要的關鍵就是速度；在紀元前的世界，馬戰車可說是最強力的武器。馬戰車的發明，被稱為第一次軍事革命。

就在埃及中王國滅亡的時候，印度的印度河文明也因為氣候的變動而衰亡，結束了持續約八百年的繁榮。

5 獲得鐵器的西臺人殲滅古巴比倫王國

在此之前，出現在美索不達米亞的民族，如阿卡德、巴比倫以及亞述等，都屬於閃

底比斯（Thebes）的葬祭殿中，拉美西斯三世（Ramesses III）乘坐馬戰車的壁畫（圖片來源：Getty）

語族（Semitic languages）。另一支民族，則是來自北非，屬於使用古埃及語或柏柏語（Berber languages）的含米特語族（Hamitic languages）。這兩種語族合稱亞非語系（Afroasiatic languages）。蘇美人的系譜不詳。

這時有一個新的語系出現，那就是印歐語系（Indo-European languages）。這個族群包含希臘語族（Hellenic languages，如希臘語等）、義大利語族（Italic languages，如拉丁語等）、日耳曼語族（Germanic languages）、斯拉夫語族（Slavic languages）以及印度—伊朗語族（Indo-Iranian languages）等。他們的故鄉應在裏海北部，也就是游牧民族。他們的人口日漸增加，想遷徙到更溫暖的地方，於是開始沿著草原往西南部遷徙。最先出發的就是西臺人。

然而看起來適宜居住的美索不達米亞與敘利亞一帶，是當時比較先進的地區，已經有許多強大的民族定居在此。西臺人認為就算發動侵襲也打不過他們，只好從現在土耳其共和國所在的安那托利亞半島繞道。沒想到此舉竟帶來了幸運。

安那托利亞半島產鐵，而當地的原住民早已經開始生產鐵器。西臺人學習了這些技術後，改良了鐵器的生產技術，製造出強力的武器，統治了安那托利亞半島。接著他們一一擊潰了周邊還使用青銅器武裝的諸民族，最後毀滅了古巴比倫王國（西元前一五九五）。然而西臺人在這時已經精疲力竭，沒有力量繼續統治巴比倫了。

同屬印歐語系的另一批人，原先以埃及為目標，但由於埃及也相當強盛，所以他們打消了念頭，轉向希臘，於是在希臘的伯羅奔尼撒半島（Peloponnesos）發展出邁錫尼文明（Mycenaean Greece）。邁錫尼文明雖承襲克里特文明，卻是一個軍事色彩強烈的文明。

第三章

黃河文明的誕生與西元前一二〇〇年的巨變

西元前二千年後期，位於歐亞大陸東方的黃河文明竄起，成為歷史的新主角。肥沃月灣因為大規模的民族遷徙（海上民族，The Sea Peoples），造成各大國同時衰退，產生一段權力空白時期，人稱「西元前一二〇〇年的巨變」（the catastrophe ca. 1200 B.C）。填補這段空白的，是腓尼基人、阿拉姆人（Aramaeans）等小國的人們。另一方面，雅利安人入侵印度，統治範圍達恆河流域。

1 埃及建立新王國

埃及在西克索人毀滅中王國之後，又將西克索人打倒，在西元前一五四〇年建立新王國。

這時候的美索不達米亞呈現分裂狀態，由安那托利亞的西臺、從札格羅斯山脈入侵巴比倫的喀西特（巴比倫第三王朝），以及胡里特人（Hurrian）在美索不達米亞北部建立的米坦尼（Mitanni）等三個王國互相爭霸。

埃及新王國利用這三國鼎立、美索不達米亞陷入一片混亂的機會，仿效中王國將勢力範圍從西奈半島擴展至東地中海。

就這樣，新王國締造了古埃及王國三千年歷史中的全盛時期。尤其是第十八王朝第九代的阿蒙霍特普三世（Amenhotep III），更是建造了盧克索神廟。他的母親是米坦尼的公主。新王國的首都底比斯有「百門之城」之稱，十分繁榮。

將國王稱為「法老」（意為王宮）的習慣、底比斯西岸的帝王谷（陵墓），以及寫在莎草紙上的宗教文書《死者之書》（*Book of the Dead*），都是新王國時代的產物。

另外，關於前述喀西特人與建立米坦尼的胡里特人，其語言和民族直到今天都還沒有定論。當時的文書記載，胡里特人奇克里（Kikkuli）曾負責調教牽引馬戰車的馬匹。

2 黃河文明興起

中國黃河文明的興起，大約比美索不達米亞與埃及晚一千五百年。這裡出現的甲骨文（龜甲獸骨文，漢字的原型），被譽為世上最美的文字。在這個時期，美洲的安地斯文明（Andean civilizations）與中美洲文明（Mesoamerican civilizations）〔墨西哥〕也開始萌芽。

發明甲骨文的商朝進行數次遷都，最後將都邑定於大邑商。大邑商相當於現在河南省安陽一帶，大量的甲骨文在安陽的殷墟出土，因此商朝也稱為殷朝。

一般認為當時中國約有九個文化區（「九州」），其中只有黃河流域中游的「中原區」有文字。而被認為夏朝所在地的地區，以及商朝之後的周朝，都在這個「中原區」。更古老的長江文明由於沒有文字，因此沒有留下紀錄。

根據傳說，夏王要求九州的首長進獻銅，打造九個銅鼎，並在銅鼎上鑄刻鬼神的臉孔，象徵九州的王位。夏王將這九個鼎視為自己權力的象徵，加以祭祀。商朝滅了夏朝之後，也繼承了這九個鼎，並傳給周朝。據說周朝被秦所滅時，這些鼎沉入了河底，秦始皇不想失去這些權力的象徵，於是拚命地打撈，但終究沒有找回。

所謂的鼎，原是一種烹煮食物用的三腳器具，在商朝則被當作祭祀用具，用來盛裝食物，祭祀神明。

3 全世界最古老的國際和平條約

西臺在美索不達米亞再次強盛。西臺國王穆瓦塔里（Muwatalli）打倒與埃及關係深厚的米坦尼，在敘利亞的加低斯與埃及國王拉美西斯二世交戰（加低斯之戰，西元前一二八六）。

一般認為這場戰爭最後由西臺獲得了勝利，因為根據楔形文字的紀錄，現在敘利亞與巴勒斯坦一帶，戰後被劃分為西臺的行政區。

最後兩國締結同盟，達成和解，這也被視為全世界最古老的國際和平條約。對西臺而言，在美索不達米亞北部日益壯大的新敵人——亞述的出現，也是促成和解的原因之一。

從東地中海到美索不達米亞這個區域，就這樣度過了一段暴風雨前的寧靜，緊接著巨變便如同驚濤駭浪般襲來。

4 海上民族侵襲東地中海

在西元前一二〇〇年代末期，一陣大規模的民族遷徙突然湧向東地中海。一般將這些人統稱為「海上民族」，但他們的語言系統和民族皆不明。海上民族毀滅了西臺，摧毀了希臘的邁錫尼文明，又沿著地中海往東推進，對敘利亞展開攻擊。他們毀滅了當時掌握地中海貿易的大城邦烏加里特（位於現在敘利亞的拉斯沙姆拉〔Ras Shamra〕一帶），對埃及造成巨大的損害。

而在美索不達米亞的內陸地帶，統治著古巴比倫的喀西特人，被從鄰國波斯襲來的埃蘭人（Elamites）所滅。當時被帶到埃蘭的首都蘇薩的寶藏之一，就是現在羅浮宮收藏的漢摩拉比法典。

由於氣候變動的關係，北方的人們為了尋找食物而南下，使得各民族之間出現一個驅趕一個的連鎖推擠現象，最後造成大規模的民族遷徙。一般認為，被稱為海上民族的人們，或許就是被趕出安那托利亞半島或巴爾幹半島的人。這就類似現在歐洲面臨的難民問題；由此可知，左右歷史的一大力量，就是人們的遷徙移動。

在西元前一二〇〇左右，從西臺、邁錫尼、烏加里特乃至於喀西特，全都消失無蹤。這就是所謂「西元前一二〇〇年的巨變」。

5 鐵器時代隨著西臺人滅亡而展開

被海上民族摧毀的西臺，擁有將鐵鍛造成鋼的技術。他們利用這個技術製造了農具和武器，提高農作物的產量，在戰爭中獲勝，成為大國。

西臺一直保護著這個技術，把會鍛造鋼的工匠們藏起來，對外保密。然而西臺滅亡後，這些工匠們得到了解放，分散至整個地中海地區。

於是美索不達米亞與地中海沿岸便立刻進入了鐵器時代，青銅器時代就此告終。

6 腓尼基人竄起，誕生於邊境地帶的字母開始流傳

正如同森林裡假如倒下了好幾棵大樹，那麼在陽光的照射下，小樹就會長出許多新芽一般，在強國紛紛滅亡的巨變之後，許多小民族便陸續出現，例如腓尼基人、阿拉姆人，以及希伯來人（猶太人）等等。

腓尼基人繼承了烏加里特的貿易圈，以現在的敘利亞、黎巴嫩的港都為根據地，擴張地中海貿易。阿拉姆人把在地中海貿易中取得的商品運送至美索不達米亞，負責內陸地區的貿易。當時的貿易中心地是敘利亞的大馬士革。阿拉姆人幾乎獨占了肥沃月灣的貿易，他們的語言——阿拉姆語，也成為了在美索不達米亞廣泛使用的第二通用語。就在這個時期，希伯來人在現在的耶路撒冷建立了一個小城市，也就是大衛王與其子所羅門的時代（以色列王國）。根據考古學家的研究，當時耶路撒冷的人口大約為一千人左右。

腓尼基人以使用字母而聞名，而最早的字母可追溯至西元前一八〇〇年代誕生的原

始西奈文字。當時美索不達米亞有楔形文字的文化，埃及則有聖書體。西奈半島位在美索不達米亞與埃及中間，居住在此的人們，同時和美索不達米亞與埃及進行貿易活動，因此總是為楔形文字及聖書體所苦惱。為了讓文字變得更簡便而發明的，就是字母。人類偉大的發明——將語言以二十六個文字表示的字母，就誕生在美索不達米亞與埃及這兩大文明的交界邊境。

7 雅利安人入侵印度，婆羅門教與《梨俱吠陀》誕生

雅利安人屬於前一章提到的印歐語系，他們入侵了印度。印度河文明滅於西元前一八〇〇年左右，而雅利安人是在莫約三百年後，才進入印度河文明的中心地帶——旁遮普地區（Punjab，位於印度河中游）。「雅利安」的意思是「高貴的人」，當然這是他們的自稱。

雅利安人定居在印度後，將人分為四個階級（種姓制度）。他們信仰婆羅門教，崇拜雷神（因陀羅）、火神（阿耆尼）等男神。婆羅門教的祭司稱為婆羅門，階級最高；第二階級是戰士（貴族），稱為剎帝利；第三階級是農民、商人，稱為吠舍；最低等的階級稱為首陀羅，負責奉侍他人。在首陀羅之下，還有一種不可接觸的賤民（達利特）。

雅利安人從旁遮普地區往東邊的恆河流域逐漸擴散，戰爭使用的武器為馬戰車，產

業則是以農業為中心；他們讓牛牽引鐵製的犁耕田。雅利安人定居在印度北部豐饒的土地，創作了許多讚美詩來歌頌名為梨俱吠陀（Rig Veda）的神明。簡單講，也就是雅利安人的神話。佛教裡許多神明的原型皆源自於此，包括閻羅王（亡者之王閻摩）。

雅利安人的信仰中心是男神，與希臘諸神相似。不過他們屬於同一個語系，這或許也是理所當然的。此外，他們之所以特別崇敬火神，我想可能是因為他們祖先來自裏海北方。

我認為他們在南下的時候，應該經過了裏海西岸的亞塞拜然（Azərbaycan）的巴庫地區；那一帶是石油的產地，可以看見自燃現象。或許身為古代人的他們見狀，自然就聯想到神。印度的火神阿耆尼，波斯的祆教（拜火教），應該也都是由此發展而成的。拜火教最古老的火，直到今日都還在巴庫的拜火教神殿裡燃燒著。我想日本延曆寺的「不滅法燈」，或許也承襲了印度的這個傳統。

最後，雅利安人進入了伊朗。伊朗就是雅利安的轉音。

8 — 中國發生商周革命

創造甲骨文，使青銅器文明繁榮約五百年的商朝，在西元前一〇二三年的牧野之戰中被周朝打敗。

這場戰爭稱為「商周革命」，為中國的社會、文化帶來了極大的變動。

首先是神明的性格產生了變化。中國的神基本上是太陽神。長江中下游流域的稻作文化傳至黃河中游流域，同時遠從美索不達米亞傳來的馬戰車以及宦官，也進入了此地。農耕文明與游牧文明在此交會，夏朝與商朝於是誕生。然而此文明的中心，是有著大量收成的稻作。農業中不可或缺的就是曆法，而曆法的主軸是太陽；太陽成為權威的象徵，與權力結合，形成了神最原始的型態。在商朝，人們將神視為商朝的祖先，稱之為「帝」；換言之，「帝」包含了崇拜祖先的意義。

然而到了周朝，人們稱呼神為「天」。「天」是比「帝」還要抽象，是一種超越人類智慧的存在。我們或許可以說，到了周朝，神總算洗掉了人味吧。

隨著人們對神的稱呼和想法逐漸改變，中國的政治也出現了很大的變化，也就是從商朝的政教合一體制，逐漸走向政教分離。

商朝在戰場上與敵人對峙時，會把巫女們排在最前線。巫女吟誦咒語之後，戰爭才會開始。

此外，在戰爭前，他們會用火烤龜甲或牛骨，根據上面的裂痕來占卜戰爭的勝負。然而在做好應戰準備後，假如龜甲或牛骨占卜出現了表示「凶」的裂痕，那可就傷腦筋了。因此他們會在龜殼的內側動手腳，事先刻出裂縫，使占卜的結果一定會是「勝利」。到了周朝之後，說得白話一點，則是演變成只要君主下令出征即可。

另外，語順也出現了變化。商朝的稱呼是「帝辛」，也就是「帝之名為辛」，但是到了周朝之後，則稱為「武王」、「始皇」等，也就是「名為武之王」，亦即修飾語和被修飾語的關係互換了。如上所述，商周革命對中國社會帶來了巨大的影響。

第二部

第三千年紀

1000 BC ⊢——⊣ 1BC

第一章　世界帝國的時代

我想從政治與文化兩個面向來看西元前一千年到西元前一年。首先是政治。

西元前一千年後，許多龐大的新帝國陸續誕生。這些國家比上一個時代擁有更廣大的領土，並且統治著更多的民族，因此我將這個時代稱為「世界帝國時代」。原是權力空白地帶的美索不達米亞，出現了史上第一個世界帝國，接著又因為空前強盛的波斯帝國，人類首度體驗了全球化。

在這樣的影響下，印度也建立了大帝國；到了西元前三百年開始，更是出現了前所未有的大國——羅馬帝國與中國的秦朝。肥沃月灣一直以來所占的優勢逐漸成為過去式，由中國、印度、波斯、羅馬四分天下的情勢慢慢成形。

另一方面，騎馬變得普遍，隨著騎馬服與蒙古包等攸關游牧民族生活的技術不斷進步，草原地區也出現了游牧國家；第一個就是斯基泰（Scythians）。靠著廉價的鐵弓箭與騎兵的優異軍事能力，游牧國家讓馬戰車成為過去式，此後直到槍砲普及的時代，游牧國家都是改寫歐亞歷史的原動力。

1 史上最初的世界帝國：亞述

亞述早在西元前二千年左右，就在北美索不達米亞建立了城邦；莫約自西元前七二〇年開始，國力急速擴張，在接下來的約一百年間達到全盛。薩爾貢二世摧毀安那托利亞半島上的烏拉爾圖（Urartu）王國，接收了分裂為南北兩部份的以色列王國當中的北王國。烏拉爾圖以發明礦山技術以及名為坎兒井（亦稱 qanat、foggara）的灌溉設備（地下暗渠）而聞名。薩爾貢二世退位後，亞述又陸續出現辛那赫里布（Sennacherib）、阿薩爾哈東（Esarhaddon）等賢能的君主。阿薩爾哈東首度從美索不達米亞遠征埃及，贏得勝利。但是當亞述軍隊一撤退，埃及就發生叛亂。

繼承阿薩爾哈東王位的是亞述巴尼拔（Ashurbanipal，在位期間：西元前六六八—六二七）。

他曾兩度遠征埃及，將埃及國王一族趕到尼羅河上游遠處，又對位於現在伊朗南部的埃蘭王國發動攻擊，攻陷其首都蘇薩，使埃蘭滅國。

就這樣，亞述在亞述巴尼拔在位的時代建立了史上第一個世界帝國，首都尼尼微呈現空前的繁榮。

然而一個國家出現了明君，在轉眼間征服廣闊的領土，那麼無論政治或軍事，都必須完全仰賴這位明君的領導魅力、智慧以及威勢。另一方面，由於長期維持權力所需的官僚制度和軍事組織也尚未健全，一旦明君死去，國家往往就會立刻瓦解。這種事自古以來就很常見，而亞述也不例外。亞述巴尼拔死於西元前六二七年，十五年後亞述滅亡。

打敗亞述的是迦勒底（Chaldea）與米底（Media，又稱瑪代）的聯軍；他們在西元前六一二年攻陷尼尼微。迦勒底人在巴比倫地區建立了新巴比倫王國；米底人則以伊朗高原為根據地，建立雅利安人的國家。

腰上佩著劍與筆的亞述巴尼拔，建造了大圖書館

將領土擴展至埃及，打造出亞述帝國全盛期的亞述巴尼拔，似乎是一位非常有個性的君主。

現存的石雕中，有一幅描繪的是亞述巴尼拔獵獅子的情景；石雕中的他，就像後來打造蒙兀兒帝國（Mughal dynasty）的巴布爾（Babur）一樣，在腰間插著劍和筆，似乎在誇耀自己是個文武兼備的優秀君主。事實上，他也的確寫了自傳。

亞述巴尼拔在首都尼尼微建造了一座大圖書館，從全國各地蒐集各種文獻，收藏在圖書館裡。雖說是文獻，但當然不是寫在紙張上的書本，而是刻著楔形文字的泥板。

正在打獵的尼布甲尼撒，腰間插著 2 枝筆。
（尼尼微宮殿的浮雕，大英博物館館藏）

十九世紀中期，大英帝國的探險隊發掘了圖書館的遺跡，在此出土的大量泥板上，記錄著蘇美以來的歷史。

在談到美索不達米亞的歷史時，尼尼微圖書館裡的泥板文獻扮演著極為重要的角色。例如，後人在這間圖書館裡發現了有「世界最古老的文學」之稱的鳩格米西史詩（*Epic of Gilgamesh*），以及後來成為諾亞方舟原型的洪水故事。

另外，據說德拉克羅瓦（Delacroix）的名畫「薩達那帕拉之死」（*La Mort de Sardanapale*）的主角，也是亞述巴尼拔。

尼布甲尼撒二世的巴比倫囚虜

亞述世界帝國滅亡後，肥沃月灣持續了好一陣子四國並立的狀態；這四國分別為新巴比倫、米底、埃及以及利底亞（Lydia）。利底亞是一個位於安那托利亞半島，面對著愛琴海的小國，以鑄造出世上最早的金幣與銀幣而聞名。

在這些國家中格外突出的，就是新巴比倫；這個時期的國王，就是才智出眾的尼布甲尼撒二世（Nebuchadnezzar，在位期間：西元前六〇五—五六二）。

他確立了從美索不達米亞到敘利亞、巴勒斯坦的統治權，打造新巴比倫的全盛期（透過柏林的佩加蒙博物館所復原的伊什塔爾城門〔Ishtar Gate〕，我們可以一窺以空中庭園、巴比倫塔等為代表的新巴比倫當時有多麼繁華）；在這段期間，他更摧毀了猶太人之國——以色列王國的南王國。

他逼迫大批試圖抵抗的猶太人搬遷至新巴比倫帝國的首都巴比倫，這就是著名的「巴比倫囚虜」。此外，強迫反抗的人們搬遷，是在位者經常採取的政策之一，從古代到現代，包含史達林皆如此。這是因為，要求當地人民搬遷所花的成本，遠比派軍隊駐紮當地要來得低。廣義地說，日本江戶時代的「參勤交代」（譯注：各藩的藩主必須定期前往江戶履行職務的制度）也是相同的概念。

尼布甲尼撒的義大利語是納布科，在十九世紀，義大利作曲家威爾第創作了一部名為《納布科》的歌劇，內容正是描寫「巴比倫囚虜」。

一八四二年三月，《納布科》在米蘭史卡拉歌劇院上演，獲得熱烈的迴響。尤其是被迫前往巴比倫的猶太俘虜們站在幼發拉底河畔，高唱出思念祖國之情的「飛吧！思念，乘著金色的翅膀！」更是大受歡迎，甚至有義大利第二國歌之稱。當時的義大利正瀰漫著脫離奧地利獨立的氣氛，或許是對祖國寄予思念的「飛吧！思念」，喚起了義大利人的熱情吧。

2 大流士一世所實現的全球化

波斯在現今伊朗所在處建立的阿契美尼德王朝（Haxāmanišiya，同Haxāmaniš），終結了以新巴比倫帝國為中心的四國並立時代。

建立阿契美尼德王朝的，是備受推崇的明君居魯士二世（Cyrus the Great，居魯士大帝，在位期間：西元前五五九—五三〇）。

居魯士征服了米底、利底亞，打倒新巴比倫帝國，進入其首都巴比倫的時候，釋放了被囚禁在巴比倫的猶太人；「巴比倫囚虜」就此結束。

繼任的岡比西斯二世（Cambyses II）征服埃及，打造出繼亞述帝國之後的第二個世界帝國。接下來的大流士一世（Darius I，大流士大帝，在位期間：西元前五二二—四八六），又帶領這個世界帝國繼續蓬勃發展。

大流士實現了世界上最初的全球化。

首先，他仿效烏爾第三王朝的舒爾吉，鋪設了道路。道路就像人的血管，假如軍隊不能迅速移動、資訊不能傳達到每個角落、商人不能來去自如的話，便無法管理從埃及到印度河岸的這片遼闊領土。即使稱霸了廣大的地區，倘若沒有道路，一個國家就無法發揮其功能，因此大流士在全國設置了名為「波斯御道」（Persian Royal Road）的道路網。之後的秦始皇和羅馬帝國，也有著同樣的想法。

其次是通用語。由於絕大部分的人都使用阿拉姆語，因此阿拉姆語便成了第二通用語。大流士自己使用的雖然是波斯語，但整體而言，把使用人口較多的語言定為通用語，其實是比較節省成本的。可以想見大流士應是一位開明的君主。

至於地方行政，他將全國劃分為二十個地區，並設置總督（Satrap）。總督一般由統治者任命，並擁有行政權和徵稅權；而大流士為了貫徹其統治理念，更設立了名為「王之眼、王之耳」的行政查察官制度。

大流士鑄造了優質的金幣與銀幣作為帝國內的貨幣，同時他允許各地的總督製造銀幣，使整個帝國的貨幣流通更順暢。

有關農政，他在中近東和北非等乾燥地區設置了直到今日都還在使用的坎兒井，大幅提昇農作物的產量。

就這樣，阿契美尼德王朝成為了一個富強的世界帝國，大流士自稱為「王中之王」。希臘文化與波斯文化的交流、融合，一般稱為「希臘化」（Hellenism）；這樣的現象，其實早在大流士的時代就已經正式開始。

波希戰爭是一場什麼樣的戰爭？

當時阿契美尼德王朝的北方，也就是中央歐亞（Central Eurasia）的草原地帶，有一個名叫斯基泰的游牧國家，一直在伺機南下。斯基泰是一個強國，早在亞述時代，就經常入侵波斯及安那托利亞。他們是第一個組織騎兵隊的國家，使馬戰車變得毫無用武之地。這就是所謂的第二次軍事革命。

大流士的勁敵，就是斯基泰。大流士沿著橋越過達達尼爾海峽，從安那托利亞半島派遣大批兵力到中亞。斯基泰看見這數量龐大的兵力，大吃一驚，於是趕緊退後。然而這其實是想藉由佯裝退兵，引誘敵人深入草原，再利用焦土戰術擊潰敵軍。俄羅斯也是用這個方法擊敗拿破崙的。然而大流士看穿了這個戰術，他認為在首戰已經重挫斯基泰，目的已經達到，於是率兵折返。這是一個非常困難的決定，自此，波斯與斯基泰之間就再也沒有發生大衝突。

下一個與大流士產生嚴重衝突的是希臘，也就是著名的「波希戰爭」。相信各位在世界史的課堂上所學的，都是「希臘戰勝大國波斯」或「西洋民主政治戰勝東洋專制政治」吧。然而真相其實有些不同。

當時的希臘領土橫跨愛琴海，延伸到現在的土耳其，安那托利亞半島的西南部（愛奧尼亞地區）也有米利都（Miletus）、以弗所（Ephesus）等眾多城邦。波希戰爭的導火線，就是因為愛奧尼亞地區的希臘城邦發動叛亂，而夾著愛琴海的阿提卡地區（Attica）的城邦，例如雅典等，皆出兵支援。

這本來就只是世界帝國阿契美尼德王朝與城邦之間的衝突，因此根本構不成什麼戰爭。當大流士一來，愛奧尼亞的城邦就立刻投降了。

根據波斯的統治理念，只要乖乖繳稅、不發動叛亂，就不會做過多的干涉，因此這場爭端應該已經平息了。然而隔著海洋的阿提卡地區居民們，卻完全沒感受到波斯的強大與可怕，因為他們本來就是一支自尊心很高、喜歡表現自己的好戰民族。他們拚命地策動戰爭，說什麼也不願意輸給波斯。

於是「波希戰爭」就這樣爆發，詳細的經過，就如同希羅多德在《歷史》中所述。

從大流士的角度而言，這場戰爭就彷彿是一群血氣方剛的年輕人，在偉大帝國的西邊一隅鼓譟，所以稍微打他們一下作為教訓而已。然而這群年輕人卻像狗急跳牆一般，相當麻煩。一來，希臘的地形並不適合出動大軍，二來，大流士的主要敵人是斯基泰，所以抱著敷衍了事的心態來處理這邊的問題——恐怕這才是波希戰爭的真相。波希戰爭在大流士死後依然繼續發生，但皆以相同的結果告終。

波希戰爭後，希臘的城邦之間也接連爆發戰爭，如雅典和斯巴達的伯羅奔尼撒戰爭等，於是波希關係最後演變成希臘城邦央求大國波斯出面協助仲裁。

3 亞歷山大大帝的真面目

馬其頓王國的亞歷山大三世打倒阿契美尼德王朝

希臘的北方，有一個希臘人的王國，名為馬其頓王國。這個國家的明君——腓力二世（Philip II）在西元前三五九年即位。他擁有產量豐富的金山，提昇國力，統治了除了斯巴達以外的所有希臘城邦。他曾經揚言要遠征波斯，最後卻遭到暗殺。之後，他的長男亞歷山大三世（Alexander the Great，亞歷山大大帝，在位期間：西元前三三六—三二三）繼承了王位，從馬其頓出發遠征波斯。

亞歷山大在西元前三三四年侵略了波斯，在與阿契美尼德王朝最後一位君主大流士三世的戰爭中連戰連勝。大流士三世逃到了巴克特里亞（Bactria），卻被當地的總督殺害（西元前三三〇年），建國超過兩百年的世界帝國阿契美尼德王朝就此滅亡。

亞歷山大在打倒阿契美尼德王朝之後，更推進到印度河流域，準備渡河攻打印度，但卻在此突然折返，隨後在巴比倫促逝；這是發生在西元前三二三年的事。亞歷山大這位天才軍略家繼承王位才十三年，便結束了他短暫的一生。

我是在國中的時候，對亞歷山大感到好奇的。

在讀到「他花了十年不停戰爭，最後來到印度河」的敘述時，我心中浮現了一個疑問：如果持續十年不停戰爭，士兵的數量一定會減少很多，他是怎麼在印度河打仗的呢？我看了很多書之後，才發現原來他在印度河畔接受了希臘的援軍。

但是援軍又是怎麼從希臘抵達印度河的呢？在那個沒有電話也沒有電報的時代，援軍要怎麼知道亞歷山大的確切位置呢？我覺得非常不可思議。原來，那是因為大流士當初建造了完善的道路網以及驛傳制度的緣故。這麼一來，亞歷山大其實只是再次征服大流士征服過的版圖而已，並非重新打造一個大帝國。說得白一點，他只是篡奪了阿契美尼德王朝的王位罷了。

話雖如此，這畢竟是來自遙遠未開化之地的希臘人第一次成為「王中之王」，因此世上流傳著各種與亞歷山大有關的傳說。伊斯坦堡的博物館裡，收藏著據說是埋葬亞歷山大的石棺。亞歷山大在阿拉伯語和土耳其語裡，是「伊斯坎達爾」（Iskandar）；而在日本家喻戶曉的動畫《宇宙戰艦大和號》中，大和號所嚮往的那顆位在銀河遙遠另一端的星球，名字也是「伊斯坎達爾」。這也算是一種「亞歷山大傳奇」吧。

莫約在阿契美尼德王朝滅亡的時候，第三種通用語也誕生了，那就是希臘人的語言——通用希臘語（Koine Greek）。通用希臘語是居住在地中海各地城邦的希臘人所使用

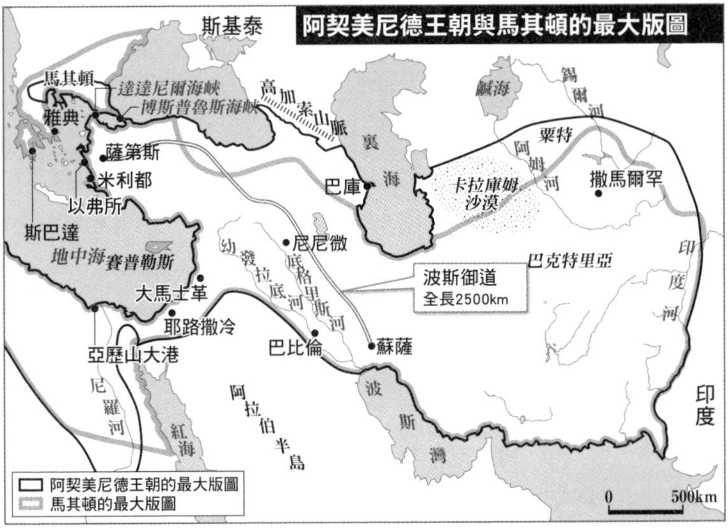

的語言，本來就有「通用語」的意思。這種語言和阿拉姆語並存了一段時間，耶穌說的是阿拉姆語，新約聖書則是用通用希臘語撰寫而成的。

繼業者戰爭與「克萊奧帕特拉」

亞歷山大死後，他的世界帝國一如所料地出現了分裂，這就是所謂的繼業者戰爭（wars of the diadochi，西元前三二二—二八〇）。「繼業者」（diadochi）意指繼承人，在這場鬥爭結束後，三名新君主分別建立了三個國家。

- 安提柯一世（AntigonosI）繼承馬其頓本國。
- 托勒密一世（PtolemyI）繼承埃及。

・塞琉古一世（Seleucus I）繼承除了埃及與馬其頓本國以外的所有舊領地。包括現在的阿富汗、伊朗、美索不達米亞、敘利亞到巴勒斯坦、安那托利亞半島的廣大地區。

這三人當中最充滿自信，認為自己是亞歷山大真正繼承人的，應該就屬負責舉辦亞歷山大喪禮的托勒密了。

他在首都亞歷山大港建造了名為「Mouseion」的大博物館、大圖書館，將該地規劃為學術中心。我認為此行為乃是延續亞述帝國的亞述巴尼拔建造大圖書館的傳統，具有暗示自己才是世界帝國統治者的意味。另外，托勒密王朝的王妃，有許多名字都叫做「克萊奧帕特拉」（Cleopatra）；因為與羅馬的凱撒以及馬克・安東尼的關係而聞名的克萊奧帕特拉，是克萊奧帕特拉七世。

「克萊奧帕特拉」這個名字，與馬其頓王國淵源頗深。

現在，讓我們暫時把話題拉回亞歷山大的少年時代。

腓力二世請出生於馬其頓的哲學家亞里斯多德擔任教師，對亞歷山大實施菁英教育。他建造了寄宿舍，召集和亞歷山大同年紀，並且聰明而忠誠的貴族子弟，讓他們在這裡讀書。

這是我的推測——既然有這麼多出眾的年輕人聚集在此，那麼亞歷山大的妹妹克萊奧帕特拉，應該也會不時前來露個臉吧。托勒密在繼業者戰爭中向克萊奧帕特拉求婚，卻遭到安提柯阻撓。這些插曲，也道出了托勒密自負地認為自己是正統繼承人的原因。

4 安息帝國的建國與尚未成為帝國的羅馬

亞歷山大死後，波斯這片土地便成為塞琉古王朝的領土，但這個希臘人的王朝卻持續內亂，小國接連獨立。在西元前二四七年，阿爾沙克一世（Arsaces I）在波斯建立了安息帝國（Parthian，阿爾沙克王朝，又譯為帕提亞帝國）。

直到三世紀為止，這個國家統治著伊朗、美索不達米亞將近五百年。東邊曾將領土延伸至印度河，西邊則與長期與羅馬爭奪美索不達米亞的統治權。安息是中國對它的稱呼。

安息帝國建國初始時，義大利半島上的羅馬剛剛崛起，並長期和腓尼基人（根據地已從過去的敘利亞、黎巴嫩遷移至現在突尼西亞北部的迦太基）爭奪地中海的霸權；這就是著名的布匿戰爭（Bella punica，西元前二六四—一四六），布匿是拉丁文中的腓尼基。羅馬在歷經三次戰爭後，贏得勝利，稱霸地中海。迦太基的英雄漢尼拔，是在第二次戰爭期間大顯身手的。在這個時期，羅馬在馬其頓戰爭（四次）中也獲得勝利，將希臘和馬其頓納入領土，逐漸成為一個大國。

許多書籍都有關於羅馬的介紹，因此在此只針對羅馬成為帝國的經過，簡單敘述。

羅馬和希臘一樣，是從城邦開始發展的。城邦裡的男性，原則上全都是士兵。城邦的理念，就是自己耕種農地、工作，但一旦發生狀況就必須全員參戰。城邦的出發點是貴族制；由於貴族會穿著盔甲在最前線戰鬥，因此平民、奴隸階級的人便產生「貴族會保護我們的安全，所以只能聽他們的話」的想法。對人類來說，安全是比什麼都重要的事。人類也是動物，因此最大的願望就是能有飯吃、能安心睡覺。

然而當城邦日漸富饒強盛，戰爭的規模愈來愈大，士兵的數量也會增加。在不得已的狀況下，只好召集平民和奴隸一起投入戰爭，於是他們便開始要求參政權。這就是古代希臘、羅馬民主制度的真相。

在羅馬，政治就在貴族和平民（自耕農）持續的對立與協調下漸漸發展。他們在兩者之上設置了元老院，構成元老院的是以貴族為中心的知識份子及資產家。實際負責處理羅馬政治的，就是元老院。

羅馬軍的主力，也就是自耕農們，原則上都是自掏腰包參戰的；一旦戰爭的規模變得像布匿戰爭這麼大，時間又拖得很長，沒有相當的財力便無法戰鬥。無法負擔的人，只好將土地賣掉，成為佃農。他們賣出的土地，都被貴族等擁有大面積土地的人所吸收，交給奴隸耕作。

這時，挺身進行國政改革的，就是格拉古兄弟（Gracchus brothers）。格拉古兄弟的改革（西元前一三三—一二一）著眼於幫助逐漸沒落的平民，也就是構成羅馬軍隊主力的中產階級。然而這場改革卻遭到主導元老院的大地主們猛烈反對，兄弟兩人皆被殺害。

接著試圖改革軍制的是馬略（Gaius Marius），他著眼於失業者，將全民皆兵制改為志願兵制。既然是志願兵，當然會要求薪水，這麼一來擁有財力的市民便能擁有私人軍隊。

擁有強大私人軍隊的有力市民逐漸變得囂張跋扈，最終爆發了因馬略與他前手下蘇拉（Lucius Cornelius Sulla Felix）而起的內戰。

尤利烏斯．凱撒看穿了羅馬的未來

格拉古兄弟的國政改革與馬略的軍制改革，都以失敗告終。

正因為是城邦，所以全民皆兵制（近似於民主制、共和制）才能成立，然而當國家與戰爭的規模愈來愈大，「每個人同時是軍人，也是市民」的狀況，便成為一種幻想，在這種情況下是無法統治國家的。而正確地理解這件事的，就是尤利烏斯．凱撒。

凱撒認為，假如沒有擁立君主，好好地整頓官僚體系，聘僱專業的軍隊，便無法維持一個大國的運作，於是他渡過盧比孔河，佔領了羅馬。

日後又將領土擴張至埃及的凱撒，在元老院遭到暗殺（西元前四四年），但他的繼任者屋大維（Octavius，後稱奧古斯都〔Augustus〕。在位期間：西元前二七—十四）非常優秀；他依循著凱撒的構想，將羅馬帝國打造完成。

羅馬帝國和阿契美尼德王朝一樣，鋪設了道路。假使傳令無法通暢、軍隊無法立刻派遣，便無法維持一個大國。羅馬的街道非常有名，但羅馬其實只是模仿了波斯。

5｜亞歷山大帶來的衝擊促成印度統一

正如同古埃及是在美索不達米亞文明的刺激下才完成統一，每個地區只要受到強烈的外來壓迫，必定會產生反彈。

過去波斯阿契美尼德王朝曾進軍至印度，但在印度河停了下來；而亞歷山大則是第一次越過印度河，展現出真正想進攻的企圖心。

由於當時的資訊有限，印度人勢必會擔心敵人真的攻進來，因此產生了必須團結的心情。

於是在亞歷山大入侵的這個契機下，印度建立了一個名為孔雀王朝（Maurya Empire）的統一國家。孔雀王朝在第三任國王阿育王（Ashoka，在位期間：西元前二六八左右－二三二左右）的時候，成為了一個大帝國，統治著除了印度南端以外的地區。

然而印度是個不易統治的地區，印度有印度河中游（旁遮普地區）與恆河中游兩個中心地，南方的德干高原炎熱乾燥，民族多樣，語言種類也多。因此，即使因為某種契

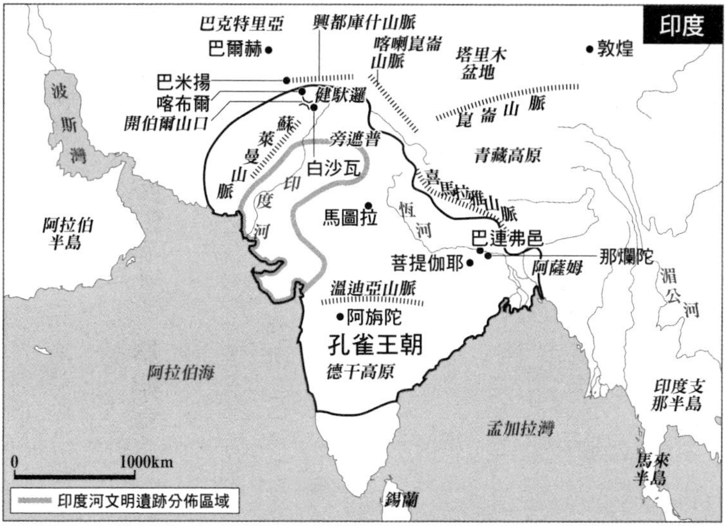

機統一了，一旦外來的壓力解除，也會立刻分崩離析。孔雀王朝也只持續了將近一百五十年。

想要統一地理條件、氣候條件皆具差異性的廣大地區，除非統治技巧非常進步，否則是不可能達成的。孔雀王朝滅亡之後，一直到十六世紀的蒙兀兒帝國，印度都沒有出現統一國家。在這之後，印度便以肥沃的旁遮普地區與恆河中游兩地為橢圓形的兩個焦點，繼續發展。

印度古時使用名為貝葉的椰子科植物葉片來書寫，但相較於泥板、木簡、竹簡，葉片在保存上更為困難，因此留下的紀錄較少；在少數的文獻中，有一本希臘人寫的書。

希臘人脫離塞琉古王朝而獨立，在阿富汗建立了名為巴克特里亞的國家；在孔雀王朝滅亡後，巴克特里亞便從印度的西北方入侵。巴克特里亞的君主米南德一世（Menandros，印度稱其為彌蘭王）皈依佛教，留下《彌蘭王問經》這部佛教經典，成為幫助後人瞭解當時印度的寶貴資料。

6 — 統一中國的天才：秦始皇

在中國，周朝建國後不到三百年就失去了霸權，接下來是群雄爭霸的春秋時代、戰國時代。在印度統一後一百年左右，西元前二二一年，秦始皇首度統一了九州（＝戰國七雄）。順帶一提，英語中的China這個字，就是源自「秦」。

秦始皇可說是與古代的大流士齊名的明君。他非常熱愛工作，又擁有卓越的才能，因此進行了各種改革。

傳說中國在太古時代曾出現人稱「三皇五帝」的帝王，根據這個傳說，秦始皇首創了「皇帝」這個稱號。此外，他以文書行政為重心，在全國實施郡縣制。他將全國劃分為郡與縣，由中央派遣優秀的官吏去統治各地。世界上第一個中央集權的國家就此誕生。

他統一了度量衡，制定全國計算長度和重量的標準，並且實施「車同軌」。所謂的「軌」就是「轍」，也就是馬車的車輪行經後所留下的痕跡。中國領土廣大，有太多泥土路，不可能將所有道路鋪設成石板路。而秦始皇發現，只要將馬車車輪的寬度統一，泥土路上的凹陷處就會變得一致，而且只有這個凹陷處會變硬，因此馬車即使在天候狀況不佳時也能行走。秦始皇很清楚，倘若道路無法發揮功能，郡縣制便無法成功。

一般認為，秦始皇鑄造了名為「半兩錢」的貨幣，也就是在圓形中央開一個方孔的銅錢，統一了戰國時代流通的各種銅錢。然而事實上，這似乎是在秦始皇死後短暫在位的秦二世時代完成的。

秦始皇平定中國後，在國內進行五次大規模的出巡，宣揚皇威。他造訪位在山東省的泰山，進行封禪之禮，表示全天下唯有自己是天所認可的皇帝。「封」是在泰山山頂上祭祀天神，「禪」則是在泰山山麓祭祀地神的儀式。泰山是秦國最大的勁敵——齊國的神山。

秦始皇只在自己這一代，就統一了土地比歐洲還要廣大的中國，然而他制定了架構，卻仍處於彷彿畫了龍卻未點睛的狀態。他在世的時候還有點嚇阻作用，但他一死去，國內便立刻爆發了叛亂。

發動叛亂的，是被迫去守護邊境的貧窮農人。畢竟秦始皇是個工作狂，要求全國人民也全力工作；在接連不斷的土木工程和戰爭徵兵下，民眾也早已疲憊不堪。

因為農民群起叛亂而國力日漸衰微的秦朝，在西元前二〇六年被楚國的項羽和劉邦聯軍所滅，建國僅十五年。

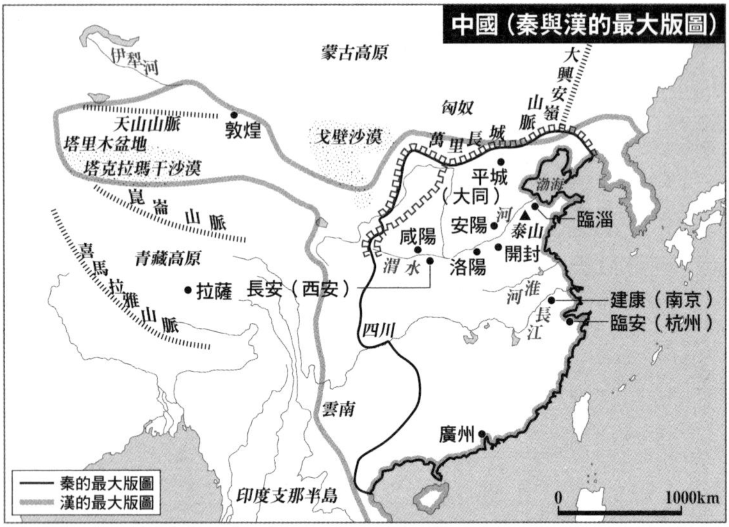

中國（秦與漢的最大版圖）

劉邦建漢與「秦漢帝國」的看法

項羽和劉邦雖然合力推翻了秦朝，但之後便互相對立。最後是劉邦獲勝，建立了漢朝。漢朝曾一度被新朝所滅，但後來又東山再起。

最近有愈來愈多的學者，將秦漢兩朝合稱為「秦漢帝國」。

之所以這麼稱呼，是因為劉邦其實什麼都沒做，他只是接收了秦始皇打造的架構罷了。

劉邦幾乎完全沒改變天才秦始皇所打造的架構，只是在建國時把秦始皇過於嚴厲的地方稍微放寬一點。我認為這正是漢朝得以持續四百年的原因。

當時在中央歐亞，緊接著斯基泰之後竄起的匈奴，開始侵略中國。在秦朝掌握霸權之前，北方的強國——燕國、趙國就已經在北邊國境的丘陵地帶用黃土打造堅固的城牆，作為防衛線，以防止匈奴入侵。秦始皇統一中國後，便驅逐匈奴，把燕國、趙國設置的防衛線移往更北方，打造了萬里長城。

然而秦朝滅亡後，匈奴趁著項羽和劉邦爭權之隙，由名為冒頓單于的英雄領軍，再次侵略中國。劉邦雖然奮起應戰，但隨即戰敗投降，成為匈奴的從屬國。

「我會支付賠償金，也不會再挑起戰爭，請與我和解。」

簡單來說就是這麼一回事。而以結果來說，這是一個聰明的決策。因為中國從秦末開始就一直疲於戰亂，而且中國原本就是個富饒的國家，假如能用金錢換來和平，當然再好也不過。

劉邦死後，他的妻子呂后重用呂氏一族，進行專制統治，但繼承呂后的文帝與之後的景帝時代，則是有「文景之治」之稱的和平安定時代，中國的第一個盛世到來。

與始皇偉業不相上下的武帝政治

文景四十年的治理，讓漢成為一個富強的大國，而接著出現的是好戰的武帝（在位期間：西元前一四一—八七）。

武帝認為：「我有的是錢，也有軍隊，為什麼必須向匈奴稱臣呢？」

於是他重用皇后的親戚衛青與其外甥霍去病，封兩人為將軍，與匈奴展開大戰。經過將近二十年的戰爭，漢朝與匈奴的主從關係終於逆轉。

有關武帝的時代，司馬遷在《史記》裡這麼寫：

過去，秦始皇的父親在邯鄲當人質的時候，大商人呂不韋曾說他「奇貨可居」，還把女朋友讓給了他。然而當時她已經懷有呂不韋的孩子，而這個孩子就是秦始皇。當然這並非史實，但貶抑秦始皇的意圖十分明顯。正如人們將「秦皇漢武」並稱，武帝始終將秦始皇視為競爭對手。

武帝不斷對外征戰，理所當然需要耗費龐大的金錢。於是他進行貨幣改革，製造了五銖錢來取代過去的半兩錢，並要求以五銖錢繳納租稅。武帝的晚年過得相當悲慘，他沉溺於女色（「傾國傾城」一詞的由來），廢皇太子。

由於武帝的繼位者相當年幼（八歲即位），又在二十歲就猝逝，因此當時的宰相霍光（霍去病同父異母之弟）從民間找出被廢的皇太子的小孩，要求他娶自己的女兒，並讓他登基為帝（宣帝，在位期間：西元前七四—四九）。然而賢能的宣帝在霍光死後便清除霍氏，開始親政（君主親自處理政務）。他讓匈奴分裂為東西兩方，設置西域都護，施行善政，後世稱之為「中興之主」。然而在此之後，漢室持續外戚（皇帝母親的親戚）專政，逐漸步向衰亡。

第二章　知識爆炸的時代

在前一章裡，我著眼於世界帝國，從政治史的角度回顧了四大文明的發展狀況。在這一章裡，我將從「知識爆炸」切入，站在文化史的角度來探討西元前一千年到西元前一年。

之所以稱為知識爆炸，是因為從西元前五百年左右開始，在中國、希臘、印度幾乎同時出現大量的哲學家、思想家、宗教家與藝術家。人類所能思考的一切，可說全都誕生於這個時代。

造成這個現象的背景，是始於西元前五百年左右的鐵器普及以及地球溫暖期。這兩個原因使農作物的產量提昇，全世界一同進入了高度成長時代。換言之，也就是社會富足得有餘力培養藝術家與知識份子了。正如同火山爆發之前會有前兆一般，知識爆炸也有其前兆，亦即文化上的前史。

前兆

1—希臘：因對抗腓尼基人而出現希臘文藝復興

能夠對他人表明自己出身於哪裡、自己的國家有著多麼優秀的文化，就是一種自我身分認同的展現；而人們唯有在面對勁敵、非得強烈主張自我不可的時候，才必須這麼做。對希臘人而言，那個勁敵就是腓尼基人。

西元前一二〇〇年的巨變之後，腓尼基人、阿拉姆人以及希伯來人便開始活躍。等希臘人遲了一步來到地中海時，腓尼基人的貿易已經蓬勃發展。他們是一群優秀的船員，因為生意興隆而賺了很多錢。

希臘人很不服氣，心想：「明明同樣在海上進行貿易，我們和他們究竟哪裡不同？」希臘人為了團結一致，共同對抗腓尼基人，於是產生了身分認同的需求。

此時，人稱希臘文藝復興（西元前八世紀——七世紀）的文化活動就此展開。

荷馬創作了敘事詩《伊利亞德》與《奧德賽》，與荷馬齊名的詩人海希奧德也寫下了《神譜》。

2 印度：結合因果報應與輪迴思想的奧義書誕生

在希臘文藝復興的同一時期，超過二百種的《奧義書》（*Upanishad*）在印度誕生。雅利安人相信因果報應，而印度的原住民相信輪迴轉生；這兩種思想結合之後，就形成了奧義書。

所謂的因果報應，就是認為善有善報、惡有惡報。所謂的輪迴轉生，就是認為時間是會循環的；就如同車輪不停旋轉，人類的生命也會不停循環。

人類所認知的時間觀有兩種，一種是線性時間，另一種是循環時間。線性時間有起點也有終點，但循環時間是沒有終點的，所以人類也會不斷投胎轉世。

當輪迴轉生和因果報應結合，會怎麼樣呢？

「一個人假如做了壞事，下次投胎轉世的時候會變成毛毛蟲。如果做了好事，就可能會變成君侯喔。」

答案是會出現這樣的想法。這個想法只差一步，就是佛教的思想了。奧義書的中心思想是「梵我一如」，意思是主宰宇宙的原理（梵，brâhman）與主宰個人的原理（我，Ātman）是統一的。

3 中國：西周滅亡，漢字廣傳，中華思想誕生

周朝滅了商朝後，將根據地設於現在的長安附近，因此一般稱為西周。周朝改變了商朝的政教合一制度，但繼承了商朝的青銅器。

青銅器是祭祀神明時用的食器和酒器，上面雕刻著艱澀的漢字（金文）。地方諸侯拿到這些青銅器時，無不驚訝萬分，因為他們既無法製造這麼精美的青銅器，也看不懂漢字，這對他們而言簡直是一團謎。當時用青銅器當作威信財，可謂效果絕佳。

製造青銅器並在上面雕刻金文的人們，稱為「金文工匠」，他們其實是過去在王朝擔任書記的人們。周朝也像商朝一樣，把這些人藏起來，不許他們外出，並對他們說：「要是你敢把製造青銅器的技術和雕刻金文的技術洩漏出去，我就殺了你全家；不過只要你乖乖的，我就會給你二千萬日圓的年薪。」二千萬日圓當然只是一個比喻。總之周朝就這樣獨占了好幾十名、甚至好幾百名金文工匠。

然而西周在西元前七七一年滅亡了。

有個關於幽王的虛構故事很有名：幽王寵愛一名叫做褒姒的美女，但她總是不笑，儘管幽王想盡辦法，她仍面無表情。一天，通知敵人來襲的烽火突然升起，褒姒看見家臣慌忙衝進來的模樣，竟首度露出了笑容。幸好這次的烽火只是誤報，但幽王為此欣喜無比，從此不時點燃烽火。直到某次敵人真正來襲，即使烽火升起，也沒有家臣趕來，

於是周朝就這樣滅亡了。

消滅西周的，是一支名為犬戎的西方蠻族。西周滅亡後，原本擁有高收入的金文工匠（書記）該怎麼辦呢？這時他們想起了數度造訪西周的地方諸侯。

「他們很高興地帶走了我們製作的青銅器。只要去找他們，表示我們會製作青銅器，說不定他們就會以年薪一千萬日圓僱用我們。」

於是眾工匠便分別造訪地方諸侯。由於只要僱用了他們，就能製造出青銅器，因此地方諸侯們便開心地僱用了這些工匠。

地方諸侯首先交付金文工匠的任務，就是讀出周室賞賜的青銅器上所刻的漢字。青銅器上刻著周朝將近二百年來的歷史，包括文王、武王建國，在名宰相周公旦的輔助下順利治國等周室祖先的事蹟，全都鉅細靡遺地刻在上面。

地方諸侯知道他們的父親是君侯，祖父好像也是君侯，但是到了曾祖父那一輩，可能就連名字都不知道。現代的我們也是一樣。

於是，地方諸侯對周室的尊敬之心便油然而生。他們認為：西周雖然滅亡了，但它是一個了不起的國家，比我們的祖先更了不起——這就是中華思想的淵源。他們認為周室非常偉大，並且深信不疑。

所謂的中華，是指夏商周所在的地區，也就是「中原」。人們將周朝首都一帶稱為中華、中夏或中國。

到頭來，中華思想其實是漢字的魔力造成的。漢字廣為流傳之後，人們第一次讀到周朝的歷史，便自作聰明地以為中華有多麼傑出。事實上，這是因為用漢字書寫的這件事本身，在當時是一種權威的緣故。

後來，中華思想漸漸擴散到東亞。首先傳來的是漢字；當時懂得漢字的人來到東亞，將漢字唸給當地人聽。於是當地人驚訝不已，同樣地，也認為中國真是個偉大的國家。

然而隨著時間的經過，中國也出現了心懷不軌、刻意利用中華思想的人。但中華思想的開端，確實是透過漢字的力量，使得周邊的人們誤認中華很偉大所造成的。

4 鐵器的普及促成知識爆炸

引發知識爆炸的文化性前兆，在東西方皆可看見，但實際引爆的關鍵，則是鐵器的普及。西元前五百年左右，鐵器開始在歐亞大陸普及；同時，這個時代的地球也逐漸進入溫暖期，無論在東方或西方，人類的活動都變得頻繁。鐵器的普及與地球溫暖期，就是引爆知識爆炸的關鍵。

人們開始使用鐵器耕作之後，當時的主要產業——農業的生產效益提高，國家也變得富饒，社會開始有餘力養活藝術家、知識份子等不從事生產的人。知識份子就是在這樣的時代背景下誕生的。

知識爆炸

5 希臘：蘇格拉底引導哲學轉向，柏拉圖提出二元論

首先，希臘出現了愛奧尼亞學派。有愛奧尼亞自然哲學家之稱的人們，開始思考世界是由什麼組成的。

被稱為世上第一個哲學家的泰勒斯（Thales），將萬物的根源稱為本原（Arche），並認為那就是水。從此，根源論便開始百家爭鳴。有人認為是數字，有人說是火，最後更出現了原子（atom）說。

接著，雅典在伯里克里斯（Pericles）這位難得一見的政治家帶領下，迎向了全盛時期（西元前五世紀）。在這個時期，雅典建造了帕德嫩神廟，同時出現許多像希羅多德這樣的歷史學家，以及著名的三大悲劇詩人等天才。這段時間正可謂知識的百花齊放期，而其中最有意思的就是蘇格拉底。

愛奧尼亞學派的自然哲學家所感興趣的是外界，但蘇格拉底卻是第一個將思考轉向人類內在的人。

「認識你自己。」（Know thyself）

蘇格拉底帶動了哲學的轉向，人類思考的興趣從外界轉為人類的內在。

師承蘇格拉底的柏拉圖創立了學院（大學），他年輕時曾在南義大利（大希臘，

Magna Graecia）的畢達哥拉斯教團學習。畢達哥拉斯最有名的就是畢氏定理（譯注：勾股弦定理），而他篤信印度的輪迴轉生。

在討論輪迴轉生時，如果去深究人類為什麼會害怕轉生為毛毛蟲，最後導出的答案將會是「因為靈魂是一樣的」。

「肉體從人類變成了毛毛蟲，但靈魂卻不會變唷。假如做了壞事，你就會保有人類的意識，但是卻轉生成毛毛蟲被人踩死唷。你不想變成這樣吧？」——聽到這番話，人們才第一次意識到自己不想變成這樣。這就是靈魂與肉體的二元論。

柏拉圖認為，一切事物都有一種原型（idea），他所提出的二元論，是從輪迴轉生得到的靈感。這也是東西文化交流的一個例子。柏拉圖的二元論與希臘傳統愛奧尼亞學派自然哲學家的想法，可謂截然不同。

柏拉圖的弟子，也就是萬學之祖亞里斯多德是個不折不扣的天才，也是各種學問的集大成者。西洋學問的根源——邏輯思考方法，就是由亞里斯多德奠定的。

6　印度：阿耆多·翅舍欽婆羅提出唯物論，佛教與耆那教誕生

在希臘知識爆炸的同一時間，印度也發生了知識爆炸。有一個詞彙叫做「六十二見」；「六十二」意味著眾多，「見」則是學說的意思，換言之就是社會上出現了許多

博學多聞的哲人。譬如阿耆多．翅舍欽婆羅（Ajitake a-kambara）倡導唯物論，認為世界是由地、水、火、風等四個元素所組成；這個想法與愛奧尼亞學派相同。

瞿曇悉達多（Gotama Siddhatha，佛陀）與摩訶毗羅（Mahavira）也誕生於這個時期，分別創立了佛教與耆那教。

當時，雅利安人的後代在印度的恆河流域耕種，讓牛拖著鐵製的農具犁田。利用牛拉著犁耕田，效率比人類自己使用農具耕作還要高多了。鐵器和牛隻的結合，造就了印度的高度成長。

使用牛隻和鐵器耕作的人們漸漸有了積蓄，於是變成商人或地主。當一個人能獲得許多剩餘生產物，便不再親自耕田，轉而僱用別人來耕種。布爾喬亞階級就此誕生。

然而，當時印度的宗教是婆羅門教。婆羅門教是雅利安人帶來的宗教，遇到問題時，習慣屠宰牛隻來祭神。這和希臘的習俗相同，希臘也會屠宰牛隻，讓神聞到烹煮牛隻的煙味，自己再食用。

這樣一來，會演變成什麼狀況呢？婆羅門教中地位最高的祭司階級──婆羅門，會說是因為神想要，而任意徵收牛隻來屠宰。對於這種行為，擁有農地的人們儘管心裡有怨言，也沒有立場反駁。

在這個時間點出現的，就是瞿曇悉達多和摩訶毗羅。他們提出不可殺生的概念，而牛隻當然也包括在內。只要不殺牛，布爾喬亞們就會變得更富有，因此他們趨之若鶩，認為這正是最理想的教義。這就是佛教和耆那教在印度開始扎根的主因。此後，摩訶毗羅的耆那教始終貫徹不殺生的教義，幾乎所有的信徒都從事商業；現在印度也有超過五百萬名的信徒。

無論哪一個宗教，在創教始祖死去之後，為了將教義繼續流傳下去，信徒通常會將始祖的言談與講經說法的內容集結成冊。佛教將此稱為「佛典結集」，第一次是在佛陀死後不久進行，當時跟在佛陀身邊的弟子大多還存活著，因此這次結集主要憑藉的是他們的記憶。

第二次佛典結集是在佛陀死後一百年左右進行的，然而這時信徒在解釋上產生了歧異，於是佛教分化成大眾部和上座部（根本分裂）。一言以蔽之，也就是大眾部信奉新教義，上座部則信奉傳統教義。

當時印度使用的是梵語，文字稱為梵文；直到今日，在佛寺的墓碑或卒塔婆（Stupa）上仍然可以看見。

然而有關印度知識爆炸時代的文獻非常稀少。如前所述，主要的原因是書寫材料不易保存的關係。

7—中國①：破壞自然，文書行政，諸子百家

中國在西元前七七一年西周滅亡後，周室一族便遷都洛陽，重建東周，但東周只是一個小城邦。接下來，中國便進入據說有一百至兩百個城邦林立的亂世。

這個時代稱為春秋時代；當時有「春秋五霸」之稱的五位君主以輪流的方式管理各個小國，稱為會盟，就像國際會議一樣。這五位君主之所以全都沒想過滅掉東周，是因為他們抱著中華思想，對東周相當崇敬的關係。

然而鐵器時代正式揭幕，生產力提高之後，情況就改變了。有力的國家逐漸強盛，小國一一被大國併吞而滅亡，於是中國進入了所謂戰國七雄爭奪霸權的時代，亦即始於西元前四〇三年的戰國時代。戰國七雄大量製造鐵器，促進區域開發，破壞了更多的自然環境。

中國的面積遠比歐洲遼闊，因此戰國七雄（趙、魏、韓、齊、燕、楚、秦）當中，甚至有比德意志或法國還要大的國家。如果是城邦，君主只要在城內稍作巡視，直接下令「從今天開始就要實施這條法律」即可；但這在大國是不可能做到的。話雖如此，君主還是會擔心傳令是否確實傳達。

這時，君主便想起了會寫漢字的書記。

西周滅亡之後，金文工匠的子孫們受雇於諸國，在各國擔任祭祀官，負責撰寫祭祀

神明的祭文及君主的願文。君主想到的辦法，就是將自己的命令告訴他們，要他們寫在木簡或竹簡（當時還沒有發明紙）上，再帶到各地去朗讀出來；假使沒有正確地宣讀，就會遭處死刑。

於是本來在宮廷領著高薪、過著優雅生活的祭祀官，就這樣變成了官吏。這就是世界首見的文書行政制度。

但是官吏當中慢慢出現一些不願意乖乖配合的人。他們覺得自己頭腦好，又會寫字，不想被君主使喚，於是辭去了工作。辭去工作後，他們改而投靠城裡的有錢人。由於這時國家已經很大，早就有大商人等布爾喬亞階級出現。辭職之後的祭祀官們紛紛投靠他們，成為有錢人的軍師或小孩的家庭教師。接著，逐漸也有知識份子善用自己的知識和學問，在各種領域發表自己的思想。這就是有名的諸子百家。

因為爭奪霸權的大國展開文書行政，催生了官吏，同時也孕育出知識份子。這就是中國知識爆炸的準備階段。接下來，我將說明這場知識爆炸的核心思想。

8 中國②：孔子、墨子、老子、商鞅

春秋時代的思想家孔子，簡單講，就是一個肯定現狀的人。

「社會高度成長，人們變得富裕之後，就可以舉辦隆重的喪禮。只要國家興盛、家庭

繁榮，又重視雙親和祖先，那就再好也不過了。」
這就是一種肯定現世，禮讚高度成長的想法。
高度成長必然會伴隨著對自然的破壞，讓山變得光禿禿，洪水氾濫。中國最初的傳說之一，就是大禹因為治水而成為第一個國王，創立了夏朝；這個傳說就是以西元前五世紀人類大量破壞自然的現象為雛型而創造出來的。
這個時期已經開始有文書行政，因此以往只在宮廷才看得見的文字，也傳遍了全國。懂得讀寫文字的人在這個時代愈來愈多，因此過去在中國傳承的傳說，以及當時發生在高度成長期的故事，都被記錄了下來。到了漢代，這些紀錄被整理成《史記》以及其他的文獻，成為中國最初的史書與故事。
在古代的《詩經》裡，我們可以看到許多綠色植物，在商周的青銅器上，也刻著許多老虎或犀牛形狀的圖樣，非常逼真。這就表示，當時的黃河中游是一片鬱鬱蒼蒼的森林，森林裡可能有老虎和犀牛。然而到了戰國時代，因為大量砍伐森林的緣故，這些動物便滅絕了。在那之前，黃河的水流並不混濁，黃土高原也沒有那麼乾燥。
除了肯定現狀的想法之外，也有否定現狀的想法。
「大家辛勤地工作，讓社會高度成長，又能怎麼樣呢？為了讓國家強大，把山變得光禿，又不停戰爭，這樣真的能獲得幸福嗎？」
這就是墨子的思想。他的想法和孔子恰恰相反，他認為應該停止高度成長，過著簡樸踏實的生活。

此外，也有一些抱著旁觀態度的知識份子。

「成長究竟是好是壞，一點也不重要。精神上的富足才是最重要的。」

這就是老子的思想。他認為最重要的是自然地過生活，經濟成長究竟是好或不好，根本是細微末節的小事。

然而孔子、墨子以及老子的思想，都沒有成為中國的主流思想，最後成為主流的是法家。想用文書行政治理一個大國，就只能仰賴法律。法家的代表人物——商鞅，在秦朝時進行了稱為「變法」的國政改革，把秦打造成一個強盛的國家。另外，集法家大成的思想家則是韓非。

9 中國③：孟子的易姓革命與莊子

希臘柏拉圖的柏拉圖學院，埃及托勒密王朝的「Mouseion」，都是可稱為學問殿堂的設施，而中國也有同樣的設施。

位在山東省的大國——齊的首都臨淄，是一個擁有數十萬人口的都市；城牆上的其中一個城門，叫做稷門。稷門旁有一個由齊王設置的設施（譯注：稷下學宮），各國的諸子百家皆聚集於此，討論學問。

戰國七雄的首都，都各有類似稷門這樣的場所。我相信，想要擁有賢能的人才，是世界共通的想法。

曾在稷門學習的孟子，是一個革命性的思想家，他認為人民擁有主權。遠在天上的神統治人類社會的方式，就是當人類社會出現一個昏庸的君主時，就降下洪水或旱災，警告他施政有問題。要是這個君主沒有發現，繼續施行惡劣的政治，那麼人民就可以武裝起義，擁立其他姓氏的君主。這就是易姓革命的思想。

換言之，這就是認同了人民的主權。因為即使天上的神給了暗示，但最後決定君主的還是人民的起義。不過，孟子大概也認為老是武力革命也不太妥當吧，於是他提出了禪讓與放伐兩種方式。所謂禪讓，就是君主主動認錯，將王位讓給有德之士的做法；所謂放伐，則是由人民討伐放逐昏君。

這個易姓革命的理論，最終成為了決定中國王朝變遷的思想。當然，沒有人希望被認為是用武力討伐君主的，因此當時的主流，是威脅君主把王座禪讓給自己（最後一次禪讓是十世紀宋朝建國時）。日本的天皇家沒有姓氏，或許也是受到易姓革命的影響吧。

莊子也是在這個時期登場的。他將老子重視自然、自由心靈的思想，提昇為更近代化的思考自我的思想，確立了老子思想與道家思想。

從孔子與老子的時代開始，經過了莫約百兩年後，孟子與莊子分別完成了儒家與道家的集大成。

10 中國④：表面為儒家，內在為法家，知識份子為道家

將諸子百家稍作整理，我們可以發現執政黨是法家，萬年在野黨則是樂觀看待進步的儒家、憂慮自然遭破壞的墨家，以及由知識階級組成的道家。在野黨當中，又以儒家占多數。

大部分的人吃了美食、穿著漂亮的衣服，都會感到快樂，因此樂觀看待進步的人屬於多數派。少數派（墨家）為了不被消滅，試圖以祕密結社的方式守護他們的學派思想，但最後仍在高度成長的環境下逐漸消失。

道家強調思考自我，因此屬於知識階級的思想。莊子在「夢蝶」中提出了這樣的問題：我在夢裡變成一隻蝴蝶，但到底是我變成了蝴蝶，還是蝴蝶變成了我呢？換言之，他認為世間的進步和婚喪喜慶等俗事，都不是問題。

中國的執政黨始終都是法家，法家就是內在。因為在這麼大的國家實際施政的時候，需要的就是法律。然而就算用法律來統治人民，也沒有什麼值得感謝的地方，這時儒家就成了表面。講出「修身、齊家、治國、平天下」這種話，不是顯得很帥氣嗎？法家和儒家，就以分別扮演內在與表面的形式共存。

進步派的代表——天才秦始皇，明明想打造一個近代國家，卻不允許反抗秦朝的思想家存在，因此燒毀書籍、活埋許多思想家（焚書坑儒）。這種破壞性的行為，使得諸

子百家的時代告終。

就這樣，中國思想界的領域劃分便大致完成——內在為法家，表面為儒家、知識份子則為道家。以結果來看，這樣的區分替中國帶來了安定。國家由賢能的官吏治理，庶民學習儒家思想，尊親愛子、勤奮工作，攜手守護著國家；至於知識份子則可以自由地過生活，適時地發洩，因此一切都很完美。我認為直至今日，中國都還守著這樣的平衡。

11 猶太人的流散促使舊約聖經完成

打造世界帝國阿契美尼德王朝的明君居魯士大帝走在巴比倫時，發現那裡有個猶太人的城鎮。他問：「你們為什麼住在這裡？」對方回答，因為我們打輸了戰爭，所以被擄來這裡。

「那真是太可憐了。現在你們已經自由了，快回家吧。」

於是巴比倫囚虜就這樣劃上了句點。

不過，猶太人是否就快樂地回家了呢？當時的耶路撒冷和巴比倫，城鄉差距大概比現在的東京與我出生的日本三重縣美杉村還要大。猶太人從耶路撒冷被帶到這裡，已經經過了五十到六十年；以當時的平均壽命二十到三十年來看，應該已經都是第二代、第三代了。雖然爺爺可能是從美杉村被帶來這裡的，但我是東京出生的。事實上，大部分的人也都因為在這裡有了穩定的工作，而不想回美杉村。因此他們並沒有回到故鄉去。

這就是「Diaspora」。過去日文曾把這個詞翻譯成「離散」，但近年則傾向翻譯成「流散」。他們是由自己的意志決定離開故鄉，定居於此的。

到底有誰回到耶路撒冷呢？——其實是一些頭腦頑固、個性保守的人。其中最具代表性的就是祭司階級，他們認為自己必須回到故鄉，祭祀神明。他們回到耶路撒冷，重建了猶太教的神殿（第二聖殿），但是再怎麼等，幾乎都沒有人從巴比倫回來。

回到耶路撒冷的人們開始感到不安，擔心再這樣下去，猶太人會被寬容、自由又富饒的波斯阿契美尼德王朝同化。為了加強猶太人的自我認同意識，他們開始撰寫自己民族的歷史——這就是《舊約聖經》。一般認為，《舊約聖經》約在西元前四世紀左右完成。

《舊約聖經》裡最古老的故事是《摩西五經》（妥拉，Torah），但這個故事其實是最新的。例如，「創世紀」的大洪水故事，出自於美索不達米亞的英雄敘事詩《吉爾伽美什史詩》；「雅典」是美索不達米亞的地名；此外正如前述，「出埃及記」中摩西被放在籠裡、漂流在水上的故事，也是借用了阿卡德帝國薩爾貢王的傳說。這些故事，是猶太人在巴比倫生活的那段期間聽到的。正如同撰寫家譜時，會從父母追溯到祖父母；最古老的祖先的故事，也是最後才寫上。

回到耶路撒冷的人們為了對波斯這個世界帝國展現自我認同而編纂的書籍，就是《舊約聖經》。而希臘人為了對抗腓尼基人而寫的《伊利亞德》、《奧德賽》，以及日本的《古事記》、《日本書紀》，也是相同的例子。

倭國在白村江敗給唐朝和新羅的聯軍後，持統天皇與藤原不比等便創作了《古事記》與《日本書紀》，試圖對抗大唐世界帝國，同時守護倭國的自我認同。例如第一代天皇神武，就是在這個時候新創造出來的。就像《聖經》的「創世紀」一樣，最古老的故事，其實是最新的。「愈古老的故事就是愈新的創作」——這在歷史文書中時有所見。

第三部

第四千年紀

AD 1 ⊢——⊣ AD 1000

第一章　漢朝、羅馬帝國、拓跋帝國與法蘭克王國

據推測，西元元年時，全世界的人口已超過一億五千萬人，將近兩億人。

約在此時初期，羅馬帝國迎向鼎盛時期，但隨後羅馬與漢朝這東西兩大帝國便開始逐漸走向衰亡。造成此現象的主因，乃是歐亞大陸的嚴寒所引起的各部族大遷徙。由北到南移動的游牧民族產生連鎖推擠現象，最後引發席捲整個歐亞大陸的大型民族遷徙。

位在歐亞大陸東方的中國往南逃竄，中國北部誕生了許多游牧民族國家；其中最突出的拓跋部統一了中國北方，「拓跋帝國」因而誕生。其後，拓跋部亦統治中國南方，建立了隋與唐。

位在歐亞大陸西方的羅馬帝國則是往東逃。法蘭克王國在現在法國與德意志西部的地區誕生，成為日後左右歐洲的重要因素。另一方面，比較不受民族遷徙影響的印度和

波斯，也出現了新的帝國。

基督教亦在這個時期誕生，並開始擴張。大乘佛教也在此時出現，在庶民之間廣泛流傳。

1 大乘佛教運動為了對抗印度教而展開

居住在都市的富人及知識份子，對婆羅門教的祭司階級心有不滿，因此非常支持佛教，促使佛教持續發展。

其原因之一，就是前述的「不可殺生（牛）」這種單純的教義。除此之外，佛教也因應知識份子對「活著」這件事所感到的不安，而發展出「涅槃」與「解脫」的思想。但是仔細想想，「對活著所感到的不安」，和為了活下去而非常辛勞、每天都必須拚命工作的庶民，可說完全無緣。佛教其實是一種針對布爾喬亞的宗教。

例如，佛教有個受到婆羅門教影響的想法，叫做「四住期」。

少年期必須努力讀書，學習佛陀的教誨及人生智慧。成人後，則必須拚命工作，成家、娶妻、養家，留下子嗣。孩子獨立之後就退休，讓出財產，安靜地過著虔誠信仰的生活。到了人生最後的階段，則要捨棄世上的羈絆，在森林裡建造一座小祠堂，潛心修佛。

這個教義強調人必須過著安祥的隱居生活，但我認為最關鍵的重點，是必須在青壯年時拚命工作存錢，打好物質基礎，好讓家人放心。這個宗教顯然是專為住在都市的布爾喬亞量身訂做。

另一方面，因為輸給佛教「不可殺生」的教義而被趕出都市的婆羅門教，到了鄉下之後，便開始思考該如何增加信眾，獲得布施。

婆羅門教有十二個神，希臘的奧林帕斯山也有十二個神，這是因為印度和希臘都是屬於印歐語系的民族。十二這個數字，可能是因為他們認為一年有十二個月，所以神也有十二個；而這個想法源自於埃及。奈良的新藥師寺裡也有被列為國寶的十二神將，這些都是有關連的。

恕我離題一下，婆羅門的祭司們認為，就算告訴鄉下人有十二個神，他們大概也不會懂。因此祭司們以簡單為上，打算只告訴他們最重要的神就好。濕婆是主宰宇宙中破壞和創造的神；毗濕奴是充滿慈悲，能夠自由變換形象的神；梵天是一個抽象的神，一般被視為造物主。

這三個神當中，比較受歡迎的是濕婆和毗濕奴。於是婆羅門教開始改變路線，倡導只要祈禱默念「濕婆神萬歲」、「毗濕奴神萬歲」，就能獲得救贖。這時婆羅門教也開始被改稱為印度教，印度土著宗教的色彩日益濃厚。

印度教沒有能力在鄉下建造大型寺廟，所以只好在十字路口或山頂上蓋一些小型濕婆神廟或毗濕奴神廟，並告訴信眾只要在這裡合十祈禱，便能得到救贖。

我在印度旅行時，曾看過許多簡樸的小寺廟。不過簡單為上，單純的教義奏功，信眾逐漸增加。前往都市生活的農民，將印度教的信仰帶進了城市。儘管搬進了都市，他們也沒有佛教所謂「將人生分成四個階段」的複雜思想，仍然認為只要祈禱「毗濕奴神萬歲！」便足夠。

於是，被趕出都市的婆羅門教變成了印度教後，反而將都市的佛教團團包圍。佛教開始緊張，發現要是繼續只講艱澀的教義，而不將教義簡單化，就無法生存下去。於是佛教便展開了巨大的改革。

在第二次佛教結集，佛教分為堅守佛陀教義的上座部與主張革新的大眾部，然而到了這個時期，許多佛教僧侶對佛陀的言論各有一番解釋，於是紛紛開始撰寫經典。包括強調智慧的般若系統、認為宇宙和人類本為一體的華嚴宗系統、主張西方極樂淨土的淨土系統，以及懷抱理想主義，倡導平等思想的法華系統等。這些提出主張的僧侶，認為自己的教義才是最大的船，可以拯救最多的人，所以是大乘佛教，同時批判上座部佛教是只能救贖自己的小船，因此稱之為小乘。這些事情發生在紀元前後到一世紀左右。

對此，上座部的僧侶們則反駁：「你們根本沒有學習佛陀的教誨，還敢胡說八道，你們才應該叫做大乘非佛教！」展開一場大爭論。最後，簡單的那一方獲勝了。倡導只需要唸「南無阿彌陀佛」、「南無妙法蓮華經」就好的想法，和印度教是一樣的。

此外，大乘佛教還借來了印度教的毗濕奴，只是將名字改成觀音菩薩。毗濕奴為了救人而變成各種姿態，還擁有一千隻手和眼；千手觀音和十一面觀音借用的就是這個概念。

於是，大乘佛教藉由仿效印度教而大為興盛。

2 佛像的打造始於貴霜王朝

大乘佛教誕生時，印度的王朝是貴霜王朝（Kushan）。這個王朝誕生的背景如下。

漢武帝與匈奴決戰後，想要夾擊強敵，因此派遣使者前往蒙古高原西方的費爾干納盆地，也就是位於現在塔什干附近的大月氏。大月氏是一支長期與匈奴抗戰，最後定居在費爾干納盆地的民族。

西元前一三九年，從漢朝出發的張騫在前往大月氏的途中遭匈奴逮捕、拘留，之後逃了出來，順利抵達大月氏。然而大月氏對現狀很滿足，已經不想再和匈奴打仗。張騫於是斷念，準備踏上歸途，卻再次被匈奴抓住，直到西元前一二六年才回到長安。

漢武帝的雙面夾攻戰略雖然失敗了，但透過張騫帶回來的資訊，他得知了絲路的狀況與匈奴的詳細戰力，因此仍決定向匈奴宣戰。

之後，大月氏便開始往西方發展。他們打敗了勢力範圍涵蓋從阿富汗到印度河上游健馱邏地區的希臘化國家巴克特里亞，併吞了這個區域。接著他們打算趁勢將勢力範圍擴展到印度，但卻被一支強盛的伊朗民族給消滅了；這個強盛的伊朗民族就是貴霜族。

如前所述，印度有兩處肥沃的土地，一是印度河中游，一是恆河中游；印度的文明就像是以這兩處為橢圓形的兩個焦點發展的，而貴霜王朝也不例外。貴霜王朝以印度河附近的白沙瓦（Peshawar）與恆河附近的馬圖拉這兩個都市為中心，日漸繁盛。

這個國家對宗教抱持著寬容的態度，無論是佛教、耆那教或印度教都很興盛。佛像也是在這個時代開始打造的。

在此之前，人們忌憚塑造教主的肖像，所以只膜拜在石頭上刻出佛陀腳底形狀的「佛足石」，或是象徵佛陀教誨（法）的「法輪」。

然而這些東西卻無法滿足一般信眾。畢竟會對偉人或賢者的真面目感到好奇，也是人之常情；只因抽象的理論或象徵而信仰宗教的知識份子，僅是少數。

於是，供奉在路邊小廟裡的樸拙印度教毗濕奴神像就此誕生，信眾也更容易產生移情作用。神像成了促使印度教普及的一大助力。一個有力的說法認為，大乘佛教就是在看見這種現象之後，才開始製造佛像的。

過去一般認為打造佛像的開端，是因為希臘的雕像傳入了在健馱邏地區繁華一時的巴克特里亞，後來人們才以此為藍本，開始製造佛像。然而佛像不只出現在健馱邏、白沙瓦等印度河中游流域，在恆河中游的馬圖拉也可以看見。因此，希臘的雕刻或許替人們帶來了打造佛像的靈感，但應該不是促使佛像誕生的主因。

貴霜王朝位於羅馬與漢朝之間，是東西貿易的陸路樞紐，因此發行了大量的金幣。貴霜王朝在二世紀的迦膩色伽（Kanishka I）時代達到巔峰，然後來在三世紀被波斯的薩珊王朝殲滅。在貴霜王朝興盛的這段時間，南印度的德干高原上，扮演著海路貿易樞紐角色的百乘王朝（Sātavāhanas，案達羅王朝）也相當繁榮。

3 王莽篡西漢，建立東漢

西元八年，中國漢室外戚王莽篡漢，建立以新為國號的國家。王莽信奉儒教，更使禪讓政治首度實現。據說當時有人夢到一個神，神說：「讓王莽成為天子治國。如果不信，可以去挖掘某個地方」。那個人依照指示前往，竟在該處挖出一尊神像。

於是漢朝的皇帝表示他願意讓出皇位，全國上下也流傳著王莽是個偉大的人。但皇帝之所以會這麼說，想必是受到了威脅，而那尊神像一定也是事先埋好的吧。

王莽的施政一切遵循儒家與中華思想。他將官職名稱依照儒教思想重新命名，更改地名，並在七年之間進行了四次貨幣改革。另外，當時朝鮮半島上有個名叫「高句麗」的國家，王莽認為：「以高為名，看起來好像比中國還要高似的，成何體統！」於是以此為由，將其國名改為「下句麗」。
以往大家都覺得王莽是個如唐吉軻德般的蠢皇帝，但近年有些學者提出不同的觀點，認為王莽或許是利用中華思想已經遍及全亞洲的事實，試圖打造一個以中國為中心的國際秩序。
然而由於他實在太過於無視現實，導致赤眉起義，新朝僅維持十五年就滅亡。西元二十五年，漢室一族劉秀（光武帝）即位，將國都從長安遷至東部的洛陽。後人將在此之前的漢朝稱為西漢（前漢），新的漢朝稱為東漢（後漢）。
在這個時代，大乘佛教也經由西域傳來中國。洛陽的白馬寺就是中國最古老的佛教寺院。

4 耶穌受刑而死，保羅受感化，新約聖經完成

猶太教完成《舊約聖經》，確保了猶太人的自我認同，但隨著時間的流逝，教義開始混亂，神職人員開始墮落。不論什麼宗教都一樣，一旦自己所屬的宗派開始興盛，就會出現許多想穿漂亮法衣、吃美味食物的僧侶。我想耶穌就是看不慣這一點，才開始進行猶太教的改革運動吧。因此，猶太教和基督教所信奉的神是相同的。
耶穌在約三十二歲時，在耶路撒冷遭到處刑而死，於是保羅繼承了基督教的衣缽。

保羅本來的立場也是迫害基督教，有關他為什麼會改變心意，傳說有這樣的故事。

某次保羅從耶路撒冷前往北方的大馬士革旅行時，突然有一道光射向他。他嚇得墜馬，這時耶穌的聲音從天上傳來：

「保羅呀，你為什麼要迫害我的信徒呢？」

據說保羅就是因為聽見這個聲音，才受到感化的。

這當然是個虛構的故事，但總之保羅認同了基督教的教義，回到耶路撒冷。但是耶穌的弟弟雅各與許多信徒遵守著耶穌的教誨，在耶路撒冷生活已久，不願接納曾經迫害基督教的保羅。

當時從巴比倫囚虜獲得解放的猶太人，因為流散而住在大都市，從事商業活動。保羅走遍了他誕生的故鄉小亞細亞（安那托利亞半島西部）及愛琴海周邊的都市，造訪居住在當地的猶太人自治體，闡述耶穌的教誨。

然而住在小亞細亞等都市的猶太人並不多。起初，保羅將猶太人們聚集在猶太人的家裡傳教，但人數實在太少，效果不彰。這樣一來既無法宣傳教義，更無法得到布施。於是他宣示：「即使是希臘人也沒關係，我願意對任何人闡述耶穌的教誨。」敞開大門，歡迎每一個人。

保羅用當時的通用語，也就是通用希臘語（Koine Greek）傳教，漸漸獲得人們的支持與贊同。

另一方面，在耶路撒冷向猶太人傳教的人們，使用的則是阿拉姆語；耶穌使用的語言也是阿拉姆語。保羅和雅各的關係儘管緊張，但以結果而言，是由於保羅不分種族地全面傳教（雖說初期的信徒大多仍為猶太人），才替基督教奠定日後成為世界性宗教的基礎。

就在同一個時期，印度正開始展開大乘佛教運動。

持續在小亞細亞和希臘傳教的保羅，強調著「耶穌說……」，但他其實並沒有見過耶穌，只是將自己聽到的傳聞組合起來而已。說得更白一點，其實保羅宣揚的是自己的想法。這些背景都和大乘佛教很類似。

之後，這些想法被認為是耶穌的教誨，紀錄著這些教誨的《新約聖經》也誕生了。這是發生在耶穌死後經過一、兩個世代，也就是大約西元六〇年代到九〇年代左右的事。其後基督教兼容並蓄地吸收了其他主要新興宗教的優點（如密特拉教的聖誕節與食用麵包和葡萄酒的彌撒，以及伊西斯教的聖母子像等等），增加信眾。

5 羅馬帝國步入「人類最幸福的時代」

在歐亞大陸的西方，奧古斯都（在位期間：西元前二十七—西元十四）承襲凱撒的構想，建立了羅馬帝國。一直到他的入贅女婿提貝里烏斯（Tiberius）繼承王位時，羅馬帝國都很繁榮，然而第五代卻出現了人稱暴君的尼祿（Nero）。尼祿在西元六十八年自殺後，凱撒家的血緣就此斷絕。之後經過將近五十年的時間，正當凱撒所發明的制度，也就是由皇帝、官僚與軍人共同治理國家的政治體系開始在整個帝國發揮作用時，幸運降臨了。從西元九十六年到一八〇年間，有「五賢帝」之稱的五位皇帝連續統治著羅馬帝國。

這五名皇帝全都是養子，沒有血緣關係。古代日本的商家若覺得自家的男丁太笨拙，不適合做生意，也會讓女兒和聰明的掌櫃結婚，繼承家業。這是個很聰明的辦法。

就這樣，羅馬帝國迎向「人類最幸福的時代」。這句話出自十八世紀英國歷史學家吉朋的《羅馬帝國衰亡史》一書，儘管略嫌誇張，但是在將近一百年的歲月中，沒有發生重大戰爭，持續繁榮，在人類五千年的歷史中也很罕見。在五賢帝中的第二個皇帝——圖拉真（Traianvs）在位時，羅馬帝國的領土範圍達到最大。

這段「幸福時代」與地球氣候持續保持穩定，也有著極大的關聯。在以農業生產為主的古代．中世紀社會，一旦地球變得寒冷，不論對哪個政權而言都是致命的打擊；尤其大國更是難以統一。因為人們會從北方開始移動，產生連鎖推擠效應，迫使各部族跨越國境，侵入領土。漢朝的統治制度繼承了秦始皇的構想，羅馬帝國則是以阿契美尼德王朝和凱撒為藍本。由於統治制度本身很完整，只要氣候穩定，國家就不會出現動盪。

羅馬五賢帝中的第三個皇帝哈德良（Hadrian，在位期間：一一七—一三八）走遍整個帝國，巡視各地。

但是到了二世紀中葉，歐亞大陸的氣候逐漸變得寒冷，導致東西兩大帝國開始瓦解。

6 歐亞大陸的嚴寒引發大規模的民族遷徙

瀏覽世界地圖，我們可以發現歐亞大陸從東邊的蒙古高原到西邊的匈牙利大平原，是一整片大草原。各個游牧民族自由地居住在這片草原上，斯基泰和匈奴等大帝國，都是游牧民族所建立的。但是到了二世紀中葉，嚴寒的氣候來襲，迫使他們往南方遷徙。這形成了一種連鎖推擠效應，就像滾雪球一樣，演變成一種大規模的民族遷徙。

在歐亞大陸東方的蒙古高原上，鮮卑取代匈奴建立了一個大帝國。一位叫做檀石槐的英雄出現，他所征服的疆域東至遼東半島，西至敦煌。

漢朝因為鮮卑的壓力而發生動亂，再加上嚴寒氣候導致農業生產力下降，引起社會動盪不安，國政紊亂。最後黃巾之亂（西元一八四）爆發，漢朝雖逃過滅亡的命運，但也成為了魏國英雄曹操的傀儡政權，中國從此進入《三國志》（魏、吳、蜀）的時代。

就在同一時期，西方羅馬五賢帝的最後一位君主馬可・奧里略・安敦寧（Marcus Aurelius Antoninus）為了對抗入侵羅馬帝國的游牧民族，死於最前線的戰場維也納（當時稱 Vindobona）（西元一八〇）。五賢帝的時代就此告終。

大自然的力量十足令人畏懼，我們可以從下面的故事瞭解這個時代的嚴寒狀況。

在紀元元年左右，中國漢朝的人口約為五千萬人。漢朝實施了世界上第一次的戶籍調查，並留下紀錄。可以實施戶籍調查這件事本身，就已經相當驚人，由此可見秦始皇的構想有多麼完備。當時的日本，還遠在卑彌呼之前的時代。另外，羅馬帝國實現最大的版圖時，推估人口約有六千萬人。

然而據說到了《三國志》的時代（一九〇—二二〇），中國的人口只剩下不到一千萬人。想必是因為這個時代有許多戰亂，再加上寒冷和糧食不足，使得疾病擴散，人們接連死亡，無法生育後代吧。一直要等到隋文帝時代（五八一—六〇四），中國的人口才再次恢復到五千萬人左右。

7 游牧民族無法輕易進入的國家——印度與波斯

游牧民族因為嚴寒氣候而展開遷移後，羅馬和漢朝便開始瓦解，但游牧民族卻無法輕易進入印度和波斯（今伊朗）。

印度北側有青藏高原和喜馬拉雅山脈，只有西北方與阿富汗的國界處較為開闊平坦。但是這裡和富饒的旁遮普地區相連，因此總是有某個國家統治著。當北方游牧民族開始大舉遷徙時，此地屬於貴霜王朝的勢力範圍。貴霜王朝也是騎馬民族。

波斯的東北方是沙漠地帶，裏海南側則有厄爾布爾士山脈（Alburz Mountains）阻隔。這座山脈的最高峰超過五千公尺，也就是說外敵很難從波斯的北方侵入。

游牧民族是為了避寒而南下的，並沒有某個確切的目的地。要是遇上了山脈，他們的想法通常會是「翻過山太難了，乾脆分成東西兩路吧」。

波斯在阿契美尼德王朝打造了一個世界帝國之後（西元前五五〇），便由安息帝國（阿爾沙克王朝）繼承（西元前二四七）。後來薩珊王朝消滅了安息帝國，稱霸波斯（二二四）。建立薩珊王朝的阿爾達希爾（一世，Ardashir I，在位期間：二二六—二四〇）曾經表示：「我繼承了過去征服印度到埃及，建立世界帝國的阿契美尼德王朝的血脈。」

薩珊王朝殲滅了東邊的貴霜王朝後，往西又將勢力範圍拓展至波斯灣，侵略敘利亞，最後與羅馬帝國爆發戰爭。

面對這個強敵，羅馬帝國也卯足全力應戰。相當於現在土耳其共和國東部的埃澤薩（Edessa），是當時羅馬帝國最東部的行省，而兩軍就在此地展開激戰（二六〇）。這場戰爭對羅馬帝國來說是一場苦戰，就連羅馬皇帝都成了薩珊王朝的俘虜，不過最後仍勉強阻止了薩珊王朝的侵略。從此之後，波斯與羅馬就成了最大的勁敵。

誕生於薩珊王朝的宗教——摩尼教

薩珊王朝原本信奉的是祆教（拜火教）。祆教是在西元前六世紀之前，由瑣羅亞斯德於伊朗高原創立的宗教。祆教倡導透過阿胡拉．馬茲達這個絕對的善神與惡神之間的戰鬥來理解這個世界的善惡二元論。

祆教亦是阿契美尼德王朝的宗教，獲得波斯人虔誠的信仰，後來也傳至中國。

薩珊王朝的第二任君主沙普爾一世（Shapur I，在位期間：二四一—二七二）在位時，出現了一位名叫摩尼的宗教家。摩尼以祆教為基礎，創造出摩尼教，強調光與暗、靈魂與物質、善與惡等概念對立的二元論。摩尼教的教義迅速在薩珊王朝普及。

一神教的教義，通常很難說明為什麼世上明明有全知全能的神，卻仍然有惡的存在。

二元論可以用時間軸來解決這個難題。儘管正義在最後的審判中獲勝，但善與惡永遠都在這個世上戰鬥，假如有人受到傷害但神沒有幫助他，那是因為當時惡的勢力比較強的關係。

摩尼的影響力很大，就連基督教都吸收了他的思想。摩尼教的普及範圍西至北非（古代基督教最權威的神學家聖奧古斯丁原為摩尼教信徒），東至中亞與中國。但沙普爾一世死後，信仰祆教的巴赫拉姆一世（Bahram I）便逮捕了摩尼，將他處死。

摩尼是個很有趣的人，據稱他自己畫畫傳教，還將自己的教義編成舞蹈。

事實上，人類的溝通本來就很重視感情的傳達，而傳達的方式包括說話者的表情、唱歌、跳舞或是畫畫。在文字誕生後，由於文字的資訊量具有壓倒性的優勢，因此言語和文字便成了溝通的主力，唱歌跳舞則以戲劇、音樂、舞蹈等形式，成為了傳統藝術。即使如此，宗教仍需要某些無法用常理解釋的東西，例如神明附身、神蹟等，因此聖歌、跳舞這些能喚起人類深層感情的方法，都沒有遭到淘汰。倡導「舞蹈念佛」的一遍上人（譯注：鎌倉時代的僧侶，日本時宗的始祖，法號智真）和以伊斯蘭教的旋轉舞聞名的梅夫拉維教團（始祖為魯米〔Rumi〕），正是最典型的例子。

北印度有笈多王朝樹立穩定政權，發展文化

在這個時代，印度和波斯一樣，並沒有游牧民族入侵。孔雀王朝滅亡後持續了將近五百年的分立時代，在此劃下休止符，笈多王朝（三二〇—五五〇左右）在北印度建立了穩定的政權。笈多王朝和孔雀王朝一樣，將首都設在位在恆河流域的巴連弗邑（今巴特那〔Patna〕）。

另外，此時印度西北方依然有薩珊王朝的勢力，德干高原也沒有被納入笈多王朝的版圖。

笈多王朝統治下的印度，在文化方面有蓬勃的發展。有詩聖之稱的迦梨陀娑（Kālidāsa）留下了《沙恭達羅》（*Shakuntala*）。將禪的思想傳至中國的僧侶達摩，也是這個時代的人。另外，在佛陀開悟的菩提伽耶附近，有一間與柏拉圖學院十分相似的那爛陀大學（Nalanda University），扮演佛教的國際中心般的角色。

笈多王朝信仰印度教的毗濕奴神，不過對其他宗教皆抱著寬容的態度。印度最富盛名的兩大敘事詩《摩訶婆羅多》與《羅摩衍那》都是在笈多王朝完成的。世界遺產阿旃陀的石窟寺院也是這個時期的產物。

8 漢朝滅亡。晉朝捨棄北方逃向南方

中國在黃巾之亂後，東漢一蹶不振，到了第十四代獻帝在位時，東漢已成為詩人英傑曹操的傀儡政權。曹操死後，獻帝將帝位讓給曹操之子曹丕，持續了四百年的漢朝就此告終。

曹丕改名文帝，建立魏國（二二〇）後，自稱漢朝後裔的劉備在掌握西域交通樞紐的蜀（四川省）建立了「蜀」漢（二二一），孫權則在長江以南的江南地區建立了吳（二二二）。這三國爭霸的時代，史稱三國時代。另外，《三國志》是在晉朝完成的正史；文中提及卑彌呼的「魏志倭人傳（魏書東夷傳倭人條）」正是《三國志》中的一節。

三國中最先滅亡的是蜀（二六三），魏的權臣司馬氏逼魏帝退位，建立晉朝（二六五）；之後又在二八〇年消滅吳，統一中國，結束了三國時代。

然而到了三一六年，身為漢室姻親的匈奴推翻了晉朝。在寒冷的環境下一直伺機南下的游牧民族，並沒有放過這個晉朝因為皇族鬥爭而產生內部紛亂的機會。

晉滅亡後，游牧民族的入侵就變得更為積極，於是華北地區進入五胡十六國時代。

所謂的五胡，就是異族的總稱，具體而言包括匈奴、鮮卑、羯、氐、羌；其中羯雖是匈奴的分支，但一般認為這是結合了中國人偏好的五行（認為萬物皆由金、木、水、火、土等五種元素構成的自然哲學）思想，所以稱為五胡。而十六個屬於這五胡的大國，便在

華北誕生。

晉的人民與其他漢族人們被趕出華北之後，去了哪裡呢？農耕民族與游牧民族時而敵對，時而共存（如漢朝剛建國時便與匈奴共存）。因此有些漢人留在華北與五胡共存，而不想受游牧民族統治的人們，則往南方逃竄。

晉朝的司馬氏一族也逃往南方，在過去吳國的首都建康（今南京）復興晉朝。後世稱以洛陽為首都的晉為西晉，以建康為首都的晉為東晉（三一七—四〇二）。

東晉的人們捨棄華北、來到華南後，發現華南氣候溫暖宜居，糧食也很充足，於是貴族和知識份子們便打消了奪回華北的念頭，在華南過著優雅的王朝生活。建康日漸繁華，愈來愈多人從華北南下造訪此地。在這段期間，文化（六朝文化）也有蓬勃的發展。有書聖之譽的王羲之、田園詩人陶淵明（代表作品有《歸去來辭》、《桃花源記》等），都是這個時代的名家。

前秦的苻堅與羅馬帝國的朱利安——兩名隕命於理想之前的君主

當時，屬於五胡中氐族的苻堅所建立的前秦，統一了華北地區。他雖然驍勇善戰，卻是個抱著理想主義的君主，以儒教思想為藍本施政。或許他是因為自己非漢族，所以更想當個明君吧。他相信只要拔擢重用降將，對方必會誓死效忠。

於是他每次戰勝，就把敵將納入己方麾下。幸好苻堅的身邊有個聰明的中國人王猛擔任他的左右手，彌補苻堅那近乎愚善的政策。即使是苻堅原諒的敵將，只要覺得對方有危險，王猛就會將他調派至遠方，不著痕跡地處理掉。王猛死後，連戰連勝的苻堅準備進攻東晉；他可能是想在江南也施行理想的政治，一統中國吧。

苻堅率大軍南下，在淮河支流與東晉展開決戰（淝水之戰，三八三）。孰料，原本投降的將軍們竟在最後一刻反叛。看來東晉的諜報工作也計畫得非常綿密。仔細想想，那些將領雖然降伏於前秦，但東晉是中國正統的王朝，身為游牧民族的前秦想要打倒正統，又是另一回事了，因此降將認為倒戈對自己比較有利，也是天經地義的吧。

事實上，幾乎在同一時期，羅馬帝國也出現一名從高盧（Gaule，今法國）竄起的皇帝朱利安（**Flavius Claudius Julianus**，在位期間：三六一—三六三）。他主張基督教將希臘羅馬的神祇與古典文獻「焚書坑儒」是不對的，《米蘭敕令》（Edict of Milan）才是對信仰自由的認同，試圖復興希臘羅馬眾神；這也是一種理想主義。後來朱利安在與薩珊王朝的戰役中戰死，基督徒稱他為「叛教者」（**Julian the Apostate**）。

東西方在幾乎同時期出現想主義者，又雙雙失敗隕落，這也是一種不可思議的歷史巧合。

9 北魏統一華北。拓跋帝國成立

繼前秦的苻堅之後，最後稱霸華北地區的是鮮卑所建立的北魏（三八六—五三四）。鮮卑有六支強大的部族，而建立北魏的是拓跋部。拓跋部是與西方的法蘭克族並稱的優異部族，他們不但替五胡十六國的混亂狀態劃下休止符，後來更稱霸江南，統一中國，建立隋朝與其後的唐朝。

有些學者將北魏、隋、唐統稱為拓跋帝國或拓跋國家。

打壓佛教的皇帝、欲以佛教治國的皇帝、想成為中國人的皇帝

拓跋部的統治階層皆意識到自己並非中國人。中國必須由中國人統治，才合情合理，這是孟子的易姓革命論——因為前一個王朝施行惡政，所以人民群起反抗，自己建立一個新的王朝。然而他們並非中國人，因此無法套用這個理論。

北魏統一華北（四三九）的是第三代皇帝太武帝，他信奉組織了道教（老莊思想）的寇謙之，打壓佛教（佛教共遭四次嚴重打壓，人稱「三武一宗滅佛」，此為第一次）。

太武帝統一華北之前約四十年，一位名叫鳩摩羅什的西域僧侶來到長安，將大量大

乘佛教經典翻譯成中文（舊譯。相對於此，唐代玄奘所翻譯的經典稱為新譯）。寇謙之或許是這麼對太武帝說的吧：「假如你能打壓來自西域的佛教，尊崇中國傳統的道教思想，中國人就會承認你是皇帝了。」

然而繼太武帝之後即位的文成帝，卻反而保護了佛教。他從一名叫做曇曜的高僧學習國家佛教的概念。

「皇帝是如來，也就是佛；官僚和軍人都是拯救世人的菩薩；而人民則是等待救贖的大眾。」

簡單講，就是上述的概念。這個邏輯足以對抗易姓革命的理論，因此文成帝命曇曜在首都平城（今大同。日本平城京的語源）西郊的雲岡石窟打造巨大的石雕佛像；這些佛像的臉，全是依照北魏皇帝的容貌所打造。

接下來出現的皇帝，則認為或許不必靠佛教，只要讓自己變成中國人，就能使用易姓革命論；這就是第六代皇帝孝文帝（在位期間：四七一—四九九）。他非常積極地推動漢化政策。

孝文帝施行的漢化政策，包括將鮮卑的姓氏全都改為中國姓氏、禁止使用鮮卑語，以及拋棄他們的民族服裝，也就是胡服。另外更將首都從平城遷都至洛陽。這些政策非常強硬，甚至遭到管理階層的反對，但孝文帝卻一意孤行。遷都至洛陽後，孝文帝便開始打造龍門石窟。

中國的王朝與游牧民族

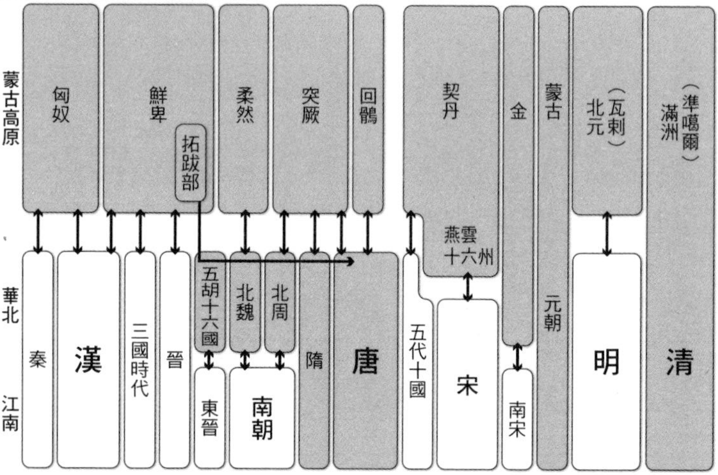

孝文帝即位時年僅五歲，因此約有二十年的時間，都是由他的祖母馮太后攝政（代替君主處理國政）；有一說馮太后其實是孝文帝的生母。馮太后是一位罕見的聰明人，可說是實質上的女皇帝。她推行均田制（由國家將土地分給農民）等中央集權政策，提昇國力。孝文帝之所以能斷然施行政策，也是因為馮太后奠定了基礎。在女性地位崇高的拓跋部裡，之後也出現許多位優秀的女性。

若非孝文帝早逝，南北朝時代可能更早結束

北魏太武帝於四三九年統一華北，而當時東晉的一名低階軍人劉裕在江南地區建立了宋（四二〇）。從這個北魏與宋分

別並立於南北的時代起，一直到隋文帝（楊堅）統一中國，也就是五八九年止，就是所謂的南北朝時代。

其實孝文帝也抱有統一中國的大夢，無論是漢化政策或是遷都洛陽（四九四），想必都是出自一種認為「我才是最適任的中華皇帝」的自負之心吧。但他在西元四九九年英年早逝，享年僅三十三歲。他的驟逝與激進的漢化政策，種下了北魏沒落的遠因。

蒙古高原繼匈奴、鮮卑之後，出現了一個名為柔然的國家。五世紀初，一位名叫社崙的英雄嶄露頭角，他以游牧民族的君主自居，自稱可汗，打造了一個疆域涵蓋中央歐亞與蒙古高原的大帝國。

北魏在邊境設置了稱為「六鎮」的六個防禦單位，給予有力的豪門權貴特權，試圖鎮守北方。然而遷都洛陽後，六鎮便逐漸遭到冷落，最後發生六鎮之亂（五二三），北魏逐漸走向衰亡。

至於南朝，比起統一中國，更著重於享受豐富的文化，政權也不斷更迭。具體而言，在開朝的吳、東晉之後，緊接著的是宋、齊、梁、陳等四國。這就是南朝文化又稱為六朝文化的原因。

10 羅馬帝國經過分治，將重心東移

羅馬帝國與東方的薩珊王朝可謂互相消長；西方遭到各部族激烈侵入，遼闊的領土也變得岌岌可危。這時出現了一位名叫戴克里先（Gaius Aurelius Valerius Diocletianus）的皇帝。

他認為單憑一個人的力量無法統治這個正面臨著難題的遼闊帝國，因此想出了分區統治的方法。他從宛如長靴狀的義大利半島東側拉一條南北垂直的線，以此為界線，分為東西兩邊。接著他再把東西方的領域各分為二，也就是將帝國分成四等分來統治。

戴克里先把國土分成四等分，實施所謂的道州制，試圖用兩個正皇帝和兩個副皇帝有效率地對抗蠻族；後來又將首都設在安那托利亞半島的尼科米底亞（Nicomedia，今伊茲密特〔Izmit〕）。這個分區統治，史稱四帝共治制（Tetrarchy）。

由於四個首都皆設在前線附近，因此羅馬市的重要性明顯下降，元老院亦然。戴克里先成了羅馬帝國的專制君主（Dominatus，專制君主制的起源）。

四帝共治制在戴克里先這一代就幾乎瓦解，但將帝國分成東西兩邊的制度卻保留了下來。

西元三一三年，東部的正皇帝李錫尼（Flavius Galerius Valerius Licinianus Licinius，在位期間：三〇八—三二四）與西部的正皇帝君士坦丁一世（Gaius Flavius Valerius

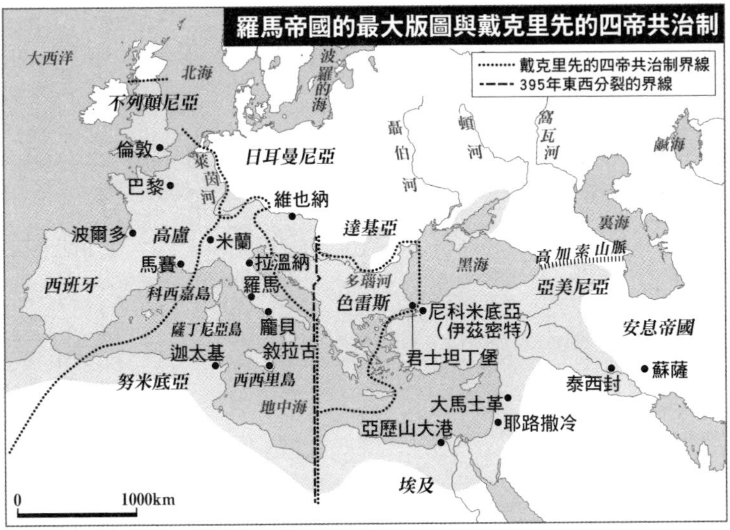

羅馬帝國的最大版圖與戴克里先的四帝共治制

Constantinus，又稱君士坦丁大帝，在位期間：三〇六—三三七）共同頒布了《米蘭敕令》，允許信仰自由。信仰多神教的羅馬帝國踏出了第一步，承認基督教這個一神教。

接著君士坦丁一世統一了東西，遷都至拜占庭（三三〇），後世稱這個「新羅馬」為君士坦丁堡。

在羅馬帝國繁榮鼎盛之際，羅馬超過一百萬人口的糧食，皆由埃及豐富的小麥提供。但是與其將小麥運送到羅馬，不如運送到距離更近的君士坦丁堡。而且在君士坦丁堡可以更快得知大敵薩珊王朝的情資，面前的博斯普魯斯海峽又是天然的防衛屏障，因此羅馬帝國的重心便逐漸東移。

君士坦丁遷都後，莫約經過五十年，狄奧多西大帝（Flavius Theodosius，在位期間：三七九—三九五）將基督教定為國教（三八〇）。

基督教在與其他宗教不和的狀況下，設置了專職員工（祭司），建立強大的組織網。這是因為基督教以緊密的關係與堅定的信仰為核心，將耶穌的教義確實傳達給每一個信徒，確立了可以互相聯絡的體制。日本的新興宗教也是採取這種方法，他們在全國各地設置設施，與中央緊密相連。

攻進羅馬帝國領地內的各個部族，摧毀了羅馬過去最傲人的道路，並搶奪各地的帝國地方行政機關。道路和聯絡網都被斬斷的帝國，無法發揮原有的功能，於是中央統治機關也隨之瓦解。

然而，這些部族並沒有攻擊獲得大眾支持的教會。畢竟世上沒有人想違抗神，而且教會是仰賴當地信眾的布施經營的，就算破壞了教會，也很快就能重建。

於是狄奧多西便注意到基督教這個強韌又穩固的組織網。

這時，基督教便趁勢透過米蘭主教安波羅修（Ambrosius）向狄奧多西提出一個交易，表示基督教願意出借其強大的組織，相對地，他必須把基督教立為國教，加以保護。換言之，也就是基督教可以提供教會作為地方政府、區公所，但國家必須停止祭拜其他神祇，並將神殿關起來，轉作教會使用。

於是古代奧林匹克運動會遭到廢止，希臘羅馬眾神的雕像也全被破壞，公共圖書館也關閉了——這是因為圖書館裡有許多與基督教無緣的亞里斯多德及柏拉圖的書。除了基督教與聖經以外的事物全被排除的「焚書坑儒」就此展開，希臘羅馬的知識遺產也開始受難。

另一方面，基督教內部這時也開始爭論正統教義為何。歷經了多次大公會議（Ecumenical Synods，宗教會議），最後主張「聖父（神）、聖子（耶穌）與聖靈本為一體」，也就是「三位一體」的派別（亞他那修派，Athanasius），戰勝了亞流派（Arianism）與聶斯托留派（Nestorianism），獲得支持。

另外，狄奧多西死後（三九五），羅馬帝國再次分裂為東西兩邊，西部也有一名類似日本「代官」的皇帝。

11 法蘭克人在歐亞大陸西方竄起

一如東方的五胡十六國，入侵歐洲的游牧民族也分為許多部族。以前習慣稱之為「日耳曼民族大遷徙」，但由於無法找出這些部族的共通點，因此現在已經不再使用「日耳曼民族」這樣的字眼。另外，若以時間順序排列入侵歐洲的主要印歐語族，依序有安那托利亞語族（Anatolian languages，如西臺等）、希臘語族（Hellenic languages，如希臘等）、義大利語族（Italic languages，建立羅馬）、凱爾特語族（Celtic languages，凱撒時代的高盧，也就是現在法國的主要居民）、日耳曼語族（Germanic languages）、波羅

的——斯拉夫語族（Baltic-Slavic language）等。

當時的羅馬帝國以首都君士坦丁堡為中心，糧食仰賴物產富饒的埃及與敘利亞，將西邊的首都設置在義大利半島上面對著亞得里亞海的拉溫納，鎮守西部。但將首都設置在此的意義，與其說是鎮守義大利，倒不如說是監視意圖從亞得里亞海入侵的游牧民族。

由於君士坦丁一世和朱利安都率領西部的優秀人才前往東部，因此羅馬帝國西部的人才被掏空，無法抵擋敵人的入侵。

在匈人（Hun）的驅趕下，渡過多瑙河，最先入侵羅馬帝國的，就是西哥德人（Visigoth）。他們的國王亞拉里克（Alaric）佔領了羅馬（四一〇）後，本來想往南方推進，但不幸在途中病死。之後，他的族人們繼承了他的遺志，以南法的土魯斯（Toulouse）為中心，建立了一個版圖延伸至西班牙的西哥德王國（四一五—七一一）。

匈人之王阿提拉（Attila）在潘諾尼亞（Pannonia，匈牙利）建立了一個大帝國（在阿提拉死後瓦解）。他進攻東方的羅馬帝國，也入侵了義大利半島。但是據說當時的羅馬教宗利奧一世（Papa Leo I）說服了他，使羅馬不受侵略。匈人之所以撤退，真正的原因或許是由於疫病蔓延吧。一般認為，利奧一世是羅馬教會實質上的第一任教宗。

四七六年，一個名叫奧多亞塞（Odoacer）的拉溫納傭兵隊長逼迫西羅馬帝國皇帝退位，自立為義大利國王。以往人們將此稱為西羅馬帝國滅亡，把它當成一個大事件，但是當時羅馬並非東西部各有一個國家，西部領土的首長其實只是空有皇帝名號而已，所以現在一般認為這件事並沒有什麼特殊意義。不過，奧多亞塞最後敗在奉羅馬皇帝之命出兵的東哥德人狄奧多里克（Flavius Theodericus）手上。於是，獲得羅馬帝國承認的東哥德王國，就以拉溫納為首都，在義大利半島建國（四九三）。

法蘭克人的勢力在歐洲西部逐漸擴張。

以圖爾奈（今比利時）為根據地的薩利安法蘭克人（Salian Franks）克洛維一世（Clovis Premier）先是統一了當時小國分立的萊茵河下游地區，接著又建立了領土範圍涵蓋現今法國與德意志西部的墨洛溫王朝（Merovingian dynasty，四八一）。他從絕大部分游牧民族信奉的亞流派改為亞他那修派，獲得羅馬教會的支持。日後對歐洲情勢影響甚巨的法蘭克王國就此誕生。

東方的拓跋部，西方的法蘭克人，都成了游牧民族大遷徙的最後勝利者。

順帶一提，把西哥德人趕往西邊的匈人，究竟是不是匈奴？這個問題已經爭論許久，尚無定論。不過最近學者在中亞出土的古老文獻中，發現寫作「匈奴」的漢字，發音讀作「匈」，因此兩者實為同一部族的說法比較有力。

第二章　一神教革命的完成

進入西元五〇〇年之後，拓跋部統治全中國，建立隋唐世界帝國。當時敗給唐的倭國，日後重生成為日本。

在歐亞大陸西部，曾經繁華一時的羅馬帝國與波斯雙雙因為長久以來的戰爭而疲憊不堪。這時伊斯蘭教出現了。由商人穆罕默德創立的伊斯蘭教與其共同體（烏瑪，Ummah）一轉眼就蓄積強大的力量，擊敗羅馬帝國與波斯，打造出一個巨大的世界帝國。

伊斯蘭教掌握地中海的制海權後，多神教的信仰便逐漸從地中海周邊地區消失。繼猶太教、基督教之後，第三個由閃族創立的一神教——伊斯蘭教的出現，完成了西方的一神教革命。

1 隋朝建國，拓跋部掌握中國霸權

北魏在前章所提到的六鎮之亂後，六鎮的強者互相爭霸，使得北魏分裂成東西兩邊，最後走向滅亡。繼承了西魏的北周武帝（在位期間：五六〇—五七八）再次統一了華北地區。六世紀的中國氣候逐漸溫暖，人口也慢慢增加，統一的時機愈來愈近。

英明的武帝執行了富國強兵政策，打壓佛教與道教（「三武一宗滅佛」中的第二次），將統一中國的兵力轉向南方。眼看著中國即將統一的時候，武帝卻陣亡了。

另一方面，當時南朝的政情不穩，隨時被北朝統一都不足為奇，不過最後因為北魏的政治鬥爭和內亂，而勉強保住了政權。南朝的黃金時代，是梁武帝（在位期間：五〇二—五四九）在位的時代（治世前期），以貴族為中心的佛教和文字蓬勃發展（例如著名的詩文集《文選》），據說首都建康的人口也達到一百萬人。

但在梁武帝駕崩後，梁就被南朝最後一個王朝——陳所取代。南朝的統治者一直以來都是來自華北的移居者，但陳是江南居民所建立的第一個王朝。

而北周在北周武帝歿後，外戚楊堅把持政權，建立了隋（五八一）。他從洛陽遷都至長安，自稱文帝。幸運的是，蒙古高原上繼柔然之後的下一個霸主——突厥（後述）正值內亂，因此文帝可以全力充實內政。他繼承了北魏的統治機構，又更進一步發展，實施均田制、府兵制（與均田制並行，兵農合一的徵兵制），設置三省六部，極力充實國力。這段治世，史稱「開皇之治」。一般認為開皇律令完成了律令制。隋除了發展內政之外，更有餘力滅了陳。五八九年，中國自漢朝以來持續將近四百年的分裂時代劃下了休止符。

原為游牧民族的鮮卑拓跋部，終於掌握全中國的霸權。之後不久，以拉薩為首都，名為吐蕃的王朝在青藏高原建立（六三三），顯赫的威勢一直持續到九世紀。

2　最強的突厥語族游牧民族──突厥在蒙古高原建國

蒙古高原在鮮卑之後雖有柔然建國，但五五二年突厥驅逐柔然，成為草原的霸主。敗陣的柔然分裂為東西兩邊，西進的一群人被稱為阿瓦爾人（Avars），在多瑙河流域建立了新的國家（多瑙帝國，五五七）。

突厥是屬於突厥語族的游牧民族，一般寫作「Türk」。他們擁有騎兵軍團罕見的軍事力量，日後在西方發展為一個伊斯蘭化的集團，稱為土庫曼，對歐亞大陸的歷史有著極大的影響。現在的土耳其共和國，就是以五五二年突厥建國的日子作為建國紀念日來紀念。

然而突厥欠缺生意頭腦，於是他們與擅長貿易的粟特人（sogd，居住於中亞的伊朗人）合作。粟特人是商業民族，過去曾活躍於從蒙古到東歐的廣大地區。

突厥在五八三年因為內亂而分裂成東西兩邊，隋因而得以安心地統一中國。

3 羅馬帝國的查士丁尼一世夢想統一東西

後世的歷史學家將遷都至君士坦丁堡之後的羅馬帝國稱為「拜占庭帝國」或「東羅馬帝國」，不過這個國家的正式名稱一直是「SPQR」（Senatus Populusque Romanus），意為「元老院與羅馬人民」，也就是羅馬帝國。

另外，雖然也有西羅馬帝國這個名稱，但實質上的國家只有一個，被認為是「西羅馬帝國首都」的米蘭（日後遷至拉溫納）確實存在著羅馬帝國的行政機關地方支局與代官，而當時只是為了貪圖方便，才稱呼這個代官為「西羅馬帝國皇帝」。

羅馬帝國以君士坦丁堡為首都，人民過著富饒的生活。

這時，出現了查士丁尼一世（在位期間：五二七—五六五）這個宛如夢想家的皇帝。儘管他娶了一個名為狄奧多拉（Theodra），原在馬戲團跳舞的美麗女子作為皇后，卻一心認為必須擁有西方領土才配稱做羅馬皇帝。

這完全是種誇張的妄想。正因捨棄了西方，羅馬帝國才得以擁有這樣的繁榮，就如同捨棄了華北的南朝發展出六朝文化一般。若要回到原本的狀態，會怎麼樣呢？光是用想像的，都能理解這將花費多麼龐大的金錢。

但因為皇帝決定再次征服西方，所以人民也無可奈何；西征成了國策。放棄西方領土半世紀後，想獲得各種情資，都只能仰賴基督教的組織網，於是查士丁尼一世關閉了柏拉圖學院。

柏拉圖學院是柏拉圖所創設的綜合大學，這裡教授的是希臘和羅馬的經典，因此查士丁尼一世將其視為異教，予以消滅。這都是他為了得到基督教協助而做的。失去工作的學者們耳聞哲人國王霍斯勞一世（Khusrau I，在位期間：五三一—五七九）的名聲，於是逃到薩珊王朝的君迪沙普爾（Jundishapur）學院。這是因為薩珊王朝延續亞述帝國自尼尼微大圖書館以來的傳統，認為世界帝國應該累積知識。於是希臘羅馬的經典與知識的成果，最後便由薩珊王朝繼承了。

查士丁尼為了確保西征無後顧之憂，與霍斯勞一世簽訂了和平條約。事實上，當時薩珊王朝的東邊國境也面臨著一個名為嚈噠（Hephthalite）的游牧民族所帶來的威脅，因此可謂正中下懷。

查士丁尼獲得基督教的支持，安頓好薩珊王朝後，便派名將貝利撒留（Flavius Belisarius）率兵出征。他們首先殲滅了以北非的迦太基為中心繁榮發展的汪達爾王國（五三三），接著花了二十多年的時間，終於復興了羅馬帝國。這場戰爭的最高潮，就是查士丁尼在義大利半島與東哥德王國的戰役。東哥德人頑強抵抗，直到五五三年東哥德王國才被倫巴底人（Langobardi）殲滅；僅經過十幾年，倫巴底人便在米蘭建立自己的王國。

查士丁尼沒有踏出君士坦丁堡一步，就重新掌握地中海霸權，於是滿足地死去（五六五）。然而羅馬帝國遷都至東部後所累積的財富與訓練已久的軍隊，卻已消耗殆盡。將羅馬法集大成，亦是查士丁尼的功績（《查士丁尼法典》）。

4 薩珊王朝的霍斯勞一世與二世皆追尋波斯帝國的夢想

霍斯勞一世趁著查士丁尼進軍西方時往東發展，擴展國力。他與中央歐亞的新勢力，也就是蒙古高原的新霸主突厥聯手殲滅了屢次騷擾波斯國境的游牧國家嚈噠。

就在同一時期，衣索比亞的阿克蘇姆帝國（Mangi ta Aksum）稱霸紅海航線，靠著與東方進行貿易而富足，但霍斯勞一世把衣索比亞勢力趕出了阿拉伯半島。與東方進行貿易的路徑有兩條，分別是位於阿拉伯半島兩側的波斯灣航線與紅海航線，而這兩條路線都被霍斯勞一世獨占了。這麼一來，從中國、印度到歐洲的貿易線，便全部掌握在他手中。薩珊王朝就這樣變成一個更強大、更富裕的國家。

霍斯勞一世同時也覬覦著埃及。因為身為穀倉的埃及，從阿契美尼德王朝開始，就是波斯所統治的土地。然而霍斯勞一世在實現夢想之前便死去（五七九）。過了十幾年後，他的孫子霍斯勞二世（在位期間：五九〇—六二八）以強盛的國力為後盾，挑戰已經衰弱的羅馬帝國。他的目標除了埃及之外，還有另一塊沃土——敘利亞。

霍斯勞二世在六一四年佔領了敘利亞與巴勒斯坦，又在六一九年征服了埃及，終於收復了過去阿契美尼德王朝的領地。不過霍斯勞二世實現夢想的喜悅很快就結束，因為羅馬帝國展開了反擊。

5 羅馬帝國與薩珊王朝展開敘利亞・埃及爭奪戰

國力在查士丁尼時代大幅耗損的羅馬帝國，後來由殖民地迦太基的總督之子席哈克略（Flavius Heraclius，在位期間：六一〇—六四一）繼承。他首先施行重建國家的政策，休養生息。六二二年向薩珊王朝開戰，展開奪回敘利亞與埃及的戰爭。

兩個強盛的帝國展開了一場互不退讓的激戰，這場戰爭賭上的是羅馬帝國賴以維生的敘利亞・埃及穀倉地帶。在費盡心力奪回敘利亞後十四年，也就是六二八年，席哈克略終於打倒霍斯勞二世，佔領薩珊王朝的首都泰西封，成功奪回敘利亞與埃及。

經歷這場戰爭後，兩國都疲憊不堪，尤其是戰敗的薩珊王朝更是內亂不斷。霍斯勞二世死後，王朝便逐漸沒落。或許他也是一個過度追逐夢想的君主吧。

另一方面，戰勝的羅馬帝國也沒有時間可以養精蓄銳，因為新的敵人緊接著出現：那就是阿拉伯的新勢力——伊斯蘭教徒。

6 先知穆罕默德成立伊斯蘭教，一神教革命成功

伊斯蘭教是繼猶太教、基督教之後第三個由閃族創立的一神教，六一〇年，先知穆罕默德開始在阿拉伯半島的商業都市麥加（Makka）傳教。湊巧的是，那一年正好也是席哈克略當上羅馬皇帝的年份。穆罕默德和席哈克略一樣，一開始吃盡了苦頭，但他死前總算成功讓新的教義深入人心（六三二）。幸運的是，繼承他遺志的兩名哈里發（Caliph）優秀的人才。

所謂的哈里發，就是先知的代理人。儘管他們在宗教上的權威不如先知那麼崇高，但也是伊斯蘭社群中政治．社會的領導人。哈里發制度始於穆罕默德過世之時，第一代哈里發阿布．巴克爾與第二代哈里發歐瑪爾兩人都是穆罕默德的戰友。

第二代哈里發歐瑪爾率領軍隊離開了阿拉伯半島。六三六年，有「安拉之劍」之稱的名將哈立德（Khalid ibn al-Walid）在約旦河支流雅爾穆克河畔擊潰羅馬大軍，奪回肥沃的敘利亞，接著又把羅馬大軍趕出埃及的亞歷山大港。羅馬帝國再次丟掉敘利亞與埃及這一片穀倉地區。耶路撒冷最後也落入歐瑪爾手中。薩珊王朝最後一任君主逃往伊朗北方土庫曼（Türkmenistan）的梅爾夫 （Merv，今馬雷〔Mary〕）之後，在當地遭到伊斯蘭軍隊殺害（六五一），薩珊王朝就此告終。

伊斯蘭軍隊之所以如此強大，或許有一部分是因為氣勢如日中天，不過我認為最關

鍵的原因，應是羅馬和波斯這兩個橫綱（譯注：相撲中等級最高的力士）在相撲比賽中纏鬥了二〇年，就在雙方打得疲累不堪的時候，一個充滿活力的年輕前頭（譯注：相撲中等級最低的力士）突然衝上土俵，把兩名橫綱給推出場外了。換言之，也就是權力的空窗期，讓伊斯蘭帝國迅速壯大。

伊斯蘭教用語

在此簡單說明一些大眾比較不熟悉的伊斯蘭教用語。

＊「伊斯蘭」（Islām）為阿拉伯語，指皈依、服從全知全能的神 Allāh（阿拉，與猶太教、基督教所崇拜的神相同，因此這三個宗教又稱閃族一神教）。簡單講就是「皈依・順從」；有些人將其理解為社會生活中一切行為都必須遵照的規定。換言之，由於這並不只是宗教的教義，因此近年有愈來愈多學者認為應該稱「伊斯蘭」，而非「伊斯蘭教」。不過本書使用「伊斯蘭教」的稱呼。此外，阿拉伯語稱伊斯蘭教的教徒為「穆斯林」，意為「信奉伊斯蘭之人」。

＊「可蘭經」（Qurān）是伊斯蘭教的經典。日本過去依中文「古蘭（可蘭）」之音譯，稱「コーラン」（ko-ran）。

＊「穆罕默德」（Muhammad）是伊斯蘭教的創始者。日本過去稱「マホメット

（mahometto）」。

＊「回教」即伊斯蘭教。之所以有此名稱，是因為伊斯蘭教透過突厥語族游牧民族維吾爾族（中國唐朝前期稱回紇，後改為回鶻）傳入中國的時候，中國稱之為「回回教」之故。

教主死後不久，經典便完成

原為商人的穆罕默德四十歲左右時，在麥加郊外的希拉山洞得到阿拉的啟示，成為先知。但是當時麥加大多為信仰多神教的古萊什人（Quraysh），穆罕默德也屬於這一族。穆罕默德為了躲避迫害，穆罕默德與家人和信眾一同逃往葉斯里卜（今麥地那，六二二）。伊斯蘭教稱此行動為「希吉拉」（Hegira，聖遷），並將該年定為伊斯蘭曆元年。此後，伊斯蘭教的信眾日漸增加，最後打倒古萊什人（六三〇）。他們將麥加的克爾白（Kaaba，又稱天房）中的偶像全部撤除，並用名為基斯瓦（Kiswah）的布幔包裹。

亦為一流軍人與政治家的穆罕默德，雖在短期間內創立了新的一神教，但幾年後便辭世。之後，阿布．巴克爾穩固阿拉伯半島，歐瑪爾則拓展了伊斯蘭世界。

六五〇年，第三代哈里發歐斯曼尋訪直接聽過穆罕默德傳教的人們，編纂聖典可蘭經。歐斯曼在完成可蘭經之後，便將當時坊間流傳的其他版本全部燒毀。

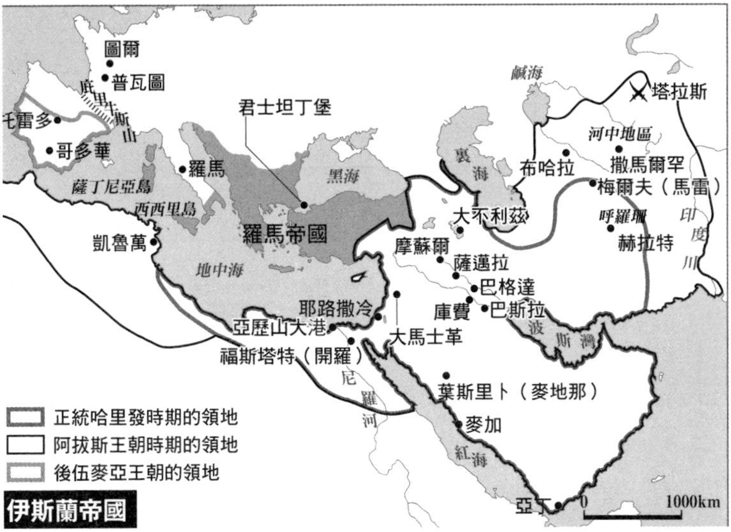

伊斯蘭帝國

這件事相當值得關注。新約聖經是在耶穌死後經過半世紀左右，由從未直接接觸過耶穌的無名人士整理而成的，也有各種版本。佛教的第一次佛典結集，雖是在佛陀死後不久進行的，但數量龐大的大乘佛教經典，卻是在佛陀死後超過五〇〇年，才由一群無名的人們撰寫而成。而伊斯蘭教則是在教主死後十八年，就完成了一部教義絕對正確的完美聖典，這意味著這個宗教是沒有空間可提出異議的。我想，基於上述原因，再加上代代優秀的哈里發，成為促使伊斯蘭帝國迅速成長的力量。

伊斯蘭教的遜尼派（Sunni，主流派）與什葉派（Shia，反主流派）的爭端

繼阿布・巴克爾與歐瑪爾之後，第三代哈里發由出身名門伍麥亞（Umayyad）家的歐斯曼與穆罕默德的女婿阿里（Ali ibn Abi Talib）以選舉競爭。最後歐斯曼獲勝，成為第三代哈里發，但他在完成可蘭經後就遇刺身亡。阿里繼承他的地位，成為第四代哈里發。

從這個時候開始，主流派與反主流派之間就出現爭端，不過爭端其實有以下的背景。

其實不止歐斯曼，第二代哈里發歐瑪爾也是被暗殺的。

當時哈里發住在哪裡呢？穆罕默德在麥地那建造了第一個被稱為烏瑪的伊斯蘭社群，而他最後也死在麥地那的家裡（今先知寺）。之後的哈里發也仿效他，住在麥地那沒有任何防禦措施，也沒有警衛的一般住宅。

歐瑪爾就是在這樣的住宅裡，被波斯人奴隸暗殺的。而歐斯曼則是被來自埃及的異議份子刺殺。

士兵們對於住在簡陋房子的哈里發充滿親切感，而且護衛哈里發的士兵本來就很少，因此他們幾乎把哈里發當成自己的夥伴看待。然而反過來說，一旦對方不合自己的意，就會輕易地對他施加暴力。這裡可說彷彿完全沒有君主與家臣的意識。

就在阿里成為第四代哈里發時，有人對這件事提出了反對的聲音。那就是當上敘利亞總督，住在大馬士革宮殿的——伍麥亞家的穆阿維亞（Muawiyah）。簡單講，他的想法就像羅馬帝國的凱撒一樣。

「伊斯蘭已經成為統治美索不達米亞與埃及的大國了，要是待在麥地那這種阿拉伯半島上的小鎮，是無法治理國家的。我們應該把首都遷到大馬士革這種接近世界中心的大都市，重整官僚體制。」

相對於此，阿里可能是這麼想的吧——和戰友一起奮戰、促膝長談，才是伊斯蘭。換句話說，也就是直接民主主義。阿里和穆阿維亞的意見出現了分歧。

穆阿維亞發動叛變（六五七），但在戰場上卻遲遲無法分出勝負。於是阿里決定妥協，與他簽訂休戰協議，以必須效忠國家為條件，原諒了叛亂份子穆阿維亞。沒想到這卻引發了激烈的反彈。

首先跳出來反對的是哈瓦利吉派（Khawarij），他們這麼主張：「阿里是透過正統程序繼任的哈里發，豈可輕易向叛亂份子妥協。我們應該殺了穆阿維亞和阿里，另外選出新的哈里發。」於是便派刺客去暗殺兩人。最後，阿里在庫費（Kufa）的清真寺遭到殺害，而在大馬士革宮殿裡、平安無事的穆阿維亞便成為了新的哈里發（六六一）。

穆阿維亞將大馬士革定為首都，開創了伍麥亞王朝。這個伊斯蘭王朝採用世襲制，他的兒子雅季德（Yazid）繼承了王位。另外，有些學者把阿里之前，也就是伊斯蘭初期的三十年間，稱為正統哈里發時期。

遭到殺害的阿里有兩個兒子，長子哈桑（Hasan）認清伊斯蘭帝國的現實，因此承認穆阿維亞的地位；但阿里的次子胡笙（usayn）卻挺身抵抗伍麥亞王朝。哈桑死後，一位使者來找胡笙，對他說：

「請到庫費來，我們一起打倒伍麥亞王朝吧！」

胡笙奮勇前往庫費，然而卻在途中的卡爾巴拉（Karbala）遇到伍麥亞王朝的軍隊，一行人慘遭殺害。庫費市民後悔萬分，同時決定未來一定要擁戴胡笙的孩子。這群人就是什葉派。

什葉的意思是「黨派、支持者、宗派」，這個名稱的由來是因為支持繼承阿里的哈桑、胡笙一族的黨派，原本叫做「Shia-ne-Ali」（阿里的追隨者）的緣故。另外，什葉派稱阿里的直系血脈為伊瑪目（imam），將其視為領袖崇敬。

相對於什葉派，支持哈里發的多數派，則被稱為遜尼派。所謂的遜尼，就是習慣（依照傳統行事）的意思。從此以後，伊斯蘭世界便分為遜尼派與什葉派。

什葉派的十二伊瑪目教義

什葉派的伊瑪目胡笙有一名妻子，據說她是薩珊王朝的波斯公主。這麼一來，胡笙的孩子們就等於繼承了穆罕默德的血緣和波斯阿契美尼德王朝的高貴血脈。也正因如此，什葉派才向伊朗人動之以情。什葉派裡的主流，是十二伊瑪目派。

十二這個數字，是因為他們的教義相信繼阿里之後，將有十二位伊瑪目出現，拯救世界；而第十二位伊瑪目目前尚未現身。這就是隱遁（Ghaybah）。這位伊瑪目將在世界末日時出現，目前只是處於「隱匿」的狀態。現今伊朗政權中，擁有最高權力、統率國家的領袖，是繼承何梅尼（Ruhollah Khomeini）的哈米尼（Ali Khamenei）。由於伊瑪目在九世紀時便隱匿了蹤跡，因此哈米尼的任務，只是在伊瑪目再次現身之前代替他治理國家而已。這是自薩法維帝國（Safavid dynasty）以來，十二伊瑪目派便成為國教的伊朗（波斯）獨特的制度。

伊朗的高中課本上，對於隱遁有著以下的說明。

伊瑪目藏身至今雖然已經經過好幾百年，但這絲毫不足為奇。就像閃族一神教的第一個先知亞伯拉罕也活到一百七十五歲一樣，人類如此長壽的現象，在古代早有先例。也就是說，伊瑪目現在還活著，總有一天會現身——直至今日，伊朗的學校都是這麼教導學生的。

「一手拿可蘭經，一手拿劍」是謊言

八世紀初的伊斯蘭帝國，領地涵蓋從印度河到庇里牛斯山，是史上最遼闊的版圖，同時更掌握地中海的制海權。他們是如何統治這個龐大帝國的呢？

各位聽過「一手拿可蘭經，一手拿劍」這句話嗎？傳說伊斯蘭帝國曾強迫他們所征服的民族：「是要改信宗教？還是要死？自己選一個」。這顯然是個謊言，抑或是誤解。

伊斯蘭政權始終抱持著寬容的態度，只要對方願意繳納稅金（一般稅與吉茲亞〔jizya〕，也就是人頭稅），即納貢，就承認他們原本的宗教和習俗。尤其是猶太教和基督教，由於信仰的神和伊斯蘭教相同，因此伊斯蘭政權稱他們為「有經者」，予以保護（齊米〔dhimmi〕，受庇護者）。當然，假如對方願意改信可蘭經，那就再好也不過了。總而言之，除非對方頑強抵抗，否則伊斯蘭政權是不會殺人的。

伊斯蘭教的創始者穆罕默德是商人；而由商人創立的宗教，最重視的便是效率，絕不會做無謂的事情。這種寬容的態度，正是伊斯蘭教能廣泛受到西班牙、北非，甚至印度接受的原因。認為伊斯蘭教是誕生於沙漠的嚴苛宗教的人，想必沒有熟讀可蘭經吧。現在全世界的清真寺（伊斯蘭教的禮拜堂）周邊也大多是商店街。

此外，十五世紀中葉，鄂圖曼王朝消滅東羅馬帝國時，表示只要對方保證不抵抗，就願意允許位於首都君士坦丁堡的基督教東方教會（Eastern Christianity）與宗主教

（Patriarch）保留。現在東方教會的根據地依然在伊斯坦堡。伊斯蘭教的這種寬容態度與基督教截然不同，假如當時伊斯蘭教的根據地在羅馬，想必立刻就被破壞殆盡了吧。

透過軍營都市進行統治

一種名為「米斯爾」（Miṣr）的軍營都市，亦是可以佐證伊斯蘭教注重效率與態度寬容的例子。

伊斯蘭軍隊在鎮壓其他國家的時候，倘若血氣方剛的軍隊直接闖進都市，一定會進行掠奪。此外，伊斯蘭教徒所佔領的全是異教徒的國家，因此勢必也會出現宗教上的摩擦。為了避免這種情形，伊斯蘭軍隊會在他們所佔領的都市郊外適宜處設置米斯爾。伊斯蘭軍隊會駐紮在此，從這裡統治他們所佔領的地區。

把軍人聚集在一起，也是商人的智慧，我認為這正是伊斯蘭帝國的賢明之處。

當時建造的米斯爾包括伊拉克的巴斯拉（Basra）與庫費、埃及的福斯塔特（Fustat，今開羅）以及突尼西亞的凱魯萬（Kairouan）等等，這些地方日後都發展成大都市。

來到麥加巡禮的人們。照片中間覆蓋著黑布（基斯瓦）的建築物就是克爾白。（shahreen / Shutterstock.com）

「可蘭」意指「朗讀」、「發出聲音吟誦」

穆罕默德不識字。據說當他步入中年，在希拉山洞裡冥想人生的時候，阿拉出現在他的面前，命令他：「我說的話會浮現在你的心中，你將它讀出來。」而這就是可蘭經。由於那是神的言語，因此無法翻譯，翻譯也只是參考；全世界的穆斯林都會用阿拉伯語大聲吟誦可蘭經。經文的旋律非常優美，聽起來彷彿一首歌。

為什麼會有一部像歌曲一樣的聖典問世呢？這是有原因的。

麥加這個商業都市，是紅海航線的商業中繼站。從中國或印度以船運來的貴重商品，會在亞丁（Aden）上岸，再由駱駝運送至敘利亞。麥加有阿拉伯商人們從以前就信奉的克爾白，他們會在這裡舉行祭典，而他們祈求的應是前往敘利亞或亞丁的商隊平安無事、生意興隆。

這時商人們會各自創作即興歌曲，獻給神殿。若以現代來比喻，這就像歌唱大賽一般，大家各自唱出自己在經商途中的經歷。接著大家會選出最好的一首歌，將它寫在布上，掛在克爾白的牆上（基斯瓦的起源）。穆罕默德就是在這種環境下長大的商人，所以可蘭經的經文自然也適合悠揚地朗誦出來吧。

一神教革命毀滅了多神教的神祇

一般認為伊斯蘭掌握了地中海的制海權，完成了一神教革命。

一神教革命始於羅馬帝國將基督教定為國教，而在查士丁尼一世關閉柏拉圖學院，柏拉圖學院的學者們帶著希臘．羅馬的經典逃到薩珊王朝的時候，這場革命便已經踏上了成功的道路。再加上與基督教信仰同一個神的伊斯蘭教稱霸北非沿岸地區，所以打造希臘．羅馬文明的多神教神祇，便從地中海世界的南北兩端消失。這就是所謂的「革命完成」。

希臘．羅馬的智慧財產與多神教的神祇，全都來到了薩珊王朝，於是希臘．羅馬的智慧傳承幾乎從地中海與歐洲世界完全消失。換個角度而言，所謂的一神教革命，或許也可以說是一神教對多神教進行的「焚書坑儒」吧。

只要具備「氣候變動等偶發條件」、「世上的主要潮流」以及「擁有優異能力的個人」這三個時段（歷史學家布勞岱爾〔Fernand Braudel〕所提出的長時段、中時段、短時段），就會出現大型帝國。拿破崙（一世）正是典型的例子，穆罕默德也是。

穆罕默德雖然沒有讀書、不識字，卻是一流的宗教家、軍人與政治家，而且最後還死在比他小四十歲以上的愛妻阿伊莎（Aisha）房裡，世上鮮少有如此幸福的人吧。他和耶穌、佛陀的經歷有著極大的差異，而伊斯蘭教注重現世的特徵正因此而來。我認為，去瞭解教主是個什麼樣的人，也是有助於我們認識某個宗教的重要因素。

7 隋唐建立世界帝國

在討論到漢朝建國時，我使用了「秦漢帝國」這樣的名稱。因為漢朝是在秦始皇打造的架構下建國的，因此國家雖不同，但雙方的架構和行政體系都是一樣的。隋和唐的關係也一樣；隋文帝（楊堅）振興國家，打穩基礎，而他的次子楊廣繼位成為第二代皇帝煬帝。之後，李淵（實質上是由李世民主導）建唐（六一八），而李淵和煬帝其實是表兄弟，血緣關係很近。

東方的拓跋部，就相當於西方的法蘭克人，從北魏發跡，在唐朝完成了拓跋帝國。

高祖（李淵）採用漢劉邦的做法，以隋文帝的整體構想為基礎來治理唐。高祖歿後，他的次子李世民即位，成為太宗；後世將這段治世稱為「貞觀之治」（繼漢朝文景之治後的第二個盛世）。這位明君太宗與隋煬帝的關係非常有意思。

史書上寫著，儘管煬帝繼承了文帝的遺志，繼續打造連接黃河與長江的大運河，然而他在與高句麗的戰爭中戰敗，過著奢華的生活，最後遭到殺害，成為暴君的代名詞。相反地，太宗李世民則創造了一個美好的時代，被後世奉為明君。

煬帝當初利用讒言陷害他身為皇太子的兄長，之後又將其殺害，也就是在欺瞞文帝的狀況下即位。太宗也在玄武門之變中殺害其兄建成皇太子，軟禁高祖後登基，之後在與高句麗的戰爭中落敗。也就是說，煬帝與太宗的經歷幾近完全相同。

請各位回憶一下易姓革命的理論——假如皇帝施行惡政而不知悔改，上天就會發出警訊（如飢荒等），促使人民謀反，王朝也就更替。換言之，對太宗而言，除非煬帝是昏君，否則不能讓自己的行為正當化。更遑論煬帝和他本身的經歷都一樣。

煬帝完成了南北總長二五〇〇公里的大運河，功績顯赫；對中國來說，京杭大運河是一項價值極高的基礎建設。但太宗卻沒有什麼特別的功績。這表示太宗若不貶低煬帝，同時施行德政的話，將會遺臭萬年。正因如此，我認為他刻意在政治花費許多苦心，拚命地打造自己的明君形象。紀錄了太宗言行的《貞觀政要》便是典型的例子。

流傳後世的史書將一人描寫為極惡的昏君，另一人則譽為是中國史上最優秀的明君，但我認為這兩個人之間的差異並沒有那麼大。

人生感意氣
功名誰復論

這首詩是政治家魏徵所著〈述懷〉這首詩的最後兩句，意思大概是「人生中最重要的，是找到心靈相通的人，誰會在乎一己的功名呢」。這首詩在日本也很有名。

魏徵原是被太宗殺害的皇太子建成的手下，他知道世民的能力傑出，同時充滿野心，於是屢次建議皇太子趁早殺死這個弟弟，否則將會反過來被他殺害。然而建成卻無法下定決心，最後是世民迅速採取行動，殺死了兄長。

魏徵遭逮捕之後，被帶到世民的面前。世民質問他：「你之前一直不停建議哥哥殺了我對吧？」魏徵這麼回答。

「假如你哥哥聰明一點，早點把你殺了，我早就享盡榮華富貴了。正因為你哥哥是個笨蛋，才害我面臨被殺的窘境，真是給我帶來極大的困擾。」

聽完這番話，世民便說：「你暫時留在我身邊，繼續說他的壞話給我聽。」於是魏徵便成了太宗的左右手。魏徵死的時候，太宗還表示「今魏徵殂逝，遂亡一鏡矣」，也就是感嘆自己的身邊全是趨炎附勢的人，沒有人對他提出勸諫，如今唯一能映出自己真實面貌的人已經不在了。

我相信這番話有一半是真心的。太宗應該也不是個平庸的君主。太宗有一位名叫李靖的名將，他殲滅了當時勢力範圍已拓展至蒙古高原的東突厥。游牧民族對太宗的實力大感驚訝，於是尊稱太宗「天可汗」。太宗既是唐朝的皇帝，同時也成了游牧民族的可汗，也就是與成吉思汗相同的地位。

包括太宗在內的唐朝皇帝們，皆為游牧民族鮮卑人，因此他們沒有築萬里長城，而是與同為游牧民族的其他部族尋求共存共榮的關係。唐的對外政策被稱為「羈縻政策」，這是一種將其他部族的首領任命為官吏，使其享有統治權的政策。

8 戒日王統一北印度

在游牧民族嚈噠的侵略下，印度的笈多王朝在五五〇年左右滅亡。之後進入小國林立的時代，直到六〇六年，戒日王（Harsha Vardhana）才統一了北印度。這是煬帝即位後兩年的事。

這個國家的成立，完全仰賴戒日王個人的才華和魅力。和平且繁榮的時代持續四十餘年後，國家便隨著他的死亡而瓦解。

在這個繁榮的時代裡，有一位人稱三藏法師的僧侶玄奘來訪印度。從中國到印度，是一段艱辛的旅程。中國南方有喜馬拉雅山脈，西方則始終有游牧民族的紛爭。玄奘順著絲路西行，從阿富汗進入印度。當時的北印度正好處於和平的時代，除了幸運之外無他。

玄奘在笈多王朝設立的那爛陀大學學習後，於六四五年回國，翻譯他所帶回的經典（新譯）。此外，他向太宗提出的報告《大唐西域記》，也成為唐朝統治西域時的寶貴資料。以玄奘的旅程為藍本創造的《西遊記》也非常有名。

佛教的第二次改革——密宗

密宗始於戒日王時代，是佛教繼大乘佛教之後的第二次改革。

以往的佛教採取由佛陀向芸芸眾生傳教的形式（顯宗），密宗則是由宇宙佛大日如來向特定的行者祕密傳遞教義。密宗的經典為七到八世紀完成的大日經與金剛頂經。

在此想提醒各位的是，大乘佛教是由於當初佛教的信眾多為都市裡的知識份子，農民和窮困的人們漸漸改信印度教，才因而誕生的。然而現在卻換有錢人和知識份子卻對此感到不滿。講白了，也就是他們無法滿足於「感謝祢，觀音菩薩」和「南無妙法蓮華經」。知識份子認為：「我們比較聰明，所以想學習更高層次的教義。」

這也是理所當然的。而這時出現的便是密宗。

佛陀真正的教義太艱澀，就算告訴一般大眾，他們也無法理解，所以只偷偷告訴

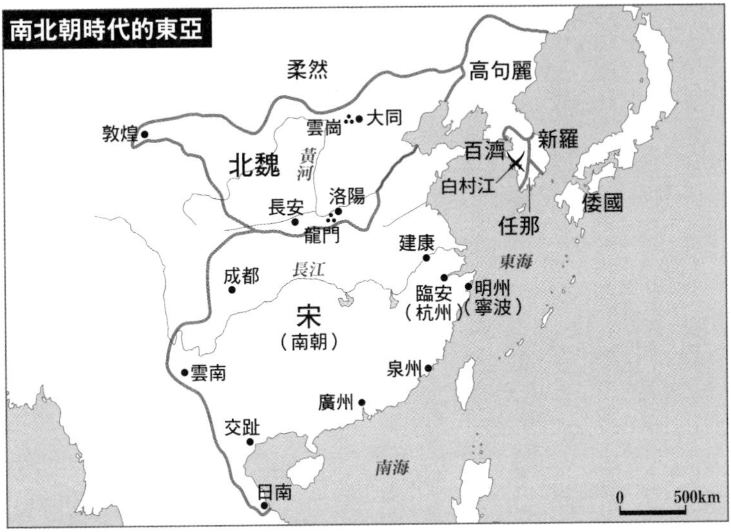

你——這便是密宗的概念。於是密宗展示繪製了宇宙面貌與智慧的曼荼羅（mandala）、將梵文咒語稱為「真言」，以梵語發音吟誦、用佛器和花朵來裝飾，打造出一個莊嚴的世界，並告訴信徒：「這些只教你。」

這就是密宗，而其中的部分漢譯經典，在九世紀初由空海和最澄帶回日本。

9 白村江的慘敗與倭國的鹿鳴館政策

倭國這個名稱，最早出現於紀錄西漢（前漢）歷史的《漢書》（西元前一世紀）中，之後又見於三國時代的史書《三國志》的魏書卷三〇「東夷傳倭人條」，卑彌呼也在這裡出現（三世紀）。《宋書》

裡則紀錄著倭五王曾在南北朝時代頻繁派遣使者至宋朝朝貢（五世紀）。

根據推測，這裡的倭五王很可能就是天皇（當時的大王）。到了繼體天皇（在位期間：五〇七—五三一）時代，皇統更替，大和掌握霸權。繼體天皇將九州筑紫的豪門權貴磐井一族殲滅，一般認為大和朝廷的歷史就是從這個時期開始定形的（此處我雖稱其「天皇」，但當時他們並沒有自稱「天皇」。這個名稱要到後來才會出現）。

在六世紀到七世紀之間的東亞，中國結束了南北朝的對立，建立拓跋帝國；朝鮮半島結束了高句麗、新羅、百濟三國互相爭奪霸權的時代，由新羅統一。在這個動盪的時代，倭國觀察著半島和大陸的動靜，頻繁地派遣使節。

在中國和半島的眼中，當時的倭國還是個落後的鄉下地方，不過武力倒是很強大，就好比鄉下的孩子比較會打架一樣。

倭國在百濟等國的請求下採取傭兵政策，將軍隊送進半島，也在半島設置了地方機關（任那的日本府）；而百濟則將佛教這個最新的技術體系（包括寺院、佛像、經典、佛具、漢字等）贈與倭國，作為回報。儘管倭國已將勢力擴張到半島，但仍然有限。

傭兵政策本來就只在小國分立的時候有其效果，眾所皆知的瑞士傭兵也是在義大利小國林立、互相競爭的時候嶄露頭角的。然而一旦大國成立，傭兵就毫無用武之地了。倭國的傭兵也在大唐建立世界帝國、新羅統一半島之後，便再也派不上用場。

倭國出兵支援百濟，在今錦江口的白江口之戰（六六三）中敗給唐與新羅的聯軍，百濟就此滅亡。

白村江戰敗後，倭國陷入一片混亂。唐派將軍郭務悰率兵來到倭國處理戰敗後事宜，就像二次大戰後的麥克阿瑟將軍一樣。當時倭國把首都從難波（大阪）遷至大津（滋賀），應該也是為了避免唐軍從海上來襲吧。壬申之亂後，天武天皇與皇后（後為持統天皇）才再次遷都返回大和。

為了讓倭國與大唐世界帝國的交涉對倭國更有利，倭國演出了一場史無前例的大戲。倭國的官員們模仿唐，穿著合身的褲子，坐在椅子上，與唐人面對面坐在桌前。他們想表達「我們並不是野蠻人，我們和各位一樣穿著胡服」。明治時代，吸收了歐洲文化，想展現自己是個文明國家的鹿鳴館，也是相同的道理。

此外，為了重建自我認同，讓對方更認識自己，倭國寫了書來紀錄其歷史與民族。那就是《古事記》和《日本書紀》。倭國更施行了與唐一樣的律令制，同時也計畫打造一個像是唐的長安一般的首都。

我認為想出這一連串計畫的，應是天武天皇、持統天皇，以及他們的智囊藤原不比等。

為了因應在白村江一役戰敗帶來的衝擊，日本拚命試圖打造一個律令國家，到了九世紀末葉，唐走入了衰退期。在菅原道真的進諫下，日本廢止了遣唐使（八九四）。一般所謂的「國風文化發達」，就是從這個時期開始。不過人們內心的真心話，或許是這樣的吧。

「唐已經不會再來了。日本是個濕氣很重的國家，所以我們不要再穿那種合身的胡服，改穿寬鬆的和服吧。另外也別用桌椅了，好想過著躺在榻榻米上的生活啊。」好不容易從大唐世界帝國長期帶來的壓力中解放，日本人終於能展現出內心「總算可以放心了」的想法，我想這才是所謂的「國風文化」吧。

10 女皇武則天成為大唐世界帝國的掌權者

唐代有明君之稱的太宗死亡後，便由高宗繼承皇位（六四九）。高宗頭腦聰明，娶了一位美麗的妻子為皇后。她就是武照，也就是日後的武則天。

這位女性本是高宗的父親——太宗的後宮；這是游牧民族常見的風俗習慣。她對個性溫和、體弱多病的高宗有很大的幫助，由於她擁有政治敏感度，更有識人之明，所以處理國政自然漸漸成為皇后的工作。

武則天要求人們稱呼皇帝為天皇，稱呼皇后為天后。這是因為她深深體認到「皇后」這個詞裡並沒有任何權威性的意義。「皇帝」是秦始皇發明的詞彙，具有歷史傳統，然而秦始皇的皇后卻連稱呼都沒有流傳後世。武則天輔佐高宗施政，實際上她的才華也改變了這個世界。儘管如此，依然沒有人對皇后表示敬重，一切都還是必須遵照皇帝的決定，自己只能把布簾拉下，在後方給予建議而已（垂簾聽政）。她為了改變這個現狀，決定將皇帝．皇后的稱號改為天皇．天后。於是「二聖政治」就此展開，天皇與天后並肩而坐，共同主持內閣議會。

高宗死後，她依序讓兩個兒子繼承帝位，並且給予協助。但是他們兩人的政治能力實在太差，於是武則天乾脆自己即位，將國號改為周。可是唐室的貴族們當然無法打從心底服從出身很低的武則天。她流放輕蔑自己的人，殺害阻礙她的人。相反地，她重視從隋文帝時開始的選舉（科舉，也就是官僚任用考試），從民間尋找優秀的人才，大量任用。有一句話可以顯示出當時是多麼人才濟濟。

「此吾藥籠中物，何可一日無也。」

這句話出自擔任武則天宰相的狄仁傑，意思是「正如儲備了各種藥物，不論遇到什麼樣的疑難雜症，都能夠應付的藥箱一樣，我們的政府也培育了能解決各種政治課題的優秀人才」。事實上，在武則天掌握實權的莫約半個世紀中，確實政局穩定，幾乎沒有發生農民動亂。

殲滅高句麗與白村江之戰，都發生在武則天在位期間。大唐世界帝國的基礎，可說是太宗和武則天兩人建立的。

武則天的活躍表現成為持統天皇的模範

拓跋部以能力至上，並沒有什麼男尊女卑的想法。從平城遷都洛陽的北魏第六代孝文帝的養祖母馮太后，就是一個例子。在與武則天差不多的時期，新羅也出現兩位女王，一個是善德女王（在位期間：六三二—六四七），另一個是真德女王（在位期間：六四七—六五四）。

當時拚命關注唐和朝鮮半島情勢的倭國，想必也看見了這些女皇帝的表現吧。我想當時的唐，可能比現在的美國還要具有存在感。將武則天的傑出表現視為一個不可錯過的模範而積極仿效的，應該就是持統天皇吧。

請各位看看下面的比較。

武則天　立后（六五五）、天皇・天后（六六〇）、出兵朝鮮半島（六六〇）、高宗死亡（六八三）、周建國（六九〇）、死去（七〇五）

持統天皇　夫・天武天皇的治世（六七三—六八八）、稱制（六八六—六九〇）、持統天皇時代（六九〇—六九七）、上皇時代（六九七—七〇三）、死去（七〇三）

由此可知，持統天皇參與國政的時代，就彷彿追在武則天之後，互有重疊。另外持統天皇死後大約七十年間，又出現了四位女皇（其中一個人退位之後再度即位）。日本史將白鳳．奈良時代稱為「女皇的世紀」。一般聽到的說法都是：由於本應成為天皇的男性繼承人體弱多病或年紀太小，因此由女性來擔任天皇，暫時扮演中繼的角色；但這真的是這樣嗎？我相信這一切應是由她們所主導。

持統天皇本名讚良，她的母親是蘇我氏的直系血脈，父親是天智天皇。蘇我氏是長期與天皇家通婚的名門豪族。

稍微離題一下，倘若天皇和許多不同豪門權貴的女兒結婚，就會有許多外祖父（媽媽的父親）接連出現，造成外戚干政的問題。為了防止這個現象，天皇家通常都只與皇族結婚，或是只與某一個特定的豪門世家維持婚姻關係。蘇我氏大概就是因為這個原因而被選上的一族吧。

天皇家派出大王，蘇我氏派出大臣與正妃，這兩者互相協助的關係，一直持續到聖武天皇的皇后娶了藤原不比等的女兒——光明子為止。從這個時候開始，藤原氏便開始抬頭。

也就是說，持統天皇成為天皇的條件非常充足。

她在天武天皇死後，自己即位天皇。武則天建周，也是在這一年。持統天皇極為有才，一般認為她從天武天皇還在世的時候，就已經積極參與政治了。

為了與唐對抗而策劃的鹿鳴館政策之所以能果斷實行，有很大部分是持統天皇的功勞。此外，「天皇」的這個稱號，我認為也是她仿效武則天而定下來的；「日本」的國號亦是從這個時代開始確定的。《古事記》中天照大神的模型，想必就是持統天皇吧。這兩人的皇位，後來都是由孫子繼承的（邇邇藝命與文武天皇）。

正如同持統天皇把武則天當做模範，後世也接連出現多位女皇，效法武則天及持統天皇的活躍表現，包括元明天皇、元正天皇、孝謙天皇（稱德天皇）等。不只是女皇，在這個時代裡，擅長權謀術數、活力充沛的女性，也紛紛展露了頭角。例如完成聖德太子傳承的光明皇后（藤原光明子），以及不必等的妻子橘三千代等。

無論如何，從倭國搖身一變成為日本的天武．持統時代一直到奈良時代，這些激烈的變動和改革，全都肇因於白村江的戰敗。日本的誕生，都要歸功於包括持統天皇在內的多名充滿想法又智慧過人的女性。

在白村江滅亡的百濟皇族以及來自唐朝的旅客，或是經由唐來到日本的波斯人、從海上來的南亞人等等，都在平城京住下；據說平城京的人口有七成都是外國人。替東大寺大佛開光供養的導師是印度人，主辦開光儀式的則是孝謙女皇。這個時代的日本，已經是個全球化的國家。

武則天帶來了長安之春

武則天非常保護佛教。為了登上皇位（因為中國沒有女皇的先例），她自稱彌勒菩薩轉世，試圖超越性別的束縛。這件事記載於《大雲經》，她在全國各地建立大雲經寺以鎮護國家，而這個習俗傳到日本，成為了國分寺的原型。位於洛陽市南方郊外，和雲岡石窟齊名的龍門石窟裡，有一間奉先寺；寺裡的大佛（盧舍那佛）相貌非常美麗，傳說那就是依照武則天的樣貌打造而成的。東大寺的大佛也同樣是盧舍那佛。

在武則天超過八十歲，體力不支的時候，發生了政變，國名又從周改回了唐。

武則天死後，政情多少變得有些混亂，但是當她的孫子玄宗即位之後，人稱「開元之治」（中國第三個治世。七一三—七四一）的富饒和平時代便隨之來臨。這時唐的人口也恢復到大約五千萬人，是唐朝的全盛期。人們稱呼這個時代為「盛唐」或「長安之春」。玄宗寵愛的美女楊貴妃常被比喻為桃花，據說在地球溫暖化的影響之下，當時的長安氣溫比現代還要高兩、三度左右，想必梅花和桃花一定到處盛開吧。李白、杜甫以及後來的白居易（白樂天）等詩人，也都活躍於這個時代。

傳說以武則天為藍本打造的奉先寺盧舍那佛

長安有各個宗教的寺院，包括聶斯托留派的基督教（景教）、摩尼教以及祆教。入夜後，在繁華的鬧區還能欣賞從絲路送來的白皮膚、藍眼睛女子們表演西域舞蹈。

煬帝開鑿大運河，使得南北物資的往來變得活絡，太宗則持續施行溫和善政。之後武則天實行提昇效率的政策，她削弱食古不化的貴族勢力，透過科舉吸收民間優秀的年輕生力軍，加以培育（初唐）。玄宗的「開元之治」，就是由這些優秀的官僚（如姚崇、宋璟等）實現的。我認為玄宗非常幸運，直到沉溺於楊貴妃的美色。

11 宰相丕平二世，掌握法蘭克王國（墨洛溫王朝）的實權

歐亞大陸的西邊，薩利安法蘭克人克洛維一世在四八一年建立了墨洛溫王朝，這也就是法蘭克王國的誕生。然而當時的歐洲和中國相比，還是一片蠻荒未開的土地，既沒有文字也沒有紙張，秦始皇所打造的文書行政制度，對他們來說根本就是夢想世界。

克洛維一世死後，墨洛溫王朝先是被他的孩子們分割，又再度統一，直到七世紀末葉都不斷重複著分裂和統一。在這段期間，擔任墨洛溫皇家的宰相，也就是類似秘書長職位的丕平一族（Pepin）勢力逐漸變大，最後丕平二世（Pepin of Herstal）更是掌握了墨洛溫王朝的實權（六八七）。

但是法蘭克王國的心臟位在萊茵河下游的低窪地帶。當時地中海貿易的商品，會沿

著馬賽附近的河川運往內陸，繼續在北海進行貿易。這條路徑的中繼站，就是低窪地區的各個都市。這裡就是法蘭克王國最重要的地區之一。

丕平二世一來到其中一個都市馬斯垂克（Maastricht），便受到當地豪門權貴熱烈的歡迎。據傳丕平二世與這個豪門的女兒所生下的孩子，就是查理·馬特（Carolus Martellus）。這個孩子雖是庶子，但是他的父親是相當於日本的總理大臣，母親則是大財閥的女兒。最後查理·馬特建立了新的法蘭克人王朝——卡洛林王朝。

第三章

沒有穆罕默德，就沒有查理曼

歐亞大陸東方有唐朝建國，中央到西方則誕生了伊斯蘭大帝國（伍麥亞王朝、阿拔斯王朝）；到了八世紀，上述兩個地區再加上羅馬帝國及法蘭克王國，這三個地區之間的貿易變得頻繁。根據推測，西元八〇〇年時，各主要都市的人口約為：長安八十萬人、巴格達一百萬人、君士坦丁堡三十萬人。另外，羅馬則是五萬人。在這個時代，羅馬教會從羅馬帝國獨立，與新興的法蘭克王國結合，另一個羅馬皇帝隨之誕生。

1 ─ 法蘭克人改變信仰。羅馬教會尋求脫離羅馬帝國獨立

接下來我想稍微把時間往回拉，說明第一個羅馬教會。

羅馬帝國遷都君士坦丁堡（三三〇）之後，基督教就成為了羅馬帝國的國教，皇帝的權力和基督教的權威結合。其中擁有最高權力的，就是距離皇帝最近的君士坦丁堡教

會。當時基督教中最具權威的，分別是君士坦丁堡、安提阿（敘利亞）、耶路撒冷、亞歷山大港（埃及）以及羅馬等五個教會（五大宗主教區，Pentarchy）。其中，亞歷山大港教會與羅馬教會的宗主教，又被稱為教宗。

羅馬教會建於傳說當時在羅馬殉教的耶穌十二使徒之首——彼得的墳墓上。可是當首都遷到東邊的君士坦丁堡之後，羅馬昔日百萬人口都市的繁華光景已不復存在，成為了一個只有幾萬人口的鄉下城市。羅馬教會也變成一個貧窮的教會，除了對繼承彼得的衣缽感到自負與權威之外，已沒有任何值得一提的地方。

教會裡有專門服侍神的專職人員（神職人員）。為了讓他們能夠生活，同時讓教會維持下去，必須請信眾捐獻金錢和土地。為此，他們必須傳道布教，增加信徒才行。

那麼，還有什麼地方可以讓羅馬教會去傳道呢？——只剩下蠻族橫行的西歐了。君士坦丁堡教會把眼光放在亞得里亞海東側的地區。

然而，西歐的蠻族大多信仰亞流派的基督教。這是亞歷山大港教會的亞流所提倡的學說，簡單講就是「耶穌也是人子」，也就是把神和耶穌分開來看的概念。同屬於亞歷山大港教會的亞他那修，則對這個說法提出了反駁。他主張神、聖靈和耶穌是一體的，也就是認為「耶穌並非人子」；這個說法一般稱為「三位一體」。這個爭論撼動了基督教的教會，相對於艱澀的亞他那修派，認為耶穌也是人子的亞流派由於對一般民眾與純樸的蠻族來說比較淺顯易懂，因此就像野火燎原般，一轉眼就傳開了。

為了替這個宗教爭論畫下句點，當時的羅馬皇帝君士坦丁一世將各主要教會的主教召集到安那托利亞的尼西亞，召開一場大公會議（宗教會議）。這場會議的結論是將亞他那修派視為正統，將亞流派視為異端（三二五）。大公會議變成了一種傳統，日後只要有關於教義上的重要問題，都會召開大公會議來討論。將耶穌分為神格與人格兩部份來看待的聶斯托留派，也在四三一年的以弗所公會議上被認定為異端，於是前往歐亞大陸東方尋求活路（後來傳到唐朝，被稱為景教）。

羅馬教會在西歐的傳教工作，其實有這些背景，過程一波三折。不過就在這時候，有一個好消息傳來。創立了法蘭克王國的克洛維一世從亞流派改信正統派（四九六）。到了六世紀末，被克洛維一世趕到南法，以西班牙的托雷多作為首都的西哥德王國，也改信了正統派（五八九）。

當時的羅馬教宗是額我略一世（Gregorius I），他非常積極地在歐洲傳教。為了那些貧窮且多半不識字的民眾，他把耶穌的教義編成歌曲、畫成畫，努力地傳教。流傳到今日的額我略聖歌，就是他發明的。

君士坦丁堡教會和羅馬皇帝，對於在羅馬展現出高傲態度、勇於表達主張的羅馬教會非常冷淡。甚至曾發生教宗因為展現出些許反抗的態度，就被帶上船，從羅馬綁架到君士坦丁堡的事件。

從這個時候開始，羅馬教會便出現了脫離東羅馬帝國，到西方世界生活的念頭。經過了一個世紀後，發生了一個重大事件，迫使羅馬教會下定決心獨立——那就是聖像破壞運動（iconoclasm）。

羅馬皇帝為了戰勝伊斯蘭軍隊，展開聖像破壞運動

李奧三世（Leo III the Isaurian，在位期間：七一七—七四一）即位羅馬皇帝的時候，正是伍麥亞王朝的全盛期。伊斯蘭軍隊屢次包圍君士坦丁堡，展開攻擊。李奧三世拚命地防衛，卻不斷戰敗，於是他開始思考。

基督教與伊斯蘭教所信仰的神同為阿拉，也就是YHWH（希伯來文至今沒有母音，因此這個字的發音尚無定論，在此姑且讀作「耶和華」，也就是閃族一神教共通的一個具有強烈忌妒心與佔有欲的神）。

站在李奧三世的立場，羅馬帝國明明已經把基督教定為國教，還免除教會的稅金，為什麼神卻只讓伊斯蘭教徒贏呢。這不是偏心嗎？——或許他是因為這樣而遷怒吧。

這時他發現了一件事。過去摩西在接受了神授予他的十誡之後，下山時，看見他的族人們在膜拜金牛像，於是非常生氣地斥責他們，表示不可以崇拜偶像。原來神以前是討厭崇拜偶像的。伊斯蘭教徒並沒有崇拜偶像，但是君士坦丁堡的教會裡卻裝飾者許多聖像畫（Icon），擺滿了數不清的偶像。

「我懂了！原來是這種奢侈的信仰惹神生氣了。」

於是李奧三世展開破壞聖像活動。

當然，李奧三世其實別有居心。只要將那些不用繳稅又過著奢侈生活的教會全數破壞，就可以把教會的錢拿來充當戰爭的經費。在這個目的之下，他暗懷鬼胎地持續破壞聖像，奪走教會儲蓄的金銀財寶。這個運動一直持續，直到七八七年在尼西亞舉辦的第七次大公會議才決議廢止。

為什麼羅馬帝國能實行聖像破壞運動呢？那是因為東方的文化比較進步。絕大部分的民眾都識字，就算沒有聖像畫也可以傳教。但是在西方，羅馬教會負責的區域相當貧窮，幾乎所有的民眾都不識字。假如不利用歌曲或戲劇的方式，羅馬教會的傳教士便很難教導民眾耶穌的故事。另一方面，東方教會雖然屈服於皇帝的權力，但由於民眾皆識字，因此仍然能勉強傳教。

這個時候，羅馬教會感到憤怒。「再這樣下去，就再也不會有人願意成為基督教的信徒了。東邊想做什麼，就讓他們自己去做吧，我們只要顧全西方就好」——就這樣，他們萌生了盡早脫離東羅馬帝國的念頭。

2 卡洛林王朝誕生，羅馬教宗成為擁有領土的「君主」

法蘭克王國墨洛溫王朝的宮相丕平一族儘管長期掌握實權，卻遲遲無法創立屬於他們的新王朝。這是因為墨洛溫王朝是個宛如神話、傳說般的名門世家。據說祖先是海中聖獸的墨洛溫王朝傳說，在法蘭克皇家代代相傳，甚至留下了法蘭克國王將手放在痲瘋病病患頭上祈福的儀式。

從這個神聖的墨洛溫皇家手中篡奪王位的，就是丕平二世與馬斯垂克的豪門之女所生下的查理．馬特。

由於查理是庶子，倘若沒有鍍金似的包裝，其他的貴族便不會承認他的權威。這時，西班牙的伊斯蘭軍隊正好越過庇里牛斯山，入侵法國，而查理．馬特便率兵將他們擊敗，趕回西班牙（圖爾戰役〔Battle of Tours〕，七三二）。就這樣，他立下了拯救歐洲的功名。

然而在今日，一般認為這起事件的始末是這樣的。

西班牙的伊斯蘭軍隊越過庇里牛斯山，並非出自戰略上的目的，而只是隨心所欲地到處搶奪；這時遇上查理軍隊的追擊，他們便返回了西班牙。事實上可能只是這麼一點點小衝突而已。

可是查理．馬特命令他的手下誇張地大肆傳播這起事件，說他擊敗了準備入侵歐洲的伊斯蘭帝國軍隊，拯救了整個歐洲，試圖塑造出「查理很值得信賴，就算他推翻墨洛溫王朝，建立自己的王朝也無妨」的輿論——這便是後世的推論。從此之後，保護歐洲不受外敵侵略，彷彿就成了擁有王權的條件。

對丕平一族最感興趣的，就是羅馬教宗。在無法依賴羅馬帝國，又沒有武力的羅馬教宗眼裡，查理．馬特的一舉一動看起來可靠無比。不過，丕平一族雖然掌握了因為和伊斯蘭帝國進行貿易而不斷累積財富與兵力的法蘭克王國實權，卻沒有任何值得驕傲的傳統或歷史。羅馬教宗深切地理解查理．馬特想要獲得權威的心態，所以他打算利用這一股新興勢力。

七四一年查理．馬特死亡後，他的兒子丕平三世便成為墨洛溫王朝的宮相。經過了一〇年，也就是七五一年，唐軍和伊斯蘭軍發生衝突，展開怛羅斯之戰，造紙技術也是在這段期間傳入阿拉伯世界的；而就在這一年，丕平三世總算廢除了名存實亡的墨洛溫王朝國王，建立卡洛林王朝。卡洛林（Karolingi）這個名稱，是查理（Carolus）的諧音。

羅馬帝國對義大利見死不救

同樣在這一年，北義大利的倫巴底人攻陷並佔領了位在拉溫納的羅馬帝國總督府。羅馬帝國因為忙著與伊斯蘭軍隊的攻防，同時身陷聖像破壞運動的混亂之中，因此只能對義大利見死不救。這對羅馬教宗來說可謂正中下懷，因為處處阻礙他的羅馬皇帝的勢力，自此從義大利半島消失。不過，蠻族的橫行也是一件令教宗頭痛的事。

於是教宗對丕平三世提議，表示他願意承認卡洛林王朝，能不能請丕平三世幫忙趕走倫巴底人呢？

雙方各取所需，於是丕平三世答應了這個要求。羅馬教宗具有宗教上的權威，假如這個權威願意替自己的王權正當化，那就太好了。於是他率大軍來到義大利，趕走了倫巴底人。

丕平三世戰勝後，將一部分佔領的土地獻給羅馬教廷（丕平獻土，七五六）。畢竟教宗也要吃飯吧。就這樣，羅馬教宗就成為了擁有領土的「君主」。

這個時候，追隨丕平三世的權貴們也在義大利定居，成了義大利貴族的祖先。

3 查理曼成為羅馬皇帝

卡洛林王朝由丕平三世的兒子查理曼（Carolus Magnus，查理大帝）繼承。儘管卡洛林王朝擁有羅馬教會作為後盾，在人們心中卻仍留有篡位的印象。而扭轉這個印象的，就是查理曼。

查理曼打敗了信仰異教的薩克森人，更遠征西班牙；而他最輝煌的戰果，就是消滅了從歐洲東方帶來威脅的外敵——阿瓦爾人（西進東歐的柔然）所建立的多瑙帝國。

當時法蘭克王國的版圖已經幾乎遍及整個西歐，查理曼打算利用羅馬教會的聯絡網作為法蘭克王國的統治動脈；而為了讓這個統治網路更通暢，他竭盡心力將當時混亂的神職人員言語統一為拉丁文，創造出標準文字——卡洛林小寫字體（Carolingian minuscule）（卡洛林文藝復興〔Carolingian Renaissance〕）。

查理曼在羅馬獲得教宗加冕，成為羅馬皇帝（八〇〇年）。當然，東羅馬皇帝為此怒不可遏，認為皇帝應該只有他一個人，絕不承認教宗加冕的皇帝。可是羅馬教宗卻不理會他。教宗的意思或許是：「東邊請你們自己經營，西邊我們羅馬教會和法蘭克王國會處理」吧。此外，羅馬教會竟然還捏造了一份後世稱為「君士坦丁獻土」（Donatio Constantini）的假文件。

這份文件的大意是：「我把西方交給羅馬教宗統治，並授予他與我同等的權力，我將隱居於君士坦丁堡」。根據地位於高盧（現在法國的中心地區）的君士坦丁一世當然不可能寫下這種文件，但羅馬教會卻根據這份偽造的文件，將丕平獻土與替查理曼加冕等行為正當化。後來十五世紀的學者洛倫佐・瓦拉（Lorenzo Valla）證實了這份文件是偽造的。

話說回來，教宗究竟有什麼意圖呢？教宗雖然獲得領土，成為君主，但他畢竟只是個神職人員，並沒有兵力。由於東羅馬皇帝不會保護他，因此他必須擁有能夠保護自己的武力。因此他開出了一個條件：

「你必須當一個順從教宗，同時擁有強大的武力，願意守護羅馬教會的君主。」

但這個想法實在是太一廂情願了。強大的君主，總有一天會推翻宗教的權威，更能自由取走羅馬教宗的項上人頭。可是相反地，弱小的君主由於沒有保護教會的能力，所以就算替他加冕也沒有意義。換句話說，這就像是一樁交易。不出所料，之後羅馬教宗仍然非常辛苦。以結果而言，也只是由法蘭克國王取代了以往的羅馬皇帝而已。

4　阿拔斯革命在伊朗東部爆發

伊斯蘭帝國有一群人對於把首都設在敘利亞的伍麥亞王朝感到不滿，那就是什葉派的支持者。阿里的子孫繼承了波斯皇家的血脈，因此什葉派的勢力在伊朗根深蒂固。另外，被稱為「馬瓦里」（Mawālī），也就是被征服的土地上改信伊斯蘭教的人們，也對伍麥亞王朝獨厚阿拉伯人的政策抱有強烈的不滿。因為這違背了可蘭經所說的「神前人人平等」。

阿里一族的內部醞釀出一股希望能恢復哈里發身份的氛圍，於是在伊朗發動了叛亂。這起叛亂是誰主導的，至今仍無定論。

反叛軍在阿布．穆斯林（Abu Muslim）的率領下，在伊朗東部的呼羅珊（Khorasan）

揭竿起義，轉眼間就平定了整個伊朗，進入伊拉克。七四九年，反叛軍在庫費推舉相當於穆罕默德的叔叔（非阿里派）的名門——阿拔斯家的當家主人阿布・阿拔斯（As-Saffah）作為哈里發。後世將這起事件稱為「阿拔斯革命」，什葉派就這樣在不知不覺中遭到了背叛。

他們襲擊伍麥亞王朝的首都大馬士革，殺害伍麥亞一族。其中一名王子獨自逃往西班牙，後來振興了伍麥亞王朝。

阿拔斯王朝以伊朗東部為據點誕生，這片土地包括現今的阿富汗西北部以及中亞西南部地區。這裡自古以來被稱為呼羅珊，是過去游牧民族入侵波斯的地點，也是東方貿易的重要據點。正因如此，統治波斯的歷代王朝都會在此配置強大的兵力，以防止游牧民族侵襲。在阿拔斯革命之中竄起的，就是這支軍團。

另外，呼羅珊的意思是「太陽升起之處」。

紙和義大利麵，都在怛羅斯之戰中從東方流傳到西方？

在阿拔斯革命開始不久時，唐朝軍隊和伊斯蘭軍隊在中亞的塔拉斯河（譯注：舊稱怛羅斯河）畔發生了衝突（七五一）。這場戰爭中最有名的軼聞，就是傳說紙張和麵（義大利麵）就是在這時從東方傳到西方的。

不過紙張其實並不是在這個時候突然出現在伊斯蘭世界，一般認為，在更早之前，伊斯蘭世界就已經透過絲路貿易得知紙的存在了。目前所能推測的，就是在這場戰爭中，被伊斯蘭軍隊抓住的唐朝俘虜中也許正好有製紙工匠，於是造紙技術便在伊斯蘭國家流傳開來。不過，關於義大利麵的說法，則有人持反對意見。有一說認為義大利麵是義大利人在海上發明的航海用食物。

5 巴格達的建設帶來巨大的有效需求

阿拔斯王朝的第二代哈里發——明君曼蘇爾（Al-Mansur）在底格里斯河西岸打造了新首都巴格達（Madinat al-Salaam，和平之都），遷都至此。以往阿拔斯王朝都將重心放在東部，若將首都牽至大馬士革就太偏西了。

巴格達漸漸成為一個人口達到五十萬到一百萬人的大都市。曼蘇爾建設巴格達的原因之一，是為了串連印度洋貿易與地中海貿易。巴格達圓城有四個城門，分別為庫費門（通往麥加）、敘利亞門（通往羅馬帝國）、呼羅珊門（通往中亞、中國）以及巴斯拉門（通往波斯灣的海路）。十三世紀，元朝的忽必烈為了促進東西貿易而建設了大都（北京），而曼蘇爾擁有和他相同的遠見。曼蘇爾開創的這條連接了印度洋貿易圈與地中海貿易圈的路線，在忽必烈的時代更往東方延伸，與中國的廣東連結，「海上大道」於是完成。

新首都的建設是一個龐大的公共事業，為了從零打造出一個大都市，必須建設各種公共建設，也必須提供人們生活所需的一切物資。也就是說，八世紀中後期的伊拉克，出現了空前的好景氣。根據記錄，當時甚至有從東非的坦尚尼亞一帶砍伐後出口的木材。

阿拔斯王朝和羅馬帝國處於敵對狀態，而敵人的敵人就是朋友，所以阿拔斯王朝與法蘭克王國的關係良好。因此，法蘭克王國也出現了龐大的有效需求（Effective demand）。石材、木材、糧食、毛皮、毛織品等，想必全都出口至巴格達了吧。

就像二次大戰後的日本因為韓戰所產生的特殊需求而獲得東山再起的契機一樣，巴格達建設計畫龐大的有效需求，也讓原是窮鄉僻壤的歐洲出現了活絡的貿易活動。這麼一來，法蘭克王國的財政變得豐裕，而這些錢未來則成為幫助查理曼統一西歐的助力。

曼蘇爾施行中央集權，重整官僚系統（Wazīr＝宰相，Diwan＝地方政府，qādī＝法官等）。他同時也用人唯才，重用擁有長期治理大帝國經驗的波斯人官員。據說透過設置在帝國每個角落的驛傳（barīd），曼蘇爾無所不知。就這樣，曼蘇爾打下了阿拔斯王朝得以繁榮五百年的基礎。

6 何謂「沒有穆罕默德就沒有查理曼」

建設巴格達所產生的巨大有效需求，嘉惠了法蘭克王國等週邊諸國。查理曼之所以能夠打敗多瑙帝國，也是因為阿拔斯王朝的需求讓國庫充沛，得以確保大量兵力與武力的緣故。

查理曼時代阿拔斯王朝的哈里發，是相當於曼蘇爾孫子的第五代哈倫・拉希德（Harun al-Rashid）；他就是名著《一千零一夜》的主角。在他的時代裡，阿拔斯王朝迎向了黃金時期。哈倫和查理曼的交情很好，兩國互相派遣外交使節。哈倫甚至從巴格達送了一頭大象到查理曼遠在德意志北方的宮廷。可以想見大象一定很辛苦，不過運送的人必定也很辛苦，畢竟他們得同時運送體型龐大的大象以及大量的糧食。不過亞琛（Aachen）的氣候寒冷，大象恐怕活不久吧。

就像這個故事所象徵的，法蘭克王國之所以興盛，伊斯蘭帝國的存在是不可或缺的原因。我在一神教革命的章節曾說過，在地中海成為伊斯蘭的海洋後，古代世界便消失，進入以卡洛林王朝為代表的中世紀歐洲。二十世紀時，比利時的歷史學家亨利・皮雷納（Henri Pirenne）曾說：「沒有穆罕默德，就沒有查理曼」。

7 安史之亂與阿拔斯革命有關？

七四四年，中央歐亞蒙古高原的游牧民族回鶻消滅了突厥並建立回鶻汗國。回鶻和突厥一樣，都是屬於突厥語族的游牧民族。

唐朝在七五五年發生了安史之亂。這場叛亂的首謀，是駐守現今北京的節度使（玄宗設立的地方防衛官）安祿山，當時玄宗沉迷於楊貴妃的美色，因此安祿山揭竿起義。唐朝的皇室逃到四川，長安暫時被佔領。

安史之亂持續了八年，看見唐朝的國力日趨衰微，周邊國家紛紛增強國力，包括回鶻、吐蕃以及雲南的南詔等三國。再加上唐朝，這四個國家在這個時候國力幾乎不分上下。最後唐朝和回鶻聯手，好不容易平定了安史之亂。唐朝度過了亡國的危機之後，七八〇年宰相楊炎修改稅法，國力再次恢復。不論過去或現在，稅制似乎都是振興國家的關鍵。

唐朝原本的稅制，是日本也曾仿效的均田制與租庸調。這種稅制是一種培養健全的中產階級自耕農，徵收同額稅金的方法。然而一旦遇到國家發生內亂、戰爭，田地就會遭到破壞，房子也會被燒毀，自耕農無法生活下去。這時，有錢人便會僱用他們來自己的農園裡耕種。說得極端一點，也就是由自耕農變成了農奴。

楊炎因應現狀，直接承認大土地的所有權。他廢除租庸調，夏天以小麥和棉花為對象，冬天以稻作為對象，按照資產比例來課稅，原則上用金錢繳納。一年徵稅兩次，因此稱為兩稅法。這個改革奏效，讓唐朝的國力起死回生。而且到了九世紀中葉，原是唐朝勁敵的回鶻和吐蕃滅亡，在這些幸運的條件下，唐朝又持續了一百年。

兩稅法實行的時間很長，一直到十六世紀後半實行一條鞭法時才被廢止。

許多巧合重疊的兩國。中國與波斯其實很近

安史之亂發生在阿拔斯革命後不久。此外，安祿山的父親是撒馬爾罕出身的粟特人，母親則是突厥的名門望族。因此安祿山所屬的團體和阿拔斯革命的主要成員，也就是位在波斯呼羅珊的團體，在地理位置上是重疊的。

因此，或許我們可以這麼推論——會不會兩者之間曾經交換過意見呢？雖然沒有確切的證據。

「伍麥亞王朝不尊敬阿里，又很自大，國家沒有向心力。」

「玄宗也寵幸楊貴妃，真是傷腦筋。害我們的國家一蹶不振。」

因此他們決定在同一個時間起義也說不定。伊斯蘭帝國倒下，大唐世界帝國也變得搖搖欲墜，假如只是偶然的話，未免也太湊巧了。

連接歐亞的主要路徑（草原絲路）自古以來就往來頻繁。薩珊王朝被伊斯蘭軍隊趕

走後，薩珊王朝的皇太子便逃竄到長安，從這一點可知中國和波斯的距離其實出乎意料地近。另外，據說「祿山」這個名字，在粟特語裡是「光」的意思。或許他們擁有很大的野心。假如叛亂成功，就成了革命；但失敗的話，就會被稱為叛亂。

8 印度佛教（密宗）在青藏高原比中國佛教興盛的原因

七世紀中葉到八世紀，印度完成了密宗的代表經典大日經與金剛頂經。八世紀末葉，密教傳入青藏高原，佛教普及東亞的第二股潮流就此展開。

大乘佛教在中國相當普及（第一波），當時傳教的途徑，是從旁遮普地區經由絲路往東的路線。八世紀末，印度佛教（密宗）與中國佛教（大乘佛教）展開爭辯（法諍、論諍）。最後雖是印度佛教獲勝，但我認為這並不代表大乘佛教與密宗有優劣之分。

我認為滿懷著信念，一心想宣揚新佛教而越過了喜馬拉雅山的印度僧侶，與因為吐蕃被佔領而被帶離敦煌的中國僧侶，一開始在傳教的意願上就已經分出高下了。

經過這場法諍之後，密宗便成為青藏高原的主要信仰，有人也將它稱之為藏傳佛教，後來擴展到蒙古、滿洲一帶。

密宗後來也傳入了日本，只是傳入日本的只是密宗的一小部分。密宗經由青藏高原進入中國，花了很長的一段時間，所以最澄與空海其實還有很多經典無法帶回來。

9 維京人出現

當密宗在青藏高原普及的時候，維京人第一次出現在文獻上。

七九三年，維京人襲擊了位在英格蘭北部小島上的林迪斯法恩大修道院（Monastery of Lindisfarne）。為什麼要攻擊大修道院呢？因為修道院裡有許多金銀財寶。教會和寺廟由於不用繳稅，存了很多錢，因此很容易成為攻擊的目標。如果是一般的宗教設施，維京人可能會因為害怕遭到天譴而不敢襲擊，但是面對大修道院時，金銀財寶的魅力便勝過了害怕遭到天譴的恐懼。有一些學者認為，這場襲擊是對查理曼推廣基督教一事的反擊。

無論如何，這就是第一次出現在文獻中的維京人。另外，「維京」的意思是住在「海灣」的人（vík，峽灣）。

第四章

伊斯蘭百年翻譯運動，與維京人的活躍

伊斯蘭在九世紀學會了造紙技術之後，展開了一場大規模翻譯運動。用阿拉伯文撰寫的希臘羅馬經典，替日後歐洲的文藝復興奠定了基礎。另外，伊斯蘭世界看中了土庫曼優異的軍事能力，擢用許多被稱為「馬穆魯克」（Mamluk）的軍人奴隸。他們買來許多體力和智慧過人的小孩，教育他們，將他們培育成軍人。日後，這些馬穆魯克接連建立自己的王朝，接下來的五百到六百年間，他們在中央歐亞極為活躍。

歐亞大陸東方的唐朝國衰微，逐漸走向滅亡；西歐的法蘭克王國和唐一樣衰亡，維京人的活動變得更頻繁。西進的維京人稱霸英格蘭，在法國北部建立了諾曼第公國（Duchy of Normandy）；東進的維京人則在俄羅斯建立了諾夫哥羅德公國（Novgorod Republic）與基輔羅斯公國（Kievan Rus'）。

1 伊斯蘭教國家學會造紙技術，展開百年翻譯運動

據說造紙技術在怛羅斯之戰前後從唐朝傳入了伊斯蘭世界，而當時造紙的原料是破布，也就是將老舊破損的棉、麻植物纖維加工成紙張。這是一種劃時代的書寫材料。當時伊斯蘭世界使用的是羊皮紙，也就是用小羊的皮製成的書寫材料。可是他們不能大量屠殺小羊，因為採取羊毛、食用羊肉所能獲得的經濟效益更高。不符合經濟原則的羊皮紙並沒有普及。

但若是不要的破布，只要有人類生活，就能無限提供。平常內衣穿破了，就只能丟掉，但若有人願意買，大家當然會開心地賣。破布是很容易收集的。

就這樣，伊斯蘭世界學會了大量製造紙張的技術。第一個造紙之都就是撒馬爾罕。不知是幸還是不幸，當時的阿拉伯人個個求知若渴。傳說穆罕默德曾經說過：

「學問雖遠在中國，亦當求之。」

當時還有一句諺語可以表現出阿拉伯人的好奇心。

「人的樂趣，在馬背上，在書本中，在女人的臂彎裡。」

倘若這群好奇心異常強烈的人們得到了一種名為紙張的武器，會發生什麼事呢？當然會出現百年翻譯運動。而他們翻譯的是什麼呢？——那就是沉眠在薩珊王朝的大量希臘羅馬經典。

各位還記得嗎？君士坦丁一世關閉雅典的柏拉圖學院後，大學教授全都逃往採取寬容政策的薩珊王朝，並在君迪沙普爾學院重新執起教鞭。伊斯蘭軍隊消滅薩珊王朝的時候，找到了大量的希臘羅馬經典。

一直想閱讀這些經典的阿拉伯人，得到了紙張這個強大的書寫材料後，便展開了百年翻譯運動。

這個運動的高峰期，在第七代哈里發——馬蒙（Al-Ma'mūn）的時代。他在巴格達建造了一座名叫智慧宮（Bait al-Hikma）的圖書館兼天文臺（八三〇）。他招聘許多猶太人、希臘人（據稱大多是聶斯托留派的基督教徒）知識份子，命令他們將希臘文翻成阿拉伯文。

馬蒙對於這場翻譯運動的熱情不容小覷，傳說他曾舉辦亞里斯多德翻譯比賽，獲勝的人可以得到和他所翻譯的書籍重量相同的鑽石。這個驚人的獎賞，同時也展現出當時阿拔斯王朝有多麼富裕。

就這樣，留在波斯的希臘羅馬文獻，幾乎全數被翻譯成了阿拉伯文。

人類史上共有兩次大規模翻譯運動，一個是這裡提到的，由伊斯蘭主導的希臘古羅馬經典翻譯，另一個大乘佛教經典的漢譯運動。後者是在中國五胡十六國時代，以鳩摩羅什為中心進行的。

2 阿拔斯王朝任用馬穆魯克

阿拔斯王朝來到了可以在翻譯比賽中用鑽石來當作獎賞的時代，而這件事也可以證明他們的文化已經成熟，知識水準提升，人人生活富足。這麼一來，不想當兵的男性也會增加。因為從軍而出人頭地的故事，只會發生在貧窮的時代。在「只要努力戰鬥，就有可能成為將軍」這樣的誘因之下，人們是有動力的。然而看見哈里發願意賞賜優秀的翻譯家鑽石，那麼優秀的人才當然不會想當兵。況且阿拔斯王朝非常強盛，根本沒有戰爭。

第八代哈里發穆阿台綏姆（al-Mu'tasim，在位期間：八三三—八四二）認為，不管在哪一個時代，權力鬥爭總會在某處點燃。掌權者固然必須擁有強力的親衛隊，可是巴格達卻沒有像樣的士兵，大家全都孱弱不振。於是他決定拔擢馬穆魯克（突厥語族的軍人奴隸）來擔任親衛隊。

這麼一來雖然可以放心了，但卻出現了一件傷腦筋的事。馬穆魯克生長在中央歐亞的草原，就像生活在鄉村的孩子。在當時宛如紐約一般的巴格達市民眼中，他們的行為舉止都很粗魯，又不太會說阿拉伯文，經常與巴格達的市民起衝突，所以風評很差；穆阿台綏姆也遭到許多批評。穆阿台綏姆對抱怨連連的巴格達市民心生厭惡，於是帶著馬穆魯克親衛隊一起遷都至薩邁拉（Sāmarrā）。

然而哈里發是因為得到首都巴格達市民的支持才得以存在的。儘管薩邁拉也是一個大都市，但是在文化方面卻像鄉村一樣落後。而他和親衛隊一起躲在這個地方之後，會發生什麼事情呢？

親衛隊中比較聰明的人，大概會這麼想吧——太好了，這麼一來，哈里發就成了我們的囊中物。如果他不聽我們的話，我們就殺掉他，再重新推舉一個聽話的哈里發就好……。事實上，的確有一個名叫穆塔瓦基勒（Al-Mutawakkil）的哈里發被馬穆魯克殺害。最後，阿拔斯王朝在六〇年後，也就是第十五代哈里發的時代，又將首都遷回了巴格達。然而在這六十年間，巴格達已經變得混亂不堪。大概從遷都薩邁拉的時間點開始，阿拔斯王朝就開始產生了動搖。

3 伊斯蘭教與土庫曼人、馬穆魯克的關係

八四〇年，吉爾吉斯殲滅了回鶻，但是吉爾吉斯已經把在這場戰役中用盡全力，最後仍無法打造屬於自己的帝國。

曾經稱霸中央歐亞大草原的民族，包括斯基泰、匈奴、鮮卑、柔然、突厥、回鶻等，每一族都締造了各自的龐大帝國，唯獨吉爾吉斯沒能建國。這時權力核心出現一個空窗期，因此許多新的小部族紛紛抬頭。其中契丹（Qitan）的勢力愈來愈大。

被吉爾吉斯消滅的回鶻，和突厥一樣是屬於突厥語族的游牧民族。他們沿著草原絲路西進，途中接受了伊斯蘭教；一般稱他們為土庫曼。他們分成大約二十個龐大的集團西進。也就是說，草原世界中具有壓倒性的軍事力量分散開來前往了西方。

伊斯蘭的皇族和豪門權貴把這些擅長騎馬、射箭的土庫曼小男孩買來，稱他們為馬穆魯克，將他們培養成軍人。

馬穆魯克並不單純是奴隸，土庫曼的男孩是在許多人家交涉之下，花錢買來當作養子的重要奴隸。正因為從小接受教育，並且被細心地養育成人，當然他們也有自尊。

之後馬穆魯克陸陸續續建立了屬於自己的王朝，這是因為他們大多體力、智力過人的關係。

4 薩曼王朝的馬穆魯克經濟

在阿拔斯王朝的權威開始出現陰影的時候，一個以中亞的布哈拉（Buxoro）為首都，版圖涵蓋河中地區（Mā-warā' an-Nahr，又稱 Transoxiana、圖蘭，意為阿姆河的對岸）與呼羅珊的龐大地方政權——薩曼王朝（八七五—九九九）誕生了。這個屬於伊朗語支的王朝，因為完成了近世波斯語而在歷史上留名。

這個王朝位在不斷從東方湧來的土庫曼必經的路上。薩曼王朝留意到這一點之後，便開始進行馬穆魯克的出口生意。他們從土庫曼買來健康的孩子，教他們識字，讓他們學習知識，並教他們怎麼使用武器。像這樣進行了菁英教育之後，再把他們賣給阿拔斯王朝或伊斯蘭的權貴。

把人當作商品買賣這種事，現代人聽了或許會皺眉，但是在絲路上，自古以來人一直都是最昂貴的貿易商品，而且是自己能夠騎在馬上或駱駝上的商品。當然，賣方這邊因為小孩很多，也會認為送出一個孩子也沒什麼關係，感覺就像是把孩子送給別人當養子。

薩曼王朝一組一組地販售馬穆魯克，甚至把這件事情當作國家政策來實行。從這個王朝展翅高飛的馬穆魯克，在接下來的五百到六百年之間活躍於歐亞大陸，發揮所長。

5 唐武宗打壓宗教與吐蕃的衰亡

就在吉爾吉斯消滅回鶻的時候，唐朝的第十五代皇帝武宗下令打壓除了道教以外的所有宗教（西元八四五）。唐朝皇室表示自己是老子的子孫，因此要保護道教，不過唐朝這個世界帝國過去對其他宗教是很寬容的。從中唐到晚唐，隨著國力日漸衰微，唐朝的態度就變得封閉。這個時期遭到打壓的不只是佛教，就連基督教（聶斯托留派，即景教）、祆教、摩尼教等，所有的外來宗教都因為遭到打壓而消失。

一直以來都被回鶻壓制的武宗，似乎對於摩尼教（回鶻人信仰的宗教）特別反感。八三八年以遣唐使的身份來到唐朝的天台宗僧侶圓仁，在他的著作《入唐求法巡禮記》中，詳細地紀錄著這個打壓宗教的事件。

就在唐朝打壓宗教的同一個時期，吐蕃也出現了一個打壓佛教的君主，而這個國家最後也因為打壓佛教所造成的混亂而分裂，最後滅亡。

此外，中國的佛教界有「三武一宗滅佛」之說，分別指北魏太武帝（五世紀）、北周武帝（六世紀）、唐武宗（九世紀）以及後周世宗（十世紀）所進行的四次打壓。他們滅佛的目的，皆為沒收財產以及要求僧尼還俗。

回鶻滅亡，吐蕃也在分裂之後滅亡，唐朝總算可以從來自北方和西方的兩個強大的壓力下解放，然而這時的唐朝已經沒有餘力放鬆了。

安史之亂後，唐朝已經沒有大帝國的影子，節度使專橫跋扈。歐亞大陸東邊的中國、蒙古高原與西域，即將進入權力分裂、小國林立的局面。

6—唐朝發生黃巢之亂

唐朝在西元八七五年發生了黃巢之亂。

黃巢以前是鹽幫（走私鹽的人）首領。中國自漢武帝以來，鹽都是公賣品，也就是由國家來管理，並以高價出售；但是這種獨佔市場的商品，勢必會出現走私品。

鹽幫可說是中國非法集團的淵源，他們有強大的地下聯絡網路。黃巢就是利用這個地下聯絡網從山東南下，打下廣州後，再掉頭一路打進長安。這趟遠征，比二〇世紀毛澤東所進行的遠征還要長兩倍、三倍。

長安被黃巢奪下後，唐朝皇室便逃亡到四川。這場大叛亂一直持續到八八四年，才總算被平定。可是這個時候的唐朝就像昔日的東周一樣，成了一個領地只剩下首都近郊的弱小政權。

當時廣州有許多穆斯林商人

黃巢的反叛軍在廣州虐殺了許多激烈的抗的市民。根據文獻記載，當時有超過一萬名阿拉伯穆斯林商人遭到殺害。

阿拔斯王朝的曼蘇爾在七六六年建設巴格達，並以波斯灣為據點，連接了地中海貿易與印度洋貿易；才經過十年，就有這麼多人阿拉伯人居住在廣州。由此可知與中國進行貿易是多麼有利可圖，同時也可以想見海上絲路有多麼發達。

現在有最多日本人居住的國外都市是曼谷和上海，據說大約是十萬人。這麼一想，九世紀末已經有超過一萬名的阿拉伯商人在中國生活的事實，還真是令人驚訝。

7 柬埔寨建立吳哥王朝

高棉人（Khmer）是曾在湄公河下游繁華一時的扶南（一—七世紀）國民，在七世紀獨立，建立真臘（柬埔寨）。到了九世紀，又建立了吳哥王朝（Angkor，八〇二）。這個王朝在十二世紀初期到十三世紀之間迎向全盛期，首都吳哥城（Angkor Thom）以及寺院吳哥窟（Angkor Wat）直至今日都還存在。

8 法蘭克王國分裂為三，羅馬帝國成立馬其頓王朝

在阿拔斯王朝建造智慧宮的這段期間，義大利半島上，羅馬的外港奇維塔韋基亞（Civitavecchia）被從北非來襲伊斯蘭軍隊所佔領，之後連羅馬也被包圍（八三〇）。雖然羅馬有城牆保護，敵軍不至於直接入侵，但是伊斯蘭軍隊卻在奇維塔韋基亞佔領了將近九十年之久。此外，西西里島也在八二七年被佔領（羅馬軍隊則撤退）。

教宗向卡洛林王朝求援，但是查理曼的繼承人個個光是處理當地的事務就已經焦頭爛額，無力伸出援手。從八〇〇年加冕到這個時候，只過了三十年，羅馬教宗依然非常辛苦。

這時的西羅馬皇帝是查理曼的兒子路易一世（Ludwig I，在位期間：八一四—八四

〇）。在他死後，他的三個孩子簽訂了凡爾登條約（Treaty of Verdun），把法蘭克王國分成三等份，各自繼承（八四三）。而在八七〇年的墨爾森條約（Treaty of Meerssen）中，則可以看見今日法國（西法蘭克王國）、義大利、德意志（東法蘭克王國）的雛型。

另一方面，在伊斯蘭的侵略與聖像破壞運動的混亂下，羅馬帝國不斷衰退；八六七年，由亞美尼亞人建立的馬其頓王朝誕生了。在馬其頓王朝的統治下，羅馬帝國再次變得強盛。

最主要的原因，就是一種被稱為「軍區」（thema）的制度發揮了功用。這個制度與節度使有些類似，首先將領土分割成幾塊，再分別派人管理當地的軍事權、徵稅權與行政權。

羅馬帝國的統治原則，一直都是將軍事和政治分開的，但是由於長期遭到伊斯蘭教徒的攻擊，現在已經顧不得原則了。在一直持續交戰的狀態之下，假如軍人和政治家又做出不一樣的事，國家很快就會滅亡。所以羅馬帝國採用了軍區制。

透過軍區制重振國家的羅馬帝國，在經過了兩百年之後，再度迎向全盛期。在十世紀前期文人皇帝君士坦丁七世（在位期間：九一三—九五九）統治期間，出現了有馬其頓王朝文藝復興之稱的拜占庭文化黃金時代。

9——維京人展開侵略活動：東至俄羅斯，西至英格蘭與法蘭西

迎向十世紀時，地球漸漸變得溫暖。波羅的海沿岸以及斯堪地那維亞半島上，去年只能採收一公斤的小麥，現在已經可以採收兩公斤。人們變得比較健康，人口也增加了。但是北方的土地由於穀物產量本來就比較少，所以仍有糧食短缺的問題。於是他們坐上了長形大船（譯注：中古時代北歐的一種單帆多槳的長船），往南方出發，想和別人交換魚和穀物。

然而歐洲沿岸和英格蘭的人們，並非每個人都歡迎這些金髮碧眼、身材高大的男子。要不就是搶奪漁獲後就把他們趕走，要不就是在用來交換漁獲的小麥袋子裡放進一半的小石頭。於是維京人開始思索，看來為了公平地進行貿易，武力是必要的。因此他們開始對態度不佳的對手使用武力。

北方貧窮的人們若沒有武力作為後盾，是沒有辦法與人進行貿易的。在這些背景之下，維京人開始被稱作海盜。但事實上他們的獲利有九成以上都是透過正當的貿易所得，搶奪其實只是少數的例外。

一部分的維京人（也有人稱他們為諾曼人）離開北歐之後，一邊進行貿易與海盜行為，一邊尋求可以定居的土地。於是他們來到了東方的俄羅斯以及西方的英格蘭與法蘭西。

來到俄羅斯的瑞典維京人（瓦良格人〔Varjager〕），在傳說中的留里克（Rurik）

率領之下，從拉多加湖（Laatokka）上岸，逆流而上，打造了諾夫哥羅德公國（八六二）。俄羅斯的歷史就從這裡開始。

他們沿著河流進入沒有道路的土地。沒有道路的地方，比起陸路，當然是水路比較好走。他們搭著小船沿著河逆流而上，抵達河川盡頭後，大家就扛著船步行前進。接著他們順著聶伯河而下，攻擊君士坦丁堡，最後建立了基輔羅斯公國（八八二）。

另一方面，坐船往西前進的維京人則侵襲了英格蘭與巴黎。

英格蘭除了由盎格魯撒克遜人在西南部建立的威塞克斯王國（Wessex）之外，幾乎整個英格蘭都由丹麥日耳曼人（Daner，丹麥的維京人）統治。威塞克斯的阿佛烈大帝（Alfred the Great）在八八六年從丹麥日耳曼人手中奪回倫敦，把他們趕到英格蘭的東北部。

不過最後英格蘭全域還是由丹麥日耳曼人統治（一〇一三年瑞典國王征服全土。其子克努特大帝（Canute the Great）建立了領土包括丹麥與挪威的北海帝國（North Sea Empire））。

西法蘭克王國（法蘭西）的首都巴黎，對於沿著塞納河而來的維京人感到頭痛不已。名門羅貝爾家的巴黎伯爵（Comte de Paris，巴黎地方首長）阻止了維京人對巴黎的侵略，在八八八年成為第一個登上王位的非卡洛林家族國王。

但是維京人多次順著塞納河來襲，到了九一一年，卡洛林家的查理三世繼承了厄德（Eudes）的王位，把塞納河口地區送給諾曼人首領羅洛（Rollo），與他達成和解。他這

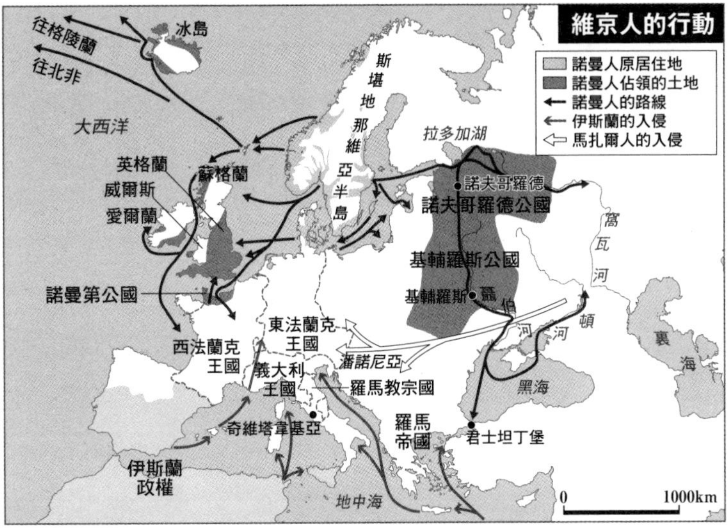

麼做的用意是：「我把一塊土地送給你，請你停止侵略，並且阻止之後來侵略的人」。這個辦法奏效，於是諾曼第公國在此誕生。

有些學者會這麼區分維京人的民族遷徙。

・往南方發展的人們（丹麥裔，前往英格蘭與法國）

・往東發展的人們（瑞典裔，前往俄羅斯與羅馬帝國）

・往西發展的人們（前往愛爾蘭、冰島、格陵蘭、北非）

10 馬扎爾人入侵潘諾尼亞，建立匈牙利

查理曼在八世紀打倒了阿瓦爾人的多

瑙帝國，但法蘭克王國的統治並沒有持續太久，進入九世紀之後，屬於烏拉語系的馬扎爾人入侵了潘諾尼亞。潘諾尼亞是現在匈牙利與克羅埃西亞一帶的舊稱，自古以來就是連接東西方的草原絲路上的交通要衝。馬扎爾人過去在頓河中游流域生活，之後定居在黑海北岸，後來又侵略潘諾尼亞。到了十世紀末，他們征服了整片土地，建立匈牙利王國。

第一任國王聖史蒂芬一世（Stephen I of Hungary，在位期間：九九七—一〇三八）在匈牙利推廣基督教不遺餘力，因而受到羅馬教會列聖。

第五章 唐宋革命與伊斯蘭帝國的分裂

十世紀初，在第四千年紀前半期（二到三世紀）的游牧民族大遷徙中，在東方勝出的拓跋帝國以及在西方勝出的法蘭克帝國相繼滅亡。中國進入五代十國的時代，之後被宋朝統一。宋朝極為繁榮，進行重大改革，史稱唐宋革命。在這個時代，已經可以看見現代中國社會與文化的雛型。蒙古高原上，契丹日漸強大，統治中國北方。

分為東西兩邊的法蘭克王國都被卡洛林王朝殲滅。薩克森王朝（Ottonian dynasty，亦稱奧托王朝）在德意志誕生，鄂圖一世（Otto I）接受加冕，成為羅馬皇帝。卡佩王朝在法蘭西誕生，日漸強盛。東羅馬帝國在巴西爾二世的時代達到全盛期。在伊斯蘭世界，阿拔斯王朝式微，迎接後伍麥亞王朝與法提馬王朝並立的時代。

1 唐朝滅亡，進入五代十國

衰弱不振的唐朝在九〇七年被節度使朱全忠所滅。朱全忠建立了後梁，將首都設在大運河的物資集散地——開封，但不到二十年就被後唐消滅。中國的中樞地帶，也就是中原地區，在這之後的約五十年間，共有五個王朝接連建國又被消滅，也就是後梁、後唐、後晉、後漢、後周等五代。這些王朝的建立者都是和朱全忠一樣的節度使（後唐、後晉、後漢是屬於突厥語族的突厥沙陀族王朝）。

另一方面，除了中原以外的各地，又有十個國家陸續誕生，所以這個時代又被稱為五代十國。

不過這十國並不包括北方的大國契丹。十國這個數字，似乎是後人根據五行說而整理出來的。

在介紹安史之亂的章節裡，我曾經提到節度使，現在我想再補充一下。

隋唐時代所施行的是配合均田制的徵兵制（府兵制），但是徵兵制失敗之後，為了應付不斷增加的傭兵，因此設置了節度使來鎮守邊境。節度使掌握其轄地的民政和財政，同時有強大的軍權，一旦唐朝衰弱，這些節度使便呈現半獨立的狀態，統治著各州。消滅唐朝的朱全忠原本也是鹽幫的一員，他本來是黃巢的幹部，但最後背叛了黃巢，歸順唐朝，並當上節度使。

在同一個時期，新羅也被高麗消滅（九三五）。高麗就是「Korea」的由來。

契丹在蒙古高原建國。「Tabgach」與「Qitai」

回鶻滅亡後，蒙古高原就出現了權力的空窗期。九一六年，耶律阿保機建立了契丹。這個國家在中國史上稱為契丹或遼。他們擁有強大的軍事力量，統治蒙古高原，在五代十國時對中國形成很大的威脅。由於他們幫助了五代的後晉建國，所以在九三六年獲得了包括北京和大同的燕雲十六州作為答謝。

中央歐亞的游牧民族也知道契丹這個中國的大帝國，它的名聲也漸漸傳入歐洲，於是「Qitai（Cathay）」便成了中國的別名。香港國泰航空公司的英文名字「Cathay Pacific」，也是源自於此。那麼，在契丹之前，中央歐亞的游牧民族是怎麼稱呼中國的呢？

答案是「Tabgach」。始於北魏的隋唐世界帝國，一般稱為拓跋帝國，而拓跋這個名稱，也從中央歐亞往西邊流傳，廣為人知，他們長期以來都將中國稱為「Tabgach」。

2 法蘭克王國（卡洛林王朝）滅亡，德意志進入薩克森王朝，法蘭西王國進入卡佩王朝

卡洛林王朝在墨爾森條約之後，便分裂為東法蘭克王國和西法蘭克王國。東法蘭克王國（德意志）的卡洛林王朝在九一一年滅亡，法蘭克尼亞公爵康拉德一世（Konrad I）被選為德意志國王。然而他沒有繼承人，王位止於他這一代，之後又由薩克森公爵亨利一世（Heinrich I）繼承王位。亨利一世廢除了法蘭克傳統的分割繼承慣例，開創了薩克森王朝。

另一方面，西法蘭克王國（法蘭西）的卡洛林王朝在九八七年路易五世英年早逝之後便滅絕，雨果・卡佩（Hugues Capet）登上王位，卡佩王朝誕生。東西法蘭克王國在此雙雙滅亡。

舉例來說，由於德川家（卡洛林家）斷後，因此大名們便想從大名中選出下一任將軍。薩克森公爵是個大藩，而卡佩家只是個小藩。法蘭西有好幾個諸侯（公爵或伯爵）的領地比新將軍（卡佩家）還要大。

之後，德意志沒有嫡男繼承，王朝每一百年就輪替一次。而卡佩王朝則出現了人稱「卡佩家的奇蹟」的傳說，連續三百五十年間都有男丁誕生，讓皇統得以世襲。也因為這樣，儘管一開始是德意志比較強大，但後來法蘭西也漸漸成為一個大國。

卡洛林王朝末期，阿基坦公爵興建克呂尼修道院

九一〇年，統治現今法國西南部的阿基坦公國的威廉一世（Guillaume Ier d'Aquitaine），在西法蘭克王國建設了呂尼修道院（abbaye de Cluny）。這間修道院仿效六世紀義大利的本篤會（Benedictine Order）在卡西諾山（Monte Cassino）建造的本篤會修道院，注重禱告與勞動，以實踐禁慾為目標。這個組織日後成為修道院改革以及羅馬教會改革運動的核心。本篤會修道院創設後，羅馬教宗便立刻給予認可。

3 鄂圖一世就任羅馬皇帝，採行帝國教會政策

德意志進入薩克森王朝，而薩克森人（撒克遜人）曾經敗在查理曼的手下；查理曼砍倒了象徵該族的聖樹。這一族為什麼能成為德意志國王呢？那是因為鄂圖一世擊敗了從匈牙利入侵的游牧民族馬扎爾人（九五五）。

開創卡佩王朝的雨果．卡佩的祖先厄德，也因為趕走包圍巴黎的維京人而留下功績。最後，擊退外敵就成了鞏固歐洲王權最有效的方式。查理．馬特趕走斯伊斯蘭教徒、查理曼擊退阿瓦爾人、鄂圖一世驅除馬扎爾人，皆是如此。

鄂圖一世在羅馬教宗的加冕下成為羅馬皇帝（九六二），彷彿查理曼重生一般。羅

馬教宗想必計算過薩克森王朝的力量，鄂圖一世應該也想讓全歐洲服膺在他的權威之下。不過其實他還有另一個目的，那就是利用羅馬教會統治帝國。

這個政策，一般稱為帝國教會政策（Reichskirchenpolitik）。鄂圖一世認為，倘若將實力雄厚的臣下派遣到各地，就算這個人在世的時候願意效忠中央，但是到了下一代，恐怕就會在當地生根，再也不聽中央的話。因此鄂圖一世想到了一個辦法。

他看上的是基督教的主教。主教皆為單身，不會有小孩。儘管這只是表面上的規定，事實上他們幾乎都娶妻生子，但那些孩子都是庶子，無法繼承家業。這麼一來，便不必擔心他們變成地方的世襲貴族了。

換句話說，也就是鄂圖一世任命主教擔任各地的縣長。

當時的人們認為羅馬皇帝是耶穌的代理人，羅馬教宗格則是彼得的代理人。教宗相當於皇帝的弟子，所以皇帝任命主教擔任縣長，是毫無問題的。鄂圖一世將主教當成自己的部下，任意替換。

薩克森王朝歷經了鄂圖一世、二世、三世，其中鄂圖三世曾在當時最先進的地區——西班牙的伊斯蘭世界求學，而他所任命的教宗，過去曾是他的家教老師。他可能是在成為皇帝之後，便向老師報恩吧。幸好他是個有能力的人，所以對於羅馬教會來說並不至於無法忍受。

最後，對羅馬教宗來說，東羅馬皇帝、卡洛林王朝與薩克森王朝的皇帝，其實沒有差別。

4 阿拔斯王朝衰落，三大哈里發並立

在伊斯蘭世界裡，阿拔斯王朝逐漸衰弱，包括薩曼王朝在內，各地出現了許多政權。不過哈里發依然只有巴格達的哈里發一人。

然而伊斯瑪儀派（Isma'ilism，什葉派的支派）在北非建立了法提馬王朝（九〇九，君主宣佈自己是哈里發（九一〇）。法提馬是先知穆罕默德女兒的名字，他的女婿就是阿里。這個王朝的創立者宣稱自己是法提馬的子孫，主張自己的正統性，自稱是哈里發。法提馬王朝征服了埃及，在福斯塔特（Fustat）附近建設開羅，接著又在開羅設立艾資哈爾清真寺（Al-Azhar Mosque）及艾資哈爾學院。據說在九七〇年為了確立什葉派的教義而建造的艾資哈爾學院，是世上現存最古老的大學。隨時可以入學、隨時可以聽課、隨時可以畢業的這三個信條，是其最廣為人知的特色。

緊接著，以安達魯斯（Andalus，伊比利半島）的哥多華（Córdoba）為首都的後伍麥亞王朝的君主，也自稱哈里發（九二九）。這麼一來，哈里發便有三個人。儘管伊斯蘭世界紛爭不斷，但在這之前哈里發都僅僅只有一個人；如今在人人自稱哈里發的狀況下，伊斯蘭帝國開始分裂。

在這段期間內，發生了一起事件，使得阿拔斯王朝的積弱不振更為明顯。什葉派的支派卡爾馬特派（Qarmat）闖進聖地麥加的克爾白，搶走了作為神殿象徵的黑石（九三〇）。黑石雖在九五一年被還回，但這起事件也顯示出當時阿拔斯王朝已經衰弱不堪，連伊斯蘭的聖地都無法保護。

後伍麥亞王朝迎向全盛期

後伍麥亞王朝在十世紀中葉迎向了全盛期。人口約有五十萬人的首都哥多華，是當時世界首屈一指的大都市，圖書館裡收藏了四十萬本書。阿卜杜拉赫曼三世（Abd ar-Rahman III，在位期間：九一二—九六一）所建、位於哥多華郊外的宮殿札赫拉宮（Medina Azahara），規模幾可媲美凡爾賽宮。

九八一年當上宰相的阿爾曼蘇爾（al-Manṣūr）是個瘋狂的擴張主義者，他的功勳顯赫，幾乎把伊比利半島全境收服在統治之下。然而在他死後，後伍麥亞王朝內部紛爭勃發，迅速走向滅亡（一〇三一年滅亡）。

羅馬帝國與伊斯蘭的三個王朝

5 巴西爾二世重現東羅馬帝國的黃金時代

羅馬帝國（馬其頓王朝）在英明的巴西爾二世（Basil II，在位期間：九七六—一〇二五）達到全盛期。他大敗保加利亞（克雷迪昂戰役（Battle of Kleidion），一〇一四），睽違四百年收復巴爾幹半島全境，以多瑙河作為北端邊界。此外，他也戰勝伊斯蘭勢力與倫巴底人，奪回南義大利。東邊則稱霸了敘利亞以及高加索山脈南方的喬治亞（Gruziya）與亞美尼亞，重現了大帝國的疆域。

別名「保加利亞屠夫」

巴西爾二世在克雷迪昂戰役中大獲全

勝的時候，逮捕了一萬四千名保加利亞士兵作為戰俘。他將這些士兵分成一百人一組，每一組只讓一個人留下一隻眼睛，把其餘所有士兵的眼睛都弄瞎。

接著，他便將這些戰俘送回保加利亞。傳說當時的保加利亞皇帝薩穆伊爾（Samuel of Bulgaria）看見盲眼軍隊跟著一名只剩下單眼的士兵，拉著長長的隊伍回國的景象，嚇得倒地身亡。

讓基督教在基輔羅斯公國普及、擴大東方教會的版圖，也是巴西爾二世的功績之一。在這個講求生活簡樸的皇帝領導下，國家的財政健全，東羅馬帝國再度迎接奇蹟般的黃金時代。然而由於巴西爾二世並沒有結婚，王位由他無能的弟弟繼承，使得羅馬帝國再次走向衰亡。

6 宋朝建國。一場名為唐宋革命的重大變革就此展開

五代十國的最後一個國家是後周。後周的第二代皇帝世宗，是五代當中首屈一指的明君。他下達滅佛令，讓國家財政健全，削弱節度使的權力，同時強化皇帝的直屬軍隊（禁軍），然而就在即將達成統一之際，卻病倒了。他的人生，就彷彿是在南北朝時代亟欲統一華北，卻壯志未酬的北周武帝的翻版。

第三代皇帝，也就是世宗的兒子，由於年紀還太小，因此重臣們商量後，決定把皇

位禪讓給深獲世宗信賴的將軍趙匡胤（太祖）（最後一次禪讓。後周的皇室在宋朝自始至終都得到極高的禮遇）。趙匡胤把首都設於開封，建立宋朝（九六〇）。他的弟弟，也就是第二代皇帝趙匡義（太宗）統一了除了燕雲十六州以外的中國國土（九七九）。

中國過去在商周革命時進行了許多重大改革，而從唐朝，經過五代十國，一直到宋朝，也出現了與之匹敵的重大歷史轉捩點。今日中國社會文化的雛型，可說幾乎全在這個時代成形。這個重大的改革，一般稱為唐宋革命。

一言以蔽之，唐宋革命的成因，就是貿易活動頻繁，經濟活動出現飛躍性的成長。在黃巢之亂時，有超過一萬人的伊斯蘭教徒在廣州遭到殺害，當時的廣州已經設有相當於現今海關的機構，名為市舶司。這是世界上最早的海關之一。地球的溫暖氣候形成一股助力，讓全世界的貿易日趨興盛。

科舉定型，政治革命

科舉是國家公務員的高級考試，始於隋文帝。武則天也積極地活用這個制度，但當時科舉制度仍未臻完備。因為假如要公平地舉行公務人員考試，就必須有一份參考書，讓每個報考者都能平等地準備考試。在地方廣大的中國，想要滿足這個條件，就必須具備印刷大量出版品的技術以及完善的物流體系。這個條件在隋唐時代還無法達成，但是從唐末到宋朝，由於雕版印刷技術發達，科舉便逐漸定型。

到了宋朝，高級官僚已全部是由科舉考試遴選出來的。這意味著什麼呢？那就是豪門權貴或外戚再也沒有壟斷政治的餘地。在這個時代裡，要是有什麼想做的事，就請先通過考試。此外，在通過筆試之後，還必須接受由皇帝親自進行的面試，也就是殿試。

我認為，直到科舉全面實施之後，秦始皇所設計的這種由文書行政主導的中央集權國家才正式成型。儘管宦官還有多少握有權力，但是原則上他們並不會擔任政府的要職。唯有透過科舉制度公平選拔出的菁英，才有可能當上高級官員；皇帝與官僚直接互通的近代國家體制，早在此時便已實現。順帶一提，這個時候的日本，則是外戚藤原道長的全盛期。

農業革命讓人口逼近一億人

因為歐亞大陸氣候逐漸溫暖，長江以南開始能種植從越南引進的占城稻（占城又稱林邑，是越南中部的王國）。這種米粒細長的稻米屬於早稻，因此可以進行稻麥輪作。這個時候鐵製農具也很發達，再加上人們已經擁有填海新生地等土地開發技術，農業革命因而實現。

根據上述原因，中國的人口從漢朝、隋唐極盛時代的五千萬人大幅成長至將近一億人。

火力革命、飲茶革命、景德鎮

製鐵工業的發達是促使農業革命成功的主因，而製鐵工業的基礎則是火力革命。具體而言，就是應用煤炭與焦煤的技術。

得到了製造出高熱的技術後，烹飪的方式也改變了。現代中華料理的特徵是用油將食物炒熟，而炒熟食物所需的高溫，就是靠焦煤得來的。宋朝時代改良了使用油的加熱烹調法，成為今日中華料理的雛型。

與這種烹飪法相呼應的是，人們出現了在食用美味食物之後飲茶的習慣。這個習慣促進陶瓷器產業大幅成長。從漢代開始就有窯的景德鎮的「景德」，亦是宋朝一〇〇四年至一〇〇七年的年號，可以想見陶瓷器產業在這個時代的驚人發展。

海運革命、戎克船、羅盤針

中國從五代開始的首都開封，是連結中國南北兩地的大運河的要衝；這也顯示出海運業在這個時代的重要性。航海技術在這個時代也有顯著的發展，擁有龍骨、水密隔艙與堅固船身的大型戎克船發明後，海運技術急速成長，海上絲路從東海擴展到印度洋。當時在這片海域上，還有許多使用三角帆的阿拉伯帆船航向中國。

當時的三大貿易港，分別為廣州、泉州和明州（寧波）。羅盤在這個時代也開始實用化，成為遠洋航海的一大助力。宋朝初期流傳著一個故事，內容是福建省的漁村裡，有個女孩為了尋找遇上海難的父親而出海；這個故事凝聚了水手們的信仰，名為媽祖的民間信仰神祇於是誕生。

在上述的海運革命背景之下，宋朝政府特別在廣州設立市舶司，以管理南海貿易。

淨土宗與禪宗——大眾佛教與知識份子佛教的普及

佛教進入中國後，主要以國家佛教的角色發展，但中間遭遇數次打壓後，便漸漸不依靠政權，而改為仰賴民眾的力量流傳。從唐代後期到宋朝開國這段期間，淨土宗與禪宗分別受到庶民與知識份子的支持。

佛教的教團非常積極地應用雕版印刷這個新技術。在宣傳宗教和意識型態時，報紙（傳單）是一種相當有力的武器。這種現象是全世界共通的，正如同之後在法國大革命也能看到的狀況，中國的佛教界也積極出版自己的報紙，互相競爭。其中，最廣為大眾接受的，就是簡單易懂的淨土宗。淨土宗表示，只要吟誦「南無阿彌陀佛」，任誰都能前往極樂淨土；這是一種所謂「他力本願」的教義。

然而對知識份子以及準備考科舉，以做官為目標的人們（也就是士大夫）來說，只有「南無阿彌陀佛」是不夠的。知識份子懷疑西方到底是否真的有淨土，他們想要更進一步思考人生的意義。這時，禪宗出現了。禪宗有其有趣的一面，他們喜歡提出各種艱澀的問題讓人思考（公案、禪問答），而這一點大受知識份子歡迎。

於是在中國繼續流傳的佛教，便形成大眾佛教與知識份子佛教這兩大流派，在鎌倉時代傳入日本。

磨成粉的茶與將茶葉煮沸後飲用的茶

宋朝的茶，是先使茶葉硬化，再將茶葉磨成粉末後飲用。這個時代傳入日本的茶，正是今日茶道的根源。無論是裏千家或表千家，使用的都是粉茶。相對地，到了蒙古、明朝，喝茶的習慣漸趨大眾化之後，人們便不再將茶葉磨成粉，取而代之的是將茶葉放進茶壺中煮滾後再飲用的簡便方法。

東京是個不夜城

中國歷史最悠久的城市就是洛陽，而日本也曾經把京都稱為洛陽。宋朝的首都開封位在洛陽的東邊，過去曾被稱為東京（譯注：日文發音為「とうけい（tokei）」），而明治維新後的東京也唸作「とうけい」。另外，位在洛陽西邊的古都長安，過去則被稱為西京或西安。

唐朝的首都長安是一個國際都市，有許多來自西域的白人美女在當時的夜店裡工作。她們是被當作奴隸買來，騎著駱駝從絲路來到這裡的。不過長安直到深夜依然熱鬧的，只有某些特別的地區；為了維護治安，避免外敵入侵，平常入夜之後，長安四面的城門以及各地區的門全都會關閉。因此長安的夜晚伸手不見五指，路上沒有人煙。

然而位在運河要衝，許多商人聚集的開封，各地區並沒有門，夜晚也完全開放，所以市民一直到深夜都會喝茶、喝酒、約會、看戲。開封茶館林立，有超過五〇間的劇場，還有讓街頭藝人表演的地方。

一本名為《東京夢華錄》的書裡，詳實地紀錄著不夜城開封的繁華與貿易活動興盛的模樣。二〇一二年曾在日本展覽的國寶級藝術作品《清明上河圖》裡，也描繪出清明時節開封郊外的市民們看起來非常開心的模樣。此外，劇場裡最受歡迎的，就是一齣描述一名叫做包拯的判官解決各種事件的戲劇。事實上，日本江戶時代大岡越前的故事，

描繪出東京（開封）繁華景象的清明上河圖一部分（北京・故宮博物院館藏）

正是以這齣戲劇為藍本所創作的。

宋朝時代的文化，成為了日本文化的源流。不只是佛教、茶道，像是人形淨琉璃、能劇、狂言等，也都是原本在開封街頭的表演，後來才傳進日本。

宋朝的女性幸福嗎

另一方面，到了這個時代，儒教已經滲透了社會的各個角落，女性能在社會上發揮所長的機會愈來愈少。人們的生活變得富裕之後，便開始認為女性不用工作，只要保持外表性感、可愛，乖乖待在家裡就好了；這也導致纏小腳這樣的陋習出現。

在拓跋帝國的時代，也出現過幾位像是孝文帝的養祖母馮太后或武則天那樣傑出的女性，她們皆有極為優異的表現，但是這些傑出女性的時代，卻在宋朝繁榮的陰影下消失了。

第四部

第五千年紀（前半）

AD 1001 — AD 1500

（承下冊）

第一章 歐亞大陸的溫暖期，與商業的興盛

在十到十五世紀前期，伴隨著氣候逐漸溫暖，歐亞大陸全境的人口都增加了。尤其是歐洲，根據估計，在西元一〇〇〇年時原為二千五百萬的人口，到了一三〇〇年已經增加為七千五百萬人。在這段期間內，全世界的人口大約從二億六千萬—七千萬人，增加為三億六千萬—七千萬人。

歐洲人口急速增加的原因，包括三圃式農業（一種把農地分成夏穀、冬穀、休耕地等三個區塊，依序輪流耕種的輪作方式）的普及，以及農作物產量提昇等等。

因為人口增加的關係，歐洲的商業恢復活絡，形成許多都市，市民階級明顯抬頭。另外伊斯蘭的勢力減弱，因此地中海貿易發達，義大利的海上共和國日漸繁榮。而人口的增加，也促使十字軍侵略東方世界。

在伊斯蘭世界，由土庫曼建立的第一個大帝國塞爾柱王朝（Seljuq dynasty）誕生。在這個時代裡，伊斯蘭教也漸漸在印度和非洲普及。在歐亞大陸的東方，版圖包括蒙古

高原與中國北部的契丹（游牧民族國家）與位在中國本土的宋朝（漢民族）和平共存。奠定北方重軍事、南方重經濟態勢的澶淵架構，讓接下來的約三百年的局勢維持和平穩定。

1—契丹與宋朝締結澶淵之盟（ＯＤＡ）

統治範圍從蒙古高原到中國北部的強國契丹開始南下。有明君之稱的契丹第六代皇帝聖宗為了充實國力，率領大軍進攻宋朝。

宋朝雖然國力強盛，但是當時的第三代皇帝真宗怯弱無能，聽從家臣的讒言，準備逃往長江以南。然而有一位叫做寇準的宰相氣骨非凡，他向真宗諍諫，說明宋朝與契丹雙方的軍力其實差不多，我們應該好好與之一決高下，最後說服真宗親赴澶淵。於是兩名皇帝親征，形成兩軍數十萬人互相對峙的局面。

寇準和聖宗都很聰明，他們立刻明白假如正面衝突的話，對雙方來說都是損失，於是兩軍簽訂了澶淵之盟（一〇〇四）。

澶淵之盟約定契丹為弟，宋朝為兄。身為兄長的宋朝每年會贈送十萬兩銀子和二十萬匹絹布給契丹，雙方的國界沒有變化。這正是一種ＯＤＡ（Official Development Assistance，政府發展援助）。宋朝贈與契丹的金錢，契丹最終仍會用在向宋朝購買陶瓷器、茶葉等各種物品，因此宋朝也有利益。寇準的先見之明，讓宋朝名利雙收。北方重軍事，南方重經濟，這個優異又穩定的分立架構（澶淵架構），直到忽必烈統一中國為止，持續了大約三百年。

真宗進行最後一次封禪

澶淵之盟還留傳著這樣的小故事：真宗抵達澶淵之後，擔心得夜不成眠，一心想要逃走，但是寇準卻睡得又香又甜，鼾聲大作。真宗聽見鼾聲，心想：「既然宰相都睡到打呼了，應該表示雙方的交涉很順利吧？」這才得以入眠。

正因為真宗正面迎戰聖宗，這場談和才能順利進行，因為這是皇帝與皇帝的對決。不過真宗內心可能還是很害怕吧，這時他身邊只會說些讒言佞語的臣子對他說：「陛下明明只要留在首都就好，何必特地把您拉到前線來呢？寇準真是一個不忠之人。」聽見這番話，真宗便將寇準左遷。而這些小人又對他這麼說：

「您是一位偉大的皇帝，為了詔告天下，請進行封禪儀式吧！」

所謂的封禪儀式，我在秦始皇的章節已經提過。秦始皇在打倒了最後一個勁敵齊國之後，便來到鎮守齊國的泰山祭祀天地，並發誓：「我滅了齊國，統一中國，日後也不會怠慢齊國的神。我會祭拜祢、守護祢，所以請祢許我霸權吧。」

當時只要打倒競爭對手，就會非常慎重地祭祀對手的守護神。因為勝利的一方擔心神的嫉妒心很強，要是祭祀祂的國家毀滅了，祂可能會認為自己不再受重視而降下天譴。這樣的心理直至今日依然存在，許多人都會擔心未來沒人祭拜自己。秦始皇就是熟知這樣的心理，同時又想鞏固自己的權威，所以才開始封禪儀式的吧。從此之後，被稱為明君的皇帝，都會前往泰山祭祀。但是封禪儀式漸漸流於形式，皇帝帶著大批手下與許多供品，特地來到山東省，而且還要在泰山逗留很長一段時間，實在所費不貲，於是這個儀式便慢慢廢止了。

在真宗之前進行封禪的，是二百五十年前的唐玄宗。不管是哪一個王朝，宰相與官僚都變得聰明，就算皇帝想進行，臣子也會盡全力阻止：「豈可花大錢去爬山呢？」當時中國的統治體系與世界隔絕，相當重視效益，但遇到真宗這種昏君，任誰都無法阻止。這就是中國的最後一次封禪。

2 佛教的第三波傳佈，上座部佛教由斯里蘭卡傳至緬甸

一〇三八年，屬於藏語群的党項在中國西北部建立西夏。支撐這個國家軍事力量的是鐵器，以精巧聞名。西夏的國力非常強盛，因此宋朝也和西夏締結了ＯＤＡ關係，贈與銀兩和絹布。只是雙方之間還是會有一些小爭執，所以宋朝必須派大軍鎮守西北方的

邊界。

在同一時間，李朝在北越的河內建國。北越就像是中國的外港，戰略價值很高，所以經常受到中國侵略。但在廣州發展成為國際貿易港口之後，北越的戰略價值降低，李朝也得以成為長期政權（一〇〇九—一二二五）。

這個時代的東南亞最耐人尋味的，就是誕生於緬甸的蒲甘王國（Pagan Kingdom）接受了上座部的佛教。蒲甘王國是緬甸所建立的第一個王朝，或許正因如此，皇帝才想做什麼新的嘗試吧。

在此之前，佛教在亞洲傳播的路徑有兩條。第一波是大乘佛教從旁遮普地區透過絲路傳入中國；第二波是密宗直接北上，傳入來到青藏高原。

而第三波則是經由海洋。其實印度和緬甸相連處，有一個叫做阿薩姆的酷暑地帶，當地雨量充沛，群山環繞，因此自古以來印度和東南亞之間幾乎沒有陸路相通。這時人們便改走海路。在印度已經荒廢的上座部佛教還留在斯里蘭卡，而這最古老的佛教教義，便沿著大海傳入了緬甸。

傳入蒲甘王國的上座部佛教，又傳進泰國的素可泰王國，最後從柬埔寨傳入寮國。於是最古老的上座部佛教就在最後傳入東南亞，並且流傳至今。

3 宋朝名宰相王安石的改革：用精簡政府培育中產階級，以圖富國強兵

因為澶淵架構而政局穩定的宋朝，成為一個經濟活絡的富裕國家，但財政卻日漸吃緊。宋朝擁有一支百萬大軍，官僚組織也愈來愈龐大。

就在宋朝的財政亮起黃燈時，剛登基的神宗年僅二十歲（一〇六七）。神宗重用呈上「萬言書」，提倡政治改革的王安石，讓他負責改革內政。這位天才名宰相聚集了許多優秀的新進官員，打造一個團隊，反覆討論，研議法案，並在一些地區進行實驗之後，便毅然決然地在全國實施一個名叫新法的改革。

王安石新法最大的特色，就是重視效率，以精簡的政府培育中產階級，推動富國強兵政策。這樣的政策，與路易十四的財政大臣柯爾貝爾（Jean-Baptiste Colbert）在六百年後所採行的重商主義有許多相似之處。透過促進商業和貿易讓國家富強的主張，在本書中也稱為重商主義。

培育中產階級的重點

新法的主要政策概要如下。

- 青苗法：國家以低利租借青苗（金錢）給畸零地農民（原則上借出貨幣，償還穀物），以防止他們破產或變成佃農。使用在零售商身上的相同救濟措施，稱為市易法。
- 均輸法：針對從江南運送到開封的物資，由國家介入進行管制，避免大商人獨佔運輸或囤積，以穩定物價。
- 募役法：不想為國家服勞動役（職役）者，可根據財產比例繳納金錢，國家可用這些錢僱人進行勞役。可免除職役的階層（如家裡有人考上科舉的官吏）也必須繳錢。
- 保甲法：一種軍事改革法，目的為用民兵補充常備軍，同時重編鄉村制。委外飼養軍馬的保馬法也在其後實施。

自古以來，為了強化政權的改革都會設法消除貧富差距，試圖培育中產階級。要是大商人、大地主獨佔了市場和土地，經濟就無法流通。王安石認為必須有效地利用市場機制，活化經濟，促進新陳代謝。這正是現代的體制改革路線。

改革禮制，天壇與地壇

中國的王朝，代代都會祭拜各種神明，一般會依照陰陽道制訂的季節和方位，根據五行說來進行祭祀。再加上儒教所提倡的慎終追遠，人們總是盛大地舉行祭禮和喪禮。

當國力變得強盛之後，國家的祭祀活動也變得鋪張。特別是儒教讚許高度成長，將大筆金錢花在祭禮上，彷彿這就是供養。王安石斷然執行禮制改革，以打造精簡的政府為目標，取消了不必要的祭禮。

他認為需要祭拜的，只有天和地。世上有「天知・地知・我知・汝知」（四知），只有天神和地神在看顧萬民。因此他決定國家不要隨便祭拜神祇，只需祭祀天帝與地帝即可。他設置了祭祀天帝的祭壇——天壇，以及祭祀地帝的地壇，削減了花在宗教祭祀上的經費。天壇與地壇現在仍保存在北京。

王安石的新法與司馬光的舊法之爭

儘管王安石的改革成果豐碩，卻有一群人猛烈地反對——那就是大地主和大商人（獨占市場）。培育中產階級，就等於要排除獨佔，因此他們會反對也是理所當然的。有人認為，假如王安石的改革持續了十年、二十年，那麼中國一定早就成為理想中的強國了。

然而凡事豈能盡如人意，由於他的政策實在太過先進，因此新法只施行了一段時間便無疾而終，他只當了五年的宰相就辭去了職位。

相對於王安石的新法，反對新法的人們所提倡的政策，則稱之為舊法。

王安石的政策在各個領域都準備了具有整合性的具體方案，顯示出他身為一名宰相傑出的能力。然而舊法除了反對新法之外，完全沒有提出任何政策和理論。畢竟他們的中心思想只有守護既得利益，所以這也是天經地義的。舊法的代表是司馬光，他只一味地提出儒教式、理念式的空論（例如認為國家貸款給人民這種商業行為是很奇怪的）。

不過司馬光是一個優秀的文化人，他所編著的《資治通鑑》是公認的編年史名著。另外撇開政治不談，據說司馬光和王安石其實是彼此尊敬的文人。

主導在現代也適用的結構改革的效率主義者王安石

大儒王安石，驚鴻一瞥的效率主義者

王安石是一名極為優秀的人才，他不但文筆好（散文唐宋八大家之一），在政治方面更不用說，同時也是一流的學者，而且人品高潔。因此，後世將他奉為「大儒」，也就是偉大的儒學家，將他供奉在孔子廟合祀。

換言之，他就像孔子一樣，是個受到人們尊敬的對象。

他為了完成科舉這個人才遴選制度，把以往的考試內容由詩賦（詩、韻文）改為經典（儒學的四書五經），並且自己撰寫了《周禮》等書籍的注釋（《三經新義》）；這本書後來成為科舉考生必讀的文獻。

王安石新法的精神，連科舉的內容都改變了。新法改革在舊法派的抵抗之下雖然沒有開花結果，但是在精神上留下了深刻的影響。

王安石重視效率的主張最後消失在南宋時代，也就是王安石被移出孔子廟，由朱熹取而代之的時候。朱熹所提倡的朱子學是一種意識形態極強的學問，他使得進步的時鐘倒轉。

4　印度兩大王朝——伽色尼王朝與朱羅王朝的興盛

原先侍奉薩曼王朝的突厥語族馬穆魯克在阿富汗東部建立了伽色尼王朝（Ghaznavids）。伽色尼王朝有一位英雄，名為馬哈茂德（Mahmud of Ghazni，在位期間：九九八—一〇三〇）。

他殲滅了薩曼王朝後，又屢次侵略位於北印度最豐饒的恆河流域，搶奪仰賴都市富裕階層與知識份子援助，蓄積了許多財產的佛教寺院。印度教寺院也遭到相同的命運，尤其是索姆納寺院（Somnath Temple）慘遭破壞一事，更是成為了伊斯蘭與印度教對立的象徵之一。

侵略者侵襲大型建築物是世界上的慣例，而當一般民眾的信仰全都湧向印度教之後，只獲得知識份子與富裕階層支持的印度佛教，最後在北印度馬穆魯克王朝艾伯克的時代（十二世紀末～十三世紀初），在最後僅存的佛教據點——那爛陀大學與超戒寺（Vikrama īla University）遭到破壞之後，便自然地滅絕了。這就是無人支持的宗教最後的命運。

菲爾多西（Ferdowsi）將波斯史詩《王書》（*Shahnameh*）獻給馬哈茂德。這本書就相當於伊朗的《古事記》或《平家物語》。

一位名叫比魯尼（Al-Biruni）的多才學者加入馬哈茂德的印度遠徵軍，撰寫了《印度志》。這本書就像是印度的百科全書，在伊斯蘭世界裡廣為流傳。

南印度的朱羅王朝，勢力範圍達麻六甲海峽

傳說在紀元前三～紀元三世紀之間，印度東南部的坦米爾納杜邦（Tamil Nadu）有朱羅王朝等三個王國，古典文藝（商堪文學（Sangam literature））非常興盛。自稱其後裔的民族，在九世紀中葉建立了朱羅王朝。

扮演海上絲路中繼站角色的朱羅王朝開始擴張版圖，在羅闍羅闍一世（Rajaraja Chola I，在位期間：九八五—一〇一六）的時代將版圖擴張到南印度以及斯里蘭卡北部，而他的兒子羅貞陀羅一世（Rajendra Chola I）則積極往海上發展。

羅貞陀羅一世遠征當時統治麻六甲海峽的海洋王國三佛齊（Srivijaya，又稱室利佛逝）（一二〇五），將勢力範圍拓展至蘇門答臘島。當時獨佔印度洋貿易利益的朱羅王朝曾派遣使節到宋朝朝貢。

5 法提馬王朝的哈基姆打造了「智慧宮」

在伊斯蘭世界，阿拔斯朝沒落，呈現三個哈里發並立的狀態。這三者其中之一，也就是法提馬王朝第六代哈里發哈基姆（Al-Hakim bi-Amr Allah，在位期間：九九六—一〇二一）在埃及開羅設立了一間「智慧宮」。

「智慧宮」是阿拔斯王朝的馬蒙在巴格達所建立的大圖書館（兼天文臺）之名。而哈基姆在伊斯瑪儀派的首都開羅也件建造一間智慧宮的用意，或許是想主張這裡才是伊斯蘭文化的中心吧。此外，當時開羅的繁華已經遠遠超越了巴格達，成為文化的主流。法提馬王朝所孕育的光學之父海什木（Ibn al-Haitham），是這個時代最具代表性的大學者。

此外，身為哈里發的哈基姆命令教徒們必須嚴格遵守伊斯瑪儀派的教義，禁止飲酒和歌舞樂曲。在法提馬王朝的統治之下，當時耶路撒冷一直以來因為宗教自由而受到保護的基督教聖墓教堂竟遭到了破壞。哈基姆失蹤之後，有一群人將他奉為馬赫迪（Mahdi，救世主），德魯茲派（Druze）因而誕生。

6 土庫曼人建立第一個帝國——塞爾柱王朝

土庫曼的塞爾柱一族在土庫曼（河中地區）獨立。這一族過去曾隸屬於薩曼王朝，直到英雄圖赫里勒·貝格（Togrul beg）出現後，才建立了塞爾柱王朝（一〇三八）。

圖赫里勒·貝格在一〇四〇年的丹丹納干戰役（Battle of Dandānaqān）中打敗伽色尼王朝，鞏固其在呼羅珊的統治權。阿拔斯王朝的哈里發為了讓處於群雄割據局面的阿拔斯王朝恢復秩序，在一〇五五年邀請圖赫里勒·貝格來到巴格達。

圖赫里勒·貝格來到巴格達之後，哈里發賜給他「蘇丹」的稱號。蘇丹的意思是「權威」，象徵著他從「先知的代理人」哈里發手中得到了帝國在軍事、行政方面的實權。從此，哈里發的地位便像羅馬教宗一樣，只擁有宗教上的權威（在阿拔斯王朝也在塞爾柱王朝的庇護之下繼續保留）。

在圖赫里勒·貝格越過底格里斯河的時候，替他駕車的馬車夫說感慨萬千地說：

「以往我們都是以馬穆魯克（奴隸）的身份渡過這條河，你是第一個以君主的身分渡過這條河的人。」

7 塞爾柱王朝的大宰相——尼扎姆．穆勒克

塞爾柱王朝的第二代蘇丹阿爾普．阿爾斯蘭（Alp Arslān），是由太傅（atabeg，輔佐官）波斯人官員尼扎姆．穆勒克（Nizam al-Mulk）扶養長大的。尼扎姆是一名優秀的政治家，阿爾普．阿爾斯蘭（在位期間：一〇六四—一〇七二）成為第二代蘇丹後，便將他任命為宰相（Wazīr）。

塞爾柱王朝在安那托利亞半島東部與羅馬帝國的交戰（曼齊刻爾特戰役〔Battle of Manzikert〕，一〇七一），俘虜了羅馬皇帝羅曼努斯四世（Romanos IV Diogenes）。在這場戰爭中，羅馬軍隊全數被趕出安那托利亞半島，遷移到土庫曼。這就是現在土耳其共和國的前身。

尼扎姆對伊斯蘭教的主流派——遜尼派的發展也有很大的貢獻。他為了對抗什葉派的法提馬王朝在開羅建設的艾資哈爾大學，用自己的資金在巴格達建立了遜尼派的最高學府——尼扎姆大學（一〇六七）。伊斯蘭世界的慣例是：透過個人捐獻而打造的學校或公共設施，會冠上捐獻者的名字，這種設施稱為「瓦合甫」（Waqf，又譯瓦克夫）；

尼扎姆大學也是如此命名的。

尼扎姆是個非常忠誠的宰相，在第三代蘇丹馬利克・沙（Malik-Shah I，在位期間：一〇七二—一〇九二）的時代，流傳著這樣的戲言：

「尼扎姆會把一切事情都做好，馬利克・沙只要負責狩獵和舉辦宴會就好。」

這正是塞爾柱王朝的全盛期。尼扎姆還撰寫了一本名叫《治國策》的帝王學教科書。多虧這名偉大的政治家，塞爾柱王朝持續了一段和平富饒的時代。撰寫四行詩集《魯拜集》（*Rubaiyat*）的天文學家奧瑪珈音（Omar Khayyam，又譯奧瑪・開儼），創造了一個比後世的格里曆（Gregorian calendar）還要準確的亞拉里曆（Jalali calendar）。

阿薩辛派的傳說

伊斯瑪儀派以法提馬王朝為基礎，將勢力範圍擴張到伊朗，但遭到屬於遜尼派的塞爾柱王朝打壓。

以伊朗北部的阿拉穆特堡（Alamūt）為根據地的哈桑・沙巴（Hassan-i Sabbah），信奉的是伊斯瑪儀派的支派尼查里派（Nizari）。當時有個傳說是這樣的。

尼查里派的領導人讓年輕人吸食大麻（Hashish），讓他們產生看見天國（祕密花園）的幻覺，接著對他們說：

「如果想回到天國，就去暗殺某某人。」

派出這些年輕人當刺客。據說「assassin」（暗殺）一詞，就是從「Hashish」演變而來的。不過，這個故事其實有些誇大之處。

假如有一小群人單純因為宗教因素而隱居山林，勢必會有幾分狂熱。他們通常會認為住在市中心的豪宅裡，成天飲酒作樂、沉溺在女色的現世統治者非常不像話。

他們為什麼要隱居山林呢？因為少數派假如沒有聚集在一個安全的地方，很快就會被擊潰。後述建立穆拉比特王朝（al-Murābi ūn）的阿布．巴克爾（Abu-Bakr）等人，就是隱居在沙洲的一群人。現在一般認為尼查里派與阿薩辛派傳說沒有任何關係。

在一〇九二年尼扎姆遭到暗殺，馬利克．沙也在接著死去後，塞爾柱王朝便因為爭奪蘇丹寶座而產生嚴重的內亂。之後，塞爾柱王朝就在這種混亂的狀態下面臨十字軍的侵襲。

8 穆拉比特王朝建立，伊斯蘭勢力進入非洲

在圖赫里勒．貝格成為蘇丹的隔年，柏柏爾人阿布．巴克爾在北非的摩洛哥建立了穆拉比特王朝（一〇五六）。他們是一群伊斯蘭騎士團，住在塞內加爾河附近小島上的一座築有城牆的修道院裡，過著清修的生活。

阿布・巴克爾有個名叫優素福（Yusuf ibn Tashfin）的姪子，可說是他左右手。阿布・巴克爾派優素福鎮壓摩洛哥，自己南下撒哈拉沙漠，殲滅了黑人建立的迦納帝國（八世紀—十一世紀），使其伊斯蘭化。這就是伊斯蘭教在撒哈拉以南非洲（Sub-Saharan Africa）普及的源頭。

另一方面，優素福從非洲西岸北上，征服摩洛哥全境後，設立了新首都馬拉喀什（marrākish），成為一位明君。

9 西班牙出現基督教王國

安達魯斯的後伍麥亞王朝滅亡後，伊斯蘭的勢力就分裂成哥多華、塞維亞、格拉納達、巴倫西亞、沙拉哥薩等約四十個小王國，各自發展。這些小王國稱為泰法（Taifa）。

在這段權力的空窗期中，納瓦拉國王桑喬三世（Sancho III Garcés）死後，在一〇三五年，他的兩個兒子分別繼承了卡斯提亞（Reino de Castilla）與亞拉岡（Aragón）這兩個基督教小國。卡斯提亞位於西班牙中部（最後與最古老的雷昂王國〔Reino de León〕合併），亞拉岡則位於東北部。這兩個國家日後合併，成為今日的西班牙。

安達魯斯的女歌手演變為吟遊詩人

位於現今法國西南部的阿基坦公國威廉八世（Guillaume VIII）招募同志，侵襲了安達魯斯的沙拉哥薩王國，搶奪金銀財寶。當時他們發現宮殿裡有一群美麗的女歌手，便將她們全部擄走。這些女歌手過去的工作是唱情歌、跳舞給伊斯蘭的君主欣賞，就像唐玄宗為了楊貴妃打造的梨園（歌劇團）一樣。

這些女歌手們在演唱名叫「穆瓦莎赫」（muwashsha）的安達魯斯敘情詩時，會以她們日常使用的羅曼語即興加入一些口白（短詩，哈爾恰〔jarcha〕）。現代人在唱KTV的時候，如果能巧妙地加入口白，便能炒熱氣氛，也是同樣的道理。

哈爾恰相當煽情，據說當時有這樣的詩：

「入眠的她，露出那美麗的雙腿，使王子滿心愉悅。」

再加上簡潔易懂，因此哈爾恰大受歡迎。

哈爾恰在阿基坦公國也很流行。阿拉伯文的穆瓦莎赫逐漸被遺忘，但羅曼語的哈爾恰則不斷有新的作品誕生。漸漸地，這就演變成了吟遊詩人（Troubadour）。

當時的詩歌，都是在歌頌守護美麗公主的騎士，而這種騎士精神也漸漸成為歐洲貴族必備的素養。之後，詩歌裡也漸漸出現保護弱者以及擁護羅馬教會信仰的內容。

10 阿方索六世掌握托雷多，托雷多翻譯學派開啟文藝復興的大門

卡斯提亞在阿方索六世的時代攻下了過去西哥德王國的首都托雷多（一〇八五）。伊斯蘭帝國承襲過去美索不達米亞世界帝國的理念，認為世界帝國有收集萬卷書的責任，因此出現了尼尼微圖書館、Mouseion、君迪沙普爾大學以及智慧宮。

安達魯斯的後伍麥亞王朝也收集了萬卷書，但是大部分的藏書都是翻譯成阿拉伯文的希臘羅馬經典。

阿方索六世在托雷多找到這些藏書後，便命人將其翻譯成拉丁文。後世將當時負責翻譯的學者們稱為托雷多翻譯學派。

就這樣，歐洲重新發現了包括亞里斯多德在內的希臘羅馬經典。這項知識上的斬獲，成為日後十二世紀文藝復興的導火線。

11 穆拉比特王朝的優素福征服安達魯斯

托雷多淪陷之後，泰法的君主們大為震驚，紛紛向北非的穆拉比特王朝求援。穆拉比特王朝始於隱居於沙洲修行的騎士團，因此他們虔誠地信奉伊斯蘭教，施政嚴格，並

不像安達魯斯的伊斯蘭教徒那麼溫和。

傳說泰法向穆拉比特王朝求援的時候，有著這樣的插曲。穆拉比特王朝擁有強大的軍事力量，說不定可以拯救我們。但他們是自律甚嚴的伊斯蘭教徒，要是讓他們統治，我們以後是不是就不能喝酒、玩女人了？與其這樣，我們乾脆向基督教徒投降，繼續過原本的生活，不是更聰明嗎？

文獻中記載著當時曾有過這樣的公開討論。由此我們可以推知安達魯斯的伊斯蘭文化已經過度成熟，進入衰退期，人們的精神也已經鬆懈。

一〇九一年，優素福攻進了安達魯斯，打敗阿方索六世（但守下了托雷多），壓制泰法諸國，幾乎將安達魯斯全境收回伊斯蘭圈。

12 諾曼人征服英格蘭（諾曼征服）

英格蘭在克努特大帝的北海帝國滅亡後，撒克遜人愛德華繼承了王位，之後在一〇六六年死亡。

愛德華在幼年時期曾經從北海帝國逃回母親的故鄉諾曼第公國。由於他沒有子嗣，因此他允諾讓諾曼第公爵威廉（Guillaume）繼承英格蘭的王位。然而愛德華死後，英格蘭的王位卻被愛德華的大舅子哈羅德二世（Harold II）繼承。

怒不可遏的威廉越過多佛海峽，打倒哈羅德，創立了諾曼第王朝（House of Normandy），威廉（Guillaume）一世，亦即「征服者威廉」（在位期間：一〇六六－一〇八七）就此誕生。後世稱這起事件為「諾曼征服」（The Norman Conquest of England）。知名的「貝葉掛毯」（Bayeux Tapestry）中，就描繪著當時的情況。身為法蘭西國王臣子的諾曼第公爵，同時也兼任了英格蘭國王。但是威廉一世的根據地畢竟還是諾曼第（他的墳墓也在諾曼第），一般認為英格蘭的地位就像是他的海外殖民地。

諾曼人製作英格蘭的土地登記簿

威廉一世在一〇八六年製作了名為「末日審判書」（Domesday Book）的土地登記簿。諾曼人以中央集權為前提，在諾曼第公國也進行過土地普查，作為課稅的基礎，而現在亦在英格蘭實施。

這份土地登記簿上記載著一個有趣的事實。根據登記簿，當地有大約一百八十名領主，其中盎格魯撒克遜人只有十人，其餘的一百七十人都是諾曼人，也就是維京人出身的人。

大家很容易認為英格蘭是盎格魯撒克遜人的國家，但是在十一世紀，統治階層便已幾乎全是諾曼人。這個國家未來還會繼續改變，但是無論如何，說英格蘭是盎格魯撒克

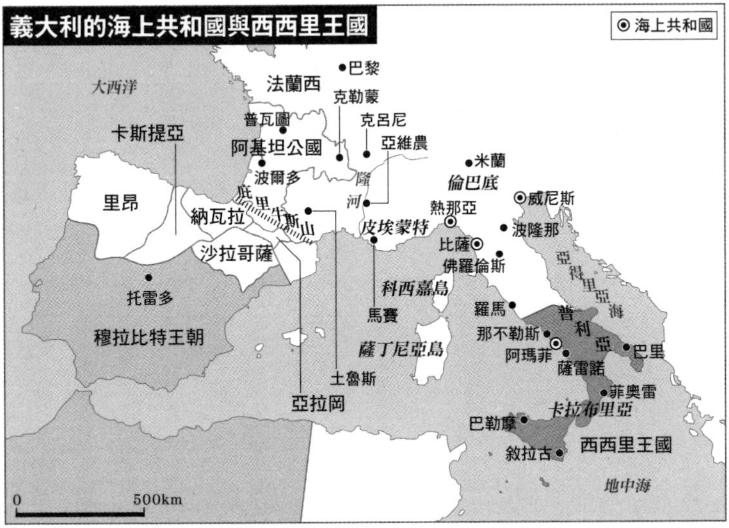

遜的國家，其實只是傳說。

13 西西里島上也出現諾曼第王朝

諾曼第公國的歐特維爾（Hauteville）住著一個叫做唐克雷德（Tancred）的小貴族。他和兩名妻子共生下了十二個兒子。

在法蘭西王國時代已是常識的分割繼承，從這個時候開始漸漸改為由長子（或第一個兒子）繼承。在這樣的背景之下，除了長子以外的兒子們沒有辦法在諾曼第生活下去，於是他們成為了傭兵，前往南義大利。當時的南義大利混雜著羅馬帝國的領地以及倫巴底人的小王國，而西西里島則是在伊斯蘭教徒的掌控下。

羅馬教宗將普利亞、卡拉布里亞與西西里島封授給歐特維爾的六子羅伯特

（Robert Guiscard），然而這只不過是張空頭支票，當時羅伯特其實必須靠自己的本事拿下這些地區。

羅伯特沒有讓教宗失望，一〇七一年，他佔領了羅馬帝國在南義大利的據點巴里（Bari）。之後，羅伯特又和弟弟羅傑（Roger I of Sicily）一起進攻西西里島，在一〇九一年征服全西西里島。羅傑的兒子羅傑二世（Roger II of Sicily）在一一三〇年成為西西里國王，建立諾曼第王朝（歐特維爾王朝）。

近代國家在西西里王國萌芽

諾曼人前往外地是為了討生活，所以人數並不像民族遷徙那麼多。羅伯特初到義大利的時候，只帶著五名騎士和三十名隨從。不過諾曼人並沒有採用從墨洛溫王朝以來大部分歐洲國家所採用的封建制度（如前所述，法蘭克王國就像江戶時代的將軍一般，藉由公爵和伯爵等地方領主來統治全國），而是將權力集中在一處來進行統治的中央集權制。

南義大利的諾曼人面對貿易被伊斯蘭教徒和猶太人掌握，羅馬帝國的傳統又還殘存著的現實狀態，採取了比較軟性的統治方法，只要自己的國家可以變得富饒，一切都好說。他們雖然擅長戰爭，對宗教卻似乎不太在意，就算要他們綁頭巾（Turban），他們也毫不猶豫地接受。

近代國家就在西西里王國的這種統治形態中萌芽。將順利統治視為第一優先，這確實是諾曼人特有的現實主義想法。於是西西里的首都巴勒摩（Palermo）成為了一個文化的熔爐，就像現代的紐約一樣，是當時最先進的都市。

維京人本來就很重視整合眾人的意見。畢竟他們必須搭船在大海上航行，要是沒有遴選出優秀領導人的制度與整合眾人意見的統率能力，那麼在遇到船難的時候，很可能會導致全軍覆沒。中央集權以及議會的傳統，就是從這裡誕生的。

順帶一提，據說人類史上第一次議會，是冰島的諾曼人在九三〇年所召開的全島會議（Althing，冰島議會）。

14 一〇七一年戰敗後，羅馬帝國由軍事戰轉為外交戰

一〇七一年對羅馬帝國來說是個受難之年。在安那托利亞半島上被塞爾柱王朝（曼齊刻爾特戰役）打敗，在南義大利則被諾曼人擊潰。

儘管東西部的領土都遭到大幅搶奪，但君士坦丁堡仍是貿易要衝。它位於黑海貿易和地中海貿易的中繼站，獲得龐大的利益，也就是非常富有的意思。

羅馬帝國認為，再繼續和諾曼人或土耳其人那種野蠻人比武力，也不會有任何好處。於是羅馬帝國就從這個時候開始，把原本重視軍事的戰略切換成善用金錢的外交戰略。

羅馬帝國是一個歷史悠久的國家，因此經驗豐富，極為擅長外交策略，剛剛崛起的諾曼人和土耳其人完全無法與之對抗。就這樣，羅馬帝國又繼續存活了四百年左右。

15 義大利的海上共和國海開始活躍

從十世紀開始，義大利半島上的地中海貿易便非常興盛。阿瑪菲（Amalfi）、比薩、熱那亞、威尼斯等海上共和國開始繁榮發展，勢力愈來愈強大。

義大利的海洋都市國家之所以能夠崛起，是因為伊斯蘭的勢力減弱，對於地中海的控制力變小的關係。曾經一度由東至西控制整個地中海的伊斯蘭世界，由於安達魯斯的後伍麥亞王朝、埃及的法提馬王朝與巴格達的阿拔斯王朝各有一名哈里發，因此變得衰弱。而且後伍麥亞王朝滅亡之後，阿拔斯王朝也逐漸變成一個只具象徵意義的存在，法提馬王朝也開始產生內亂。

於是，在穆斯林的船影變少的海上，義大利的船隻開始變得顯目。他們透過貿易愈來愈富裕，成為一個獨立的海上共和國。著名的比薩斜塔，也是利用這個時代豐厚的資產所打造的。

歐洲最古老的波隆那大學誕生

透過地中海貿易日漸繁榮的義大利，內陸都市也變得富饒。與北義大利的米蘭相連的艾米利亞大道（via Emilia），有一個古都波隆那，歐洲最古老的大學就在此處誕生（一〇八八）。波隆那大學（University of Bologna）的學生擁有很大的力量，人們將其視為以學生為主體的大學模範。在波隆那大學的刺激之下，進入十二世紀後，巴黎大學、牛津大學也相繼成立。

16 東西教會大分裂

在這裡我想稍微把時間往回推一些。

一〇五四年，為了討論南義大利教會的歸屬權，羅馬教宗和君士坦丁堡宗主教產生了對立。他們互相開除教籍，使得東西方的教會走向分裂，這起事件史稱大分裂（schism）。此後，羅馬教會主辦的大公會議雖然繼續保存，但是所有流派聚集的大公會議則不復存在。大分裂一直持續到一九六五年才修復。

原為一體的東西教會互相開除教籍，就宛如彼此都成了異教徒，徹底斷絕往來。站在羅馬教會的立場，就等於永遠失去東方這塊富饒之地。

羅馬教宗為了守護自己的宗教，使其發展，必須更絞盡腦汁才行。

尼古拉二世規定「教宗必須從樞機選出」

如前所述，克呂尼修道院在十世紀初落成。而這項建設的目的，就是找回人們對羅馬教會的信賴，以及確立羅馬教宗的權威。

在大分裂發生的幾年之後，也就是一〇五九年，受到克呂尼會的影響，再加上希爾德布蘭德（Ildebrando，後來的額我略七世）的獻策，教宗尼古拉二世設置了「教宗必須從樞機選出」的規則。樞機就是擔任教宗最高顧問的高階神職人員。

為什麼會制定這個規則呢？因為在此之前，德意志國王（羅馬皇帝）可以任意替換羅馬教宗。如今儘管教宗的實質任命權仍握在德意志國王的手裡，但是只要設下「必須從樞機選出」這個條件，至少可以大幅降低選出一個外行人的風險。

至於由羅馬教宗加冕為羅馬皇帝的德意志王朝，一〇二四年由鄂圖一世所打造的薩克森王朝告終，進入了薩利安王朝（Salian dynasty）的時代。

17 卡諾莎之辱。敘任權鬥爭與三階級思想——「祈禱之人、戰鬥之人、耕作之人」

一〇七三年，希爾德布蘭德成為教宗。

額我略七世主張主教的敘任權應該歸於教宗，與德意志國王亨利四世（Heinrich IV）意見相左。德意志國王的理論基礎是：主教應由耶穌的代理人，也就是羅馬皇帝任命才對，因為羅馬教宗只不過是耶穌的頭號弟子彼得的代理人。

在地球溫暖化的影響下，西歐也慢慢變得溫暖，人們愈來愈富足，於是三階級思想便開始普及。

這個思想是一種為了擁護剝削階級的理論，把人分成「祈禱之人、戰鬥之人、耕作之人」三種。祈禱之人要教導耕作之人，戰鬥之人則必須用武力保護耕耘之人。

基於這樣的想法，教宗認為「主教明明是祈禱之人，為什麼必須由戰鬥之人來任命呢？祈禱之人自己任命祈禱之人的領袖，本來就是天經地義的吧」。

在這樣的背景之下，額我略七世開除了亨利四世的教籍。著名的「卡諾莎之辱」事件，便在此時發生（一〇七七）。

關於這起事件，一般的說法是亨利四世道歉，額我略七世收回開除教籍的決定，獲得最後的勝利。然而史實卻正好相反。亨利四世一開始雖然讓步，但是在一〇八四年，他另立克勉三世（Guibert of Ravenna）為羅馬教宗，在羅馬得到他的加冕。敗陣的額我略七世逃離羅馬，在南義大利義的薩雷諾（Salerno）鬱憤而亡。

就這樣，教宗這一方慘敗。不過隨著時間的經過，在道理上站得住腳的這一方漸漸變得強勢。「祈禱之人、戰鬥之人、耕作之人」的思想雖然不是羅馬教會刻意灑下的種子，但是這個想法的普及加強了羅馬教宗的權力。

18 十字軍展開東征。其主要目的究竟是「奪回聖地」抑或「討生活」？

一〇九五年，教宗烏爾巴諾二世（Urbanus II）在法蘭西的克勒蒙（Clermont-Ferrand）宣布遠征東方。

這個決定的遠因，是一〇八一年從塞爾柱王朝獨立的魯姆蘇丹國（Rûm sultanate，Rûm 是羅馬的意思。位於羅馬帝國舊地安那托利亞的地方政權）征服尼西亞，直逼君士坦丁堡。羅馬皇帝阿歷克塞一世（Alexios I）大為震驚，於是要求西歐各國以及羅馬教宗派遣傭兵。但是據說當時羅馬教宗額我略七世並沒有採取任何行動。

為什麼烏爾巴諾二世會宣告要遠征東方呢？

或許烏爾巴諾二世認為，這可以成為他們與目前處於大分裂狀態的東方教會言歸於好的機會吧。但是比起這一點，我想西歐面臨的另一個問題——也就是不斷增加的次子、三子根本無法生活的問題，也是教宗所考慮的因素。

沒有領地、沒有生計的年輕人不斷增加（青年潮，youth bulge），是令整個西歐頭疼的問題。而這些年輕人也是羅馬教會的信徒，是教會必須拯救的迷途羔羊。

烏爾巴諾二世在克勒蒙慷慨激昂地表示：「我們奪回被異教徒佔領的耶路撒冷吧（哈基姆破壞聖墓教堂的事情或許也在他的考慮之中）！解放那些被他們虐待的人們吧！讓我們拿起武器，進軍東方吧！」

此外他也宣布，只要參加聖戰的人，都可以得到贖罪券。也就是說，如果在這場戰役中戰死，就能獲得無條件前往天國的特權。

烏爾巴諾二世很可能早就知道塞爾柱王朝正面臨嚴重的內亂，敘利亞和巴勒斯坦一帶不會有強力的伊斯蘭軍隊吧。

當時演說的內容雖然沒有保留下來，但是在這場演說之後，遠征東方的部隊一轉眼就組織完成了。日後被稱為十字軍的第一場戰爭就此展開。不過，王公貴族階級則沒有參加。

我相信當時歐洲的人們都很清楚東方世界已經發展出豐富的文化。東方人很有錢，糧食也很充足，更有許多美女。而他們的目的是去打倒異教徒，這是一場正義之戰。而且組成軍隊的這些年輕人們即使繼續待在歐洲，也很難開創新的未來。既然如此，那就去東方闖一闖吧。就算死了也可以得到贖罪券，保證可以上天堂，所以他們沒有理由不去。

對於毫不知情的伊斯蘭世界的人們來說，「法蘭克的侵略」（對他們來說，當時的歐洲仍是法蘭克人的土地，就像中國還是 Tabgach 一樣），這件事情完全出乎他們的意料。十字軍輕輕鬆鬆地入侵巴勒斯坦，攻陷耶路撒冷（一〇九九），掠奪金銀財寶，並且虐殺伊斯蘭教徒。

就這樣，十字軍建立了包括耶路撒冷王國在內的許多個十字軍國家。

對基督教世界而言，對伊斯蘭世界而言，十字軍各是什麼？

在這之後，直到一二七〇年為止的大約一百七十年間，十字軍總共出兵七次（亦有人算成八次），然而真正獲勝的只有第一次，剩下的戰役除了第五次之外，幾乎全都吃下敗仗。這是因為伊斯蘭的內亂已經結束，國家重新統一，以國力而言，十字軍根本不是對手。儘管如此，十字軍國家之所以能斷斷續續地維持到一二九一年，是因為義大利的海上共和國靠著海軍力量持續提供補給的關係。

若要論十字軍的功過，對歐洲來說，大概就是透過十字軍接觸了先進的文化與文明產物，得到許多啟發吧。歐洲就連築城的技術，也是從東方學來的。這對於疏散多餘人口非常有幫助。

伊斯蘭世界對於異教徒相當寬容，正因如此，十字軍在巴勒斯坦地區的屠殺行為更是超出了他們的理解範圍。他們在許多史書中提到十字軍時，都會用這樣的文句開頭：「野蠻至極的法蘭克人突然展開侵略……」。另外也有文獻記載，看見法蘭克人對於手腳受傷的人只會用切斷的方式來處置，伊斯蘭的醫師對於他們在醫學方面的落後可謂瞠目結舌。在伊斯蘭世界裡，十字軍完全是一場災難。

在二十世紀的最後一年（二〇〇〇），羅馬教宗若望．保祿二世首度承認十字軍的過錯，並正式道歉。

對於信奉充滿嫉妒心的神明的閃族一神教來說，異教徒很容易成為絕對的惡，人們容易產生一種錯覺，以為就算對異教徒施暴也能夠得到赦免。十字軍正是一個典型的例子。

19 — 熙篤修道院創設。熙德傳說誕生

對於確立教宗權威有極大貢獻的克呂尼修道院，在這個時候已經明顯世俗化，擁有多達一千兩百間左右的分院，並且累積了龐大的財富。克呂尼修道院出身的羅伯特

（Robert de Molesme）看不慣，於是在勃艮第建立了熙篤修道院（一〇九八）。他主張質樸（白衣為其象徵），致力於過著嚴謹的修道院生活，積極經營農業，實踐開墾運動，幫助農業發展。漸漸地，熙篤修道會（熙篤會）的勢力愈來愈龐大。

十字軍攻陷耶路撒冷的一〇九九年，一位名叫羅德里戈・迪亞茲・德・維瓦爾（Rodrigo Díaz de Vivar）的武將死於西班牙。人稱熙德（El Cid）的他，後來成為了收復失地運動（Reconquista，由西班牙基督教徒進行的收復國土運動）的精神象徵。十二世紀末期有一部著名的敘事詩《熙德之歌》（*Cantar de mio Cid*）；「El Cid」在阿拉伯文中是「主人」的意思。

然而事實上，他絕對不是收復失地運動的英雄，而只是一個效忠於伊斯蘭政權的基督教徒傭兵隊長罷了。即使如此，這種充滿排外主義的作品依然在十字軍運動充滿氣勢的狀況下誕生。傳說查理曼有一名叫做羅蘭（Roland）的部下當時曾奮勇對抗伊斯蘭勢力，而在十一世紀末，也有一部專門歌頌他的史詩完成，名為《羅蘭之歌》（*La Chanson de Roland*）。十字軍的出征，同時也催生了一個排外且暴力的歐洲。

第二章　中世紀之春

氣候暖化以及三圃式農業的普及，促使十二世紀歐洲的農業生產量大幅提昇。十二世紀的文藝復興運動就在這樣的背景之下開花結果。

戰爭與婚姻關係使得歐洲的領土範圍不斷變化，霍亨斯陶芬王朝（Hohenstaufen）與安茹帝國（Angevin Empire）（金雀花王朝，Plantagenet dynasty）迎向極盛期。此外，十字軍第一次出兵雖然因為奇襲而獲勝，但在伊斯蘭重整態勢之後，便漸漸無法與之抗衡。最後埃宥比王朝（Ayyubid dynasty）收復了耶路撒冷。

歐亞大陸的東方，宋朝與契丹和平共存了一段時間後，一個叫做金的新興游牧國家誕生，於是宋朝便與金朝聯手夾擊契丹，最後金朝成為蒙古高原的新一代霸主。但後來金朝和宋朝對立，宋朝被金朝趕到江南，自此稱南宋。

1 沃姆斯宗教協定終結了敘任權鬥爭。教宗權得到強化

一一二二年，戰鬥之人與祈禱之人妥協了。薩利安王朝最後的羅馬皇帝亨利五世在萊茵河左岸的沃姆斯和教宗嘉禮二世（Callixtus II）簽訂沃姆斯宗教協定，決定主教的敘任權（任命權）歸於教宗，授封主教領土的權力則歸皇帝。

這個妥協表面上看來像是雙方各有讓步，但實質上卻是教宗勝利。因為要授予土地，首先必須有個可以授予的對象，所以人事決定權優於土地授予權。

於是「祈禱之人自己的事務自己決定」的願望總算實現。這也意味著公認為耶穌代理人的羅馬皇帝（德意志國王）不但失去了教宗的任命權，同時也失去了主教的任命權。在以往的世界（太陽系世界）裡，皇帝就像太陽一樣，但是在「戰鬥之人」的俗權與「祈禱之人」的神權分離後，自此歐洲世界俗權與神權的發展，就宛如橢圓形的兩個焦點一樣。

在東方，羅馬帝國的皇帝依然是太陽（耶穌的代理人），東方教會君士坦丁堡宗主教的權威終究無法與皇帝相提並論。

2　北義大利的大都市成為自治體

進入一二世紀之後，北義大利的都市開始繁榮，逐漸擁有強大的自治能力。義大利的都市開始擁有自治權，是因為當時並沒有一個試圖統一義大利的強大權力存在。皇帝和教宗不斷爭吵，爭奪敘任權，海上共和國則是一心一意專注在貿易上。西西里王國在富饒的南義大利感到相當滿足。

在這樣的背景之下，北義大利的都市逐漸發展為名叫「Comune」（自治都市），擁有自治權的小都市國家。最早的例子之一就是佛羅倫斯，它在一一一五年左右開始由商工市民自治。

吉伯林派（皇帝派）和歸爾甫派（教皇派）

據說從自治都市剛開始形成的時候，義大利的許多都市就已分為吉伯林派（Ghibellines，皇帝派）和歸爾甫派（Guelphs，教皇派），互相爭執。但是吉伯林派和歸爾甫派的問題，其實和自治都市並沒有直接的關聯。

前面也曾多次提到，德意志皇家沒有子嗣，因此不停重複著「斷後→選出新國王」的循環。新選出的德意志國王為了得到正統性，會希望教宗替他加冕，讓他成為羅馬皇帝。另一方面，沒當上德意志國王的德意志諸侯，則不希望德意志國王的權力擴大，所以一直想盡辦法扯皇帝的後腿，並與教宗聯手。

對於教宗來說，皇帝的權力太大也是件麻煩事，所以德意志諸侯和教宗的想法往往是一致的。

薩利安王朝滅亡的時候，德意志諸侯逼退勢力強大的巴伐利亞公爵（Bayern，韋爾夫家〔Welfen〕的亨利十世）退位，另選士瓦本公爵（Duke of Swabia，霍亨斯陶芬家的康拉德三世）為新國王（一一三八）。當時支持被選為皇帝的霍亨斯陶芬家的人，稱為「吉伯林」（皇帝派），而擁護韋爾夫家的人，則稱為「歸爾甫」（教皇派）。順帶一提，「吉伯林」這個名稱源自亨斯陶芬家的城名，而「歸爾甫」則源自「韋爾夫」。因此，在韋爾夫家族坐上皇位的期間，「歸爾甫」就成了皇帝派。

漸漸地，位於北義大利的強大都市國家也加入了吉伯林與歸爾甫之爭，例如比薩就是典型的吉伯林，波隆那就是典型的歸爾甫。

3　贊吉王朝的誕生與第二次十字軍

內亂不斷的塞爾柱王朝在馬利克・沙的五子桑賈爾（Ahmed Sencer，在位期間：一一一八—一一五七）統一了中亞、伊朗以及伊拉克的伊斯蘭勢力之後，再次興盛。

但是桑賈爾的大本營在呼羅珊。一一二七年，他把位在遠處的敘利亞，交給以伊拉克北部的摩蘇爾為根據地、突厥語族馬穆魯克出身的贊吉（madeddin Zengi）來治理。最後，贊吉佔領了屬於十字軍國家的埃澤薩伯爵領地，統治敘利亞。十字軍國家自此開始烏雲籠罩。

第二次十字軍與熙篤會

聽見這個消息，羅馬教宗恩仁三世（Eugenius III）詫異不已。為了保衛十字軍國家，他準備開始組織第二次十字軍。

這個時候，協助羅馬教宗、極力招募十字軍的，就是熙篤會的伯納德（BernardofClairvaux）。他是在法蘭西的克勒窩（Clairvaux，又譯光明谷）建立熙篤派修道院的神學家。他的公開演說奏效，法蘭西國王路易七世以及霍亨斯陶芬王朝的康拉德三世都參戰了。這場戰爭從一一四七年開始，持續了兩年。

不過繼承贊吉王朝的第二代國王努爾丁（Nur ad-Din）也非常傑出，在敘利亞大敗十字軍，使得第二次十字軍無功而返。

伯納德與亞伯拉德之爭。熙篤會與經院哲學

熱心協助招募十字軍的伯納德，讚揚十字軍進攻耶路撒冷的行為是一場「武裝巡禮」。他那保守又好戰的主張反映出當時的氛圍，對於熙篤會的發展貢獻良多。

人們透過伊斯蘭世界重新發現了亞里斯多德思想之後，經院哲學（scholasticism）便以該哲學思想為基礎，從巴黎大學開始普及；然而伯納德卻對經院哲學提出強烈的批判。經院哲學是拉丁文中「學校」的意思，鼓勵人們盡量用合理的辯證法來思考，以解決事情為目的，重視理性，強調不要盲從於權威。

替經院哲學奠定基礎的，是名叫亞伯拉德（Peter Abelard）的神學家。伯納德把攻擊的矛頭指向亞伯拉德，嚴厲批判他的思想是異端；亞伯拉德也批判伯納德的信仰是盲目的。

亞伯拉德還有一件著名的軼事：他與他的學生海洛薇茲（Héloïse）墜入情網，發展出一段不被允許的戀情；他們分手之後寫給對方的書信一直流傳至今。

當時克呂尼修道院的院長彼得（Peter the Venerable）曾替亞伯拉德辯護。彼得也為了將可蘭經翻譯成拉丁文，前往安達魯斯的托雷多。這麼看來，當時羅馬教會似乎也並非所有的人都贊同這場狂熱的十字軍運動。

北非出現伊斯蘭的新王朝——穆瓦希德王朝

過去統治以摩洛哥為中心的北非及伊比利亞半島南部安達魯斯的穆拉比特王朝，在安達魯斯富饒的都市文明影響下，失去了他們質實剛健的風氣；另外，他們和士兵的主要來源——撒哈拉沙漠的游牧民族也斷了聯繫，因此漸漸步上衰亡之路。

盤踞在亞特拉斯山脈的柏柏爾人見機不可失，於是打著改革伊斯蘭的旗幟，群起叛亂，在一一三〇年建立了穆瓦希德王朝（al-Muwahhidūn）。

在第二次十字軍出發遠征的一一四七年，穆拉比特王朝的首都馬拉喀什被穆瓦希德王朝攻陷，就此滅亡。

4 安茹帝國（金雀花王朝）的成立

德意志的霍亨斯陶芬王朝第一代國王康拉德三世在臨死前把王位傳給他的姪子腓特烈一世（Friedrich I，別稱紅鬍子〔Barbarossa〕），而非他的兒子。即使姪子的能力再強，這也不是件簡單的事。一一五二年，腓特烈一世不負眾望地成為一位明君。

大約在同一時期，一一五四年，金雀花王朝在英格蘭建立。

在英格蘭諾曼第王朝第三代皇帝亨利一世的時代，發生了一起事件。

諾曼第王朝的人們來自諾曼第，因此兩國之間的往來頻繁。他們會說法文，墳墓也都在法蘭西。

亨利一世和王子返回英格蘭的時候，分別搭乘兩條船渡過多佛海峽。假如兩個人同搭一艘船，萬一發生了船難可就傷腦筋了，因此這是理所當然的風險管理措施。結果王子搭乘的船在遇到暴風雨時因為處置失當而沉船（**White Ship**），亨利一世於是失去了繼承人。

亨利一世還有一個女兒，名叫瑪蒂爾達（**Matilda**）。瑪蒂爾達的丈夫羅馬皇帝亨利五世（薩利安王朝）死去之後，她便改嫁安茹伯爵；安茹位在諾曼第公國以南。後來亨利（**Henry II**）出生，諾曼第王朝理應由瑪蒂爾達及亨利繼承。

薩利安人開創的法蘭克王國有一部流傳自薩利安人的法典——薩利克法（**Salic law**），法典中禁止女兒繼承土地。儘管繼承了法蘭克王國的德意志和法蘭西皆援用了薩利克法，但諾曼人以及其他諸侯並沒有這種傳統，因此由女性來繼承王位絕不是什麼稀奇的事。

但是亨利一世死去之後，他的姪子，也就是法蘭西布盧瓦（**Blois**）地區的伯爵（地方首長）史蒂芬（**Stephen**）立刻前往倫敦，篡奪王位。瑪蒂爾達非常生氣，與史蒂芬展開一場王位爭奪戰；最後雙方達成協議，決定日後必須讓亨利繼承史蒂芬的王位。一一五四年，亨利建立金雀花王朝，成為亨利二世。金雀花（**Plantagenet**）的由來，據說是因為亨利的父親若弗魯瓦五世（**Geoffroy V of Anjou**，安茹伯爵）在上戰場時，帽子上總是裝飾著金雀花的緣故。

埃莉諾王妃與安茹帝國

亨利二世的領土，包括從母親瑪蒂爾達繼承的英格蘭和諾曼第，以及從父親繼承的安茹。

於是人們將擁有如此廣大領土的金雀花王朝稱為安茹帝國。

安茹伯爵領土的南方，是廣大的阿基坦公國。阿基坦公國的領地為包括波爾多在內的一大片富饒土地，約佔了當時法蘭西總面積的三分之一。阿基坦公國的繼承人，是一個名叫埃莉諾的女性。而法蘭西皇家看上了這個獨生女。

當時法蘭西國王路易七世的領土僅有巴黎周邊一帶（法蘭西島大區〔Île-de-France〕），他盤算著假如和埃莉諾結婚，便能夠得到南法廣大的領土，便和她結婚了。

然而在自由環境下成長的埃莉諾和路易七世不合，後來兩人離婚；而埃莉諾再婚的對象，偏偏又是安茹伯爵。她和路易七世連一個兒子都沒有（其實這也是離婚的原因之一，兩人只有兩個女兒），卻和安茹伯爵生了五男三女。

這麼一來，金雀花王朝的領土就涵蓋了諾曼第、安茹與阿基坦，也就是法蘭西的整個西部以及英格蘭。

人們開始將金雀花王朝稱為安茹帝國。金雀花王朝光是法蘭西的領土，就比法蘭西國王的領土還要遼闊，但是在身份上，無論是諾曼第公爵、安茹伯爵或是阿基坦公爵，全都是法蘭西國王的臣子（不過英格蘭國王的地位則和法蘭西國王對等）。情勢變得相當複雜。

埃莉諾和亨利二世夫妻不合

埃莉諾雖然和亨利二世生下了五男三女，但他們夫妻的感情其實並不和睦。她生長在阿基坦的宮廷裡。

請各位回想阿基坦人侵襲西班牙的沙拉哥薩王國，俘虜了一群女歌手的故事。在她們所演唱的羅曼語詩歌的啟迪下，吟遊詩人隨之誕生，而吟遊詩人所歌頌的騎士故事則催生了騎士精神。埃莉諾就是在洋溢著吟遊詩人的歌聲與騎士精神的宮廷裡長大的。

由於她在一個重視忠誠、勇氣、敬神、禮節、名譽、寬容、尊重女性、相信騎士精神的環境中成長，所以才和彷彿修道士一般的路易七世離婚，又和年紀比她小的亨利二世再婚。她是一個自尊心很強，感情起伏激烈又很有能力的女性。當然，她也有野心——她想把富饒的阿基坦公國據為己有。

正因為她是這樣的人，所以亨利二世沒有辦法為所欲為。她慫恿他們的次子幼王亨

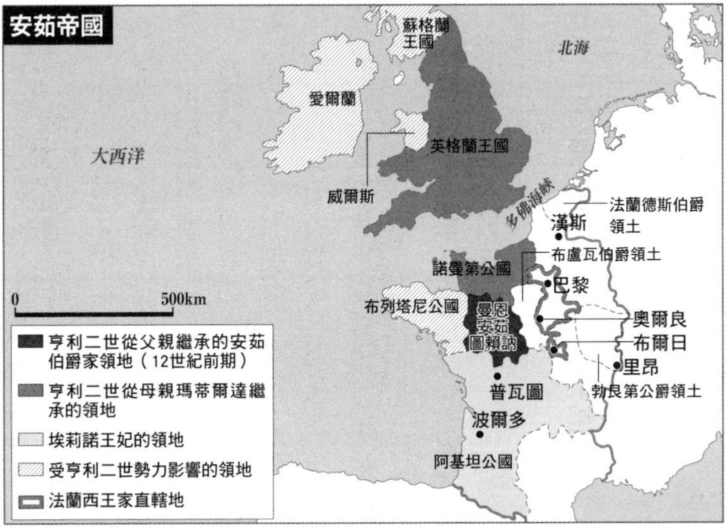

利（Henry the Young King）及三子理查一世（Richard I）對父親謀反（他們的長子早夭）。她的丈夫一怒之下，將她軟禁了十五年之久。

之後，幼王亨利也英年早逝，不過三子成為理查一世獅心王（Richard the Lionheart），五子則成為約翰無地王（John the Lackland）。她的五個女兒（其中兩個是她與路易七世所生）皆分別嫁給諸侯，代代繁榮。後世稱埃莉諾為「歐洲之母」。

她的故事曾被拍成電影《冬之獅》（*The Lion in Winter*），由凱瑟琳·赫本主演。

5 阿尤布王朝的薩拉丁奪回耶路撒冷

贊吉王朝的努爾丁趕走第二次十字軍

後，在一一五四年進入大馬士革。

努爾丁為了和法提馬王朝聯手，派遣了一名庫德人（Kurd）武將謝爾庫赫（Shirkuh）前往。謝爾庫赫死後，他的侄子薩拉丁（Saladin）在一一六九年成為法提馬王朝的宰相（Wazīr），掌握實權。他將首都設在開羅，自立為王，建立阿尤布王朝。在努爾丁死後，薩拉丁更將敘利亞奪下。

在薩拉丁這個明君的統治之下，伊斯蘭的勢力範圍再度涵蓋從中東到埃及的廣大地區。薩拉丁為了搶回被第一次十字軍奪走的土地挺身而出。

一一八七年，他在以色列北部的哈丁戰役（Battle of Hattin）中擊敗了十字軍國家，奪回耶路撒冷。在這場戰役中，他不但沒有屠殺十字軍，也沒有破壞基督教的聖地。據說他這種理性的態度，令十字軍國家的聖殿騎士團（Ordre du Temple）與聖約翰騎士團（Knights Hospitaller，又譯醫院騎士團）倍感尊敬。面對薩拉丁的猛攻，十字軍國家只剩下沿岸的幾個據點而已。

6 三位君主與第三次十字軍

為了抵抗薩拉丁，羅馬教宗額我略八世開始招募第三次十字軍。這次軍隊的主力包括羅馬皇帝腓特烈一世（紅鬍子）、英格蘭國王理查一世（獅心王）以及法蘭西國王腓力二世。儘管這已是結合了歐洲全明星的黃金陣容，但是在薩拉丁面前依然潰不成軍。

若要說第三次十字軍的成果，大概只有理查一世和薩拉丁締結了和平協定，保障耶路撒冷巡禮者的安全吧。

紅鬍子當時已是年近七十的高齡，他走陸路，經過安那托利亞半島前往敘利亞，卻不幸在安那托利亞的河中溺死。

腓力二世是與埃莉諾離婚的路易七世的嫡子，他是個充滿智慧、政治手腕高明的君主，因此獲得源自羅馬第一代皇帝奧古斯都（Augustus）之名的「尊嚴王」（Auguste）美稱。他立刻準確地掌握了當地的情勢。

伊斯蘭軍隊有一位優異的領導者，軍事和築城技術也非常先進；此外他們還擁有高度的經濟能力，人口眾多。在這種狀況下，十字軍根本不是他們的對手。腓力二世一發現這件事情，就立刻班師回朝，返回法蘭西。

理查獅心王宛如唐吉訶德一般奮戰

而理查一世是埃莉諾的兒子。也就是說，他是一個相信男人必須具備騎士精神的君主。換個角度而言，他就像是充滿幻想、不切實際、空有正義感的唐吉訶德一般。

儘管他極力奮戰，但是在德意志國王死去、法蘭西國王回國之後的戰場上，他當然無法得到軍事上的成果。而且他在回程經過德意志的時候遇上麻煩，成為羅馬皇帝亨利六世的俘虜，最後還得靠留在安茹帝國攝政的埃莉諾籌錢將他救出。理查一世這才得以返回英格蘭。

腓力二世對英格蘭圖謀不軌

頭腦聰明的腓力二世一直想要蠶食安茹帝國。

腓力二世早早脫離十字軍戰場回國後，就去接近埃莉諾的五子約翰，開始一點一滴地蠶食諾曼第、安茹及阿基坦的領土。

理查一世回國後得知這個事實，怒不可遏，於是對尊嚴王宣戰。後來他在法蘭西中箭而亡，當時是一一九九年。

獅心王的繼承人是約翰。據說約翰之所以被稱為「無地王」，是因為他的父親亨利二世並沒有留下土地給他。尊嚴王對約翰施展的計謀愈來愈明顯，約翰的命運宛如風中殘燭，就這樣迎接了十三世紀。

7 羅馬皇帝亨利六世促逝，情勢巨變

紅鬍子在參加十字軍戰爭途中溺死，但他的繼承人亨利六世擁有優異的資質，風光地繼承了德意志和義大利（羅馬皇帝兼任義大利國王，所以北義大利也是他的領地）。

然而亨利六世只在位七年，年僅三十二歲就英年早逝，當時是一一九七年。這時突然出現一段權力的空窗期，情勢產生巨變。

這個劇烈變動的時代，始於亨利六世的婚姻。

亨利六世的王妃康斯坦絲（Constance）是西西里王國的繼承人，年紀比他大了十歲。

這場婚姻讓霍亨斯陶芬王朝的領地變得極為遼闊。除了德意志與北義大利之外，就連西西里以及南義大利都納入了版圖，亦即從南北包夾了教宗國。對於羅馬教會而言，除了惡夢之外，已沒有別的詞彙可以形容。

對於西西里的諾曼人來說，由於王國的繼承人和德意志人結婚了，因此西西里和南義大利就像是遭到侵佔一樣，於是他們發起了叛亂。然而亨利六世輕易地平定了這場叛亂，並且將首謀處刑。

年紀輕輕就充滿野心的亨利六世認為羅馬皇帝只需要一個人就夠了，於是打算趁機消滅東羅馬帝國。其實建立西西里王國的羅伯特與羅傑，也曾經夢想征服君士坦丁堡。

亨利六世將海軍聚集在西西里的墨西拿（Messina），準備進攻君士坦丁堡。

然而不幸的是，亨利六世後來罹患痢疾驟逝，留下比他年長的妻子康斯坦絲以及年僅三歲的嫡子費德利柯（Federico）。

諾森三世成為年輕教宗

亨利六世促逝，最高興的就是羅馬教會了。本來像是被胡桃鉗夾住的羅馬教會，如今應該覺得輕鬆多了吧。而且，隔年被選為羅馬教宗的諾森三世（Innocent III）湊巧是個年僅三十的年輕人。無論是哪個宗教，被選為領導者的往往都是年長者，然而就在皇帝權力出現空窗期的時候，出現一個年輕力盛的年輕教宗，一切只能說是幸運的眷顧。

諾森三世是第一個宣告：

「我是耶穌的代理人。」

的教宗。在此之前，羅馬教宗只不過是使徒彼得的代理人，耶穌的代理人是皇帝。但在這個時候，世間開始流傳「羅馬教宗是神的代理人」的傳言。

更幸運的是，西西里王國的繼承人康斯坦絲抱著三歲的兒子，投向了教宗的懷抱。

「我願意將領土獻給你，請你照顧這個孩子。」

當時康斯坦絲不顧諾曼人臣子的反對，執意與德意志的王子結婚。亨利六世死後，留在巴勒摩宮廷裡的康斯坦絲和兒子費德利柯，簡直如坐針氈——「就是因為妳執意結婚，導致諾曼人所建立的國家被德意志人搶走，妳要怎麼辦！」雖然不用擔心會遭到殺害，但是這對母子確實已孤立無援。縱使不甘願，為了生存下去，她也只剩投靠羅馬教宗一途了。

對於羅馬教宗來說，這簡直是從天而降的幸運，教宗當然二話不說地答應了。康斯坦絲想必也非常勞心勞力吧，她好不容易鬆了一口氣之後，不久便死去了。

費德利柯四歲就成了孤兒，獨自在巴勒摩長大。教宗依約派遣教師團去照顧費德利柯，但其實教師們並沒有特別關照他，只是教他念書而已。費德利柯在巴勒摩自由自在地長大，這一點和織田信長很類似。

當時的巴勒摩混雜著各種文化，是世上數一數二的先進都市。當地人們使用的語言除了義大利文之外，還有德文、希臘文、阿拉伯文等等；路上也隨處可見希臘人、義大利人、阿拉伯人、猶太人、諾曼人、德意志人等等。費德利柯雖然沒有人關愛，但是相對地，他也沒有受到任何人的干涉，在這個都市裡成長，所以他漸漸學會了包括阿拉伯文在內的各種語言。這名少年在日後成為一名偉大的君主腓特烈二世（Friedrich II），人稱歐洲第一個近代君主。

8 歐洲進入「中世紀之春」，展開十二世紀文藝復興運動

二十世紀的荷蘭歷史學家赫伊津哈（Johan Huizinga）著有描繪十四世紀到十五世紀勃艮第公國（Duchy of Burgundy）的名著《中世紀之秋》（*The Autumn of the Middle Ages*）；而十二世紀正是一個適合稱為「中世紀之春」的時代。

在地球逐漸溫暖、農業技術革新（三圃式農業）的背景下，再加上熙篤會開墾運動的進展，農業的產量急速提升。彷彿唐宋革命的巨大變化，也在這個時期發生在歐洲。希臘羅馬的經典透過伊斯蘭世界復甦後（以托雷多、巴勒摩為中心的百年翻譯運動），十二世紀的文藝復興就此展開。

最能代表這個時代的就是大教堂的建設，高聳的哥德式建築（Gothic）取代了在此之前的羅馬式建築（romanesque）。最典型的例子，就是巴黎的聖母院（一一六三年開始建造）以及沙特爾大教堂（一一四五年開始建造）。

在這個時代，民眾對瑪利亞的信仰就像洪水一般氾濫，建造了許多獻給聖母瑪利亞的教堂。「Notre-Dame」在法文中是「我們的貴婦」的意思，也就是指聖母瑪利亞。

在學問和藝術方面，經院哲學、騎士故事（《亞瑟王》、《羅蘭之歌》、《崔斯坦與伊索德》等等）、複音音樂（polyphony，教會的多聲部音樂）也都是十二世紀文藝復興的代表。

9 宋金締結海上之盟

宋朝和稱霸蒙古高原的游牧民族大帝國契丹簽訂澶淵之盟後，就一直和平共存，各自經營國家。

在契丹的東北地區，有一個名叫金的國家竄起。他們的主體是女真這支游牧民族，也就是過去曾在朝鮮半島建立高勾麗、在滿洲建立渤海等國家的民族。女真族有一位名叫完顏阿骨打的英雄，他創立了一個叫做猛安、謀克的社會（軍事）組織，成為金朝的第一代皇帝。金朝善用他們豐富的鐵礦資源，成為一個強國。

看見這個狀況，宋朝便開始思考：契丹被宋朝和金朝南北包夾，這是一個兩面夾攻的大好時機。其實從五代的時候開始，包括北京、大同的燕雲十六州都讓給了契丹，宋朝想趁這個機會和金朝聯手把燕雲十六州給奪回。宋朝好不容易和契丹和平共處，如今卻又產生慾望了。

宋朝和金朝透過海路往來，在一一二二年締結了海上之盟，進行雙面夾攻。一一二五年，契丹敗北之後往西方逃竄，在中亞建立了叫做西遼的國家。不過，這場戰爭表面上雖是金宋聯手對抗契丹，但其實在宋軍還在磨磨蹭蹭的時候，金朝就已經獨力打敗契丹了。

宋朝對金朝的強大感到驚訝萬分，但宋朝非但不感謝金朝，還擔心要是金朝繼續強大下去，會對自己造成威脅，於是打算與契丹的餘黨聯手討伐金朝。

10 靖康之變。宋朝進入南宋時期

宋朝想和契丹的餘黨聯手進攻金朝的這個膚淺的想法，很快就被看穿了。金朝的第二代君主太宗在盛怒之下派大軍南下，攻陷宋朝的首都開封，征服了華北地區。

在這場政變中，金朝還綁走了宋朝的皇帝欽宗與前任皇帝徽宗。

徽宗正是締結海上之盟的皇帝，在歷史上是個極富書畫天份的風流才子，但卻是個無能的政治家。

宋欽宗逃到長江以南後，他的弟弟即位，成為高宗，並將首都設於南京，從此稱為南宋。此外，這一連串的政變發生在一一二七年，史稱靖康之變。

這時候在柬埔寨，安哥拉王朝的蘇利耶跋摩二世（Suryavarman II）打造了吳哥窟。這個雄偉的石造佛窟，是獻給印度教毗濕奴神的，後來成為上座部佛教的寺院，流傳至今。傳說十七世紀日本人造訪柬埔寨，看見吳哥窟時，還誤認為那是祇園精舍。

11 宋金和議，秦檜與岳飛對立

宋高宗在一一二九年遷都杭州（臨安），開始和金朝交涉簽訂合約。在一一三八年雙方達成協議，約定宋為臣下，每年必須對金朝朝貢。這和宋朝與契丹簽訂的澶淵之盟有著異曲同工之妙。

在中國，漢族與匈奴之間已經形成這樣的固定模式，也有兩國維持和平的先例。宋與金簽訂條約一事，是由宰相秦檜建議的。他是一個現實主義者，早就看出宋朝就算放棄長江以北，只靠長江以南一樣可以繼續存活下去。秦檜的ＯＤＡ戰略奏效，南宋雖然失去了一半的領土，但是透過開拓江南與南海的貿易，經濟力沒有受到任何影響。

反對這項協議的，是一個叫做岳飛的將軍。他驍勇善戰，對經濟卻一竅不通。他主張應該奪回北方的領土，為了阻止協約簽訂，甚至不惜訴諸武力。後來岳飛被秦檜處死了。儘管南宋守住了國家，然而後世對秦檜和岳飛的評價卻顛倒過來了。那是因為朱熹所提倡的朱子學這種意識形態，將秦檜視為賣國賊，將岳飛視為英雄的關係。朱子學把意識形態（正統性）帶進歷史裡，認為漢民族的政權才是正統，排斥異民族的政權。

杭州有一間祭祀岳飛的廟宇，廟前擺著被鐵鍊綁住的秦檜夫妻銅像。前往岳飛廟參拜的人們，在離開時都會對銅像吐口水。這就是以意識形態優先的朱子學令人畏懼的地方。

日本由平清盛掌握實權，積極與南宋進行貿易

在當時的日本，平清盛平定了兩起動亂（保元之亂、平治之亂），成為第一個掌握實權的武士。他非常瞭解東亞的狀況，因此建設了大輪田泊（神戶港），作為與南宋進行貿易的據點。

就這樣，平清盛累積了龐大的財富。平家的財力，可以透過嚴島神社窺知一二。

南宋發行世上最早的紙幣

南宋因為和金朝簽訂的ODA奏效，經濟規模更為擴大，不管發行多少銅錢都追不上經濟的發展，產生慢性的銅幣不足問題（錢荒現象）。有鑑於此，中國四川當地的富商們共同發行了一種名叫交子的紙幣。這種紙幣雖然帶有支票的特性，但已是全世界最早發行的紙幣。

12 塞爾柱王朝與伽色尼王朝滅亡，古爾王朝統治北印度

塞爾柱王朝廣大的版圖中，包括了魯姆蘇丹國、贊吉王朝等地方政權，而重振塞爾

柱王朝、有「世界的主人」之稱的第八代蘇丹桑賈爾（A mad Sanjar）執政超過二十年的時間。

在一一四一年，被金朝趕走的契丹皇族耶律大石率領西遼軍隊大敗塞爾柱王朝（卡特萬之戰），塞爾柱王朝逐漸式微。

到了一一九四年，突厥語族的馬穆魯克人所建立的花剌子模王朝消滅了塞爾柱王朝。伽色尼王朝敗給塞爾柱王朝之後，便對其稱臣，得以續存；但從阿富汗中央地區崛起，屬於伊朗語支的古爾王朝（Ghurid dynasty）在一一五〇年攻陷其首都伽色尼。落敗的伽色尼王朝有一部分人逃往印度西北的旁遮普地區，但是古爾王朝追了上來，侵入印度西北部，一一八六年在拉合爾（Lahore）殲滅了伽色尼王朝。

古爾王朝繼續深入印度，在一一九三年幾乎征服整個北印度。後來他們指派一個名叫艾伊拜克（Kutbiddin Aybek）的突厥語族馬穆魯克將軍擔任德里的地方首長。

就這樣，印度首度出現了可能打造伊斯蘭政權的契機。

第三章 蒙古和平

在溫暖氣候的嘉惠下，十三世紀的歐亞大陸生產力不斷提高，人口也大幅增加。歐洲的人口增加使得貿易活絡，以義大利為中心的自治都市及大學蓬勃發展，德意志亦開始進行東方殖民。羅馬皇帝中被稱為「中世紀第一個近代人」的腓特烈二世獲得加冕，打造出中央集權型的國家。然而他卻壯志未酬，霍亨斯陶芬王朝也就此斷絕。德意志經過了一段空窗期之後，哈布斯堡家族出現。

另一方面，羅馬教會為了打壓卡特里派（Cathares），組織了阿爾比十字軍，將宗教裁判加以制度化，思想愈來愈偏頗狹隘。十字軍的戰果不如預期，在一二七〇年最後一次十字軍結束後，所有的十字軍國家都在十三世紀末滅亡。

當時歐亞大陸東方誕生了空前絕後的蒙古世界帝國。一轉眼就席捲世界的蒙古最後分裂，忽必烈以大元大蒙古國為核心，組織了一個寬鬆的聯合國家體制。忽必烈正是全球化的產物、多樣化的象徵，他善用海陸交通貿易路線，讓銀在全世界循環，建立一個人稱「蒙古和平」（Pax Mongolica）的繁榮時代。

1 第四次十字軍東征，襲擊君士坦丁堡

一二〇四年，教宗諾森三世組織了第四次十字軍。這支十字軍原本打算攻擊阿尤布王朝的根據地埃及，但是在以海運為業的威尼斯商人慫恿之下，最後襲擊並佔領了君士坦丁堡。

其中一個原因是羅馬帝國特別禮遇熱那亞，卻將威尼斯的勢力一掃而空。因此威尼斯便計畫利用十字軍奪回充滿利益的黑海貿易路線（草原絲路）。

羅馬帝國逃到小亞細亞的尼西亞，建立了亡命政權（尼西亞帝國）。

另一方面，十字軍在君士坦丁堡建立了拉丁帝國。拉丁帝國只持續了五十多年就滅亡，羅馬帝國也回歸君士坦丁堡，但是羅馬帝國的國力也因為這起事件而大幅減弱。

威尼斯在這次的侵略行動中奪回的寶物之一，就是聖馬可大教堂（Basilica di San Marco）裡的四頭青銅馬雕像。當時那些俊美的馬雕像，就裝飾在君士坦丁堡的競技場裡。

一二〇二年，人稱中世紀最偉大的預言家——修道院長耶阿基姆（Joachim of

Fiore）在義大利半島末端的菲奧雷（Fiore）死去。

他把世界分成聖父時代（舊約聖經）、聖子時代（耶穌以後）以及聖靈時代，並認為修道士才是肩負聖靈時代重任的主流。後來方濟各會（Order of Friars Minor）繼承了這個思想。

此外在一二〇四年，猶太人哲學家邁蒙尼德（Maimonides）在開羅死去。他出生在哥多華，是個代表安達魯斯的知識份子，也是一位優秀的醫師（薩拉丁的御醫）。他是文藝復興時代人文主義的先驅，主張邏輯理性的哲學。

2 腓力二世對約翰，安茹帝國瓦解

理查一世死後，在一一九九年成為英格蘭國王的約翰，與始終和他處於對立狀態的法蘭西國王腓力二世，在一二〇三年全面開戰。然而到了一二〇六年，除了阿基坦南部之外的安茹帝國領土已幾乎全被奪回。

約翰使出了殺手鐧，與羅馬皇帝鄂圖四世聯手作戰。鄂圖四世出身於和霍亨斯陶芬家對立的韋爾夫家，由反對霍亨斯陶芬家的教宗替他加冕。他是埃莉諾的女兒的兒子，也就是約翰的外甥。約翰想和鄂圖四世分別從南北夾擊法蘭西，卻在南部卻敗給王子路易（日後的路易八世），鄂圖四世也在北部的布汶戰役（Bataille de Bouvines, Battle of

Bouvines，一二一四）中敗給了腓力二世，萬事休矣。

自此之後，儘管金雀花王朝依然心繫大陸，但也只能專心統治英格蘭。另一方面，收復了國內失地的卡佩王朝，則以法蘭西國王之姿凌駕於英格蘭國王。雖然和德意志相比之下，卡佩王朝這時還只是一個小國，但由於奇蹟似地一直有嫡子出生，因此卡佩王朝的權威日漸提高。

被放逐街頭的卡特里派信眾（《Grandes Chroniques de France》插畫）

3 為了鎮壓卡特里派而組成阿爾比十字軍

在基督教世界裡，從二世紀到三世紀盛行一種名為諾斯底主義（Gnosticism）的二元論思想。到了十世紀中葉，受到主張善惡二元論的摩尼教影響，波格米勒派（Bogomilism）在保加利亞誕生。在這個背景之下，從義大利的皮埃蒙特（Piemonte）一直到法蘭西西南部地區，都成了卡特里派的勢力範圍。

「卡特里」（Cathares）是希臘文，意思是清淨之人；他們認為人的肉體是惡，精神是善，追求像耶穌最原始的使徒們一樣簡單而禁慾的生活。同時，他們嚴厲地批判過著奢豪生活、變成世俗權力的羅馬教會。

在十二世紀中葉，卡特里派以土魯斯為中心達到全盛期，但羅馬教會認為他們是異端。組織了第四次十字軍的諾森三世，這次竟然為了鎮壓卡特里派而組織阿爾比十字軍，對他們進行強烈的打壓（一二〇九—一二二九）。覬覦著南法統治權的法蘭西國王（路易八世）也加入了教宗的陣營。

然而卡特里派的信徒人多勢眾，頑強抵抗。最後，阿爾比十字軍花了二〇年才平定這場紛亂。

日本有兩部關於卡特里派的著名小說：《*Occitania*》（佐藤賢一著，集英社）與《*Dove un Viaggio Termina*》（坂東真砂子著，角川書店）。

在阿爾比十字軍中大顯身手的諾曼第貴族中，有個人叫做西蒙・德蒙福爾（Simon de Montfort）。與之同名的兒子，日後創設了英格蘭議會。

4 在一二一二年發生的三起事件

在日本《方丈記》完成的一二一二年，在歐洲發生了三起事件。其中之一，就是巴勒摩的費德利柯幾乎隻身進入德意志，接受加冕，成為德意志國王，腓特烈二世就此誕生。和霍亨斯陶芬家對立的羅馬皇帝鄂圖四世與他的舅舅——英國國王約翰聯手，但後來因為在布汶戰役中落敗而逐漸沒落。

少年十字軍的誕生

在這一年，法蘭西和德意志的部分地區出現了一支滿腔熱血的少年十字軍。腓特烈二世對此提出忠告，但教宗諾森三世卻予以鼓勵。少年十字軍的詳情雖然不可考，但據傳這群孩子搭船離開馬賽時，被壞心的船長賣到伊斯蘭當作奴隸，而其中只有一小部份被腓特烈二世買回來。

羅馬教會究竟是出於什麼樣的精神，才會鼓勵這件事情呢？另外，法國作家馬歇爾．施瓦布（Marcel Schwob）撰寫了名作《少年十字軍》。

納瓦斯托洛薩戰役

穆瓦希德王朝的伊斯蘭軍隊，在安達魯斯敗給了由卡斯提亞、納瓦拉、亞拉岡組成的基督教國家聯軍（納瓦斯托洛薩戰役，Battle of Las Navas de Tolosa）。

在這場戰爭中，穆瓦希德王朝失去了安達魯斯的統治權，伊斯蘭、安達魯斯地區又回到泰法（小國林立）的時代。另外，穆瓦希德王朝的根據地北非也漸漸衰退，在一二六九年被馬林王朝殲滅。

5 大憲章（The Great Charter）完成，第一次諸侯戰爭

約翰被腓力二世玩弄於股掌之間，幾乎失去了法蘭西全部的領土。

也就是說，安茹帝國滅亡的時候，和約翰並肩作戰的英格蘭貴族（≒諾曼貴族）也失去了他們留在法蘭西的土地和財產。

然而約翰卻為了繼續和法蘭西戰鬥而打算徵稅。貴族們非常氣憤，為了不讓國王擅自徵稅，他們逼迫約翰簽署限制國王權力的大憲章（The Great Charter）（一二一五）。

但是約翰還是不死心，他拒絕承認自己親自簽署的大憲章，與貴族之間爆發內戰（第一次諸侯戰爭）。法蘭西的王子路易也參戰，並一度佔領倫敦，但是在約翰死後，這場內戰就結束了。

6 羅馬教會確立告解制度

卡特里派的聲勢始終居高不下，而這也是因為羅馬教會奢華的行徑與低落的道德，

引起了一般民眾的反感。主張「羅馬教會已經腐敗，只有聖經才是真理」的卡特里派，具有壓倒性的說服力。

羅馬教會開始感受到危機，於是下令全歐洲的主教和司鐸必須親自聆聽信徒的話，確立了「告解制度」（一二一五）。

他們在教堂裡設置一個特別的空間，信徒們可以在不用面對主教或司鐸的情況下，對他們訴說自己的煩惱和罪行。空間裡還設置了布簾，因此年輕女信徒也可以放心地來找神職人員商量。這也就是一個只聽得見聲音的諮詢室。這個制度深受信徒們的歡迎，畢竟一個人把祕密藏在心中，對每個人來說都不好受。

在這個制度下，每個信徒都會訴說自己的煩惱，而如果用統計的方式來分析大家的煩惱，就可以清楚知道這個村莊、城市，甚至整個國家發生了什麼事情。大家對於君主的評價如何，領主有沒有好好施政——也就是說，只要把告解制度的內容加以統整，就能成為一種精密的間諜網。羅馬教充分利用了這個制度。

當某個君主對教會提出不合理的要求時，他們就可以對君主這麼耳語：

「你其實有好幾個情婦對吧？這件事情要是讓貴族們知道了，會怎麼樣呢？」

透過掌握豐富的情資，羅馬教會的政治勢力出現飛躍性的成長。

7 成立道明會以解決卡特里派問題

面對持續猛烈攻擊教會的卡特里派，羅馬教會集結了羅馬教會派的修道士，彷彿認為「狂熱的集團就要用狂熱的集團來對付」。在這個背景之下，卡斯提亞出身的聖道明（Dominico）創立了道明會（一二一六）。

道明會是一個好戰的集團，他們在南法四處托缽，只要一聽見有卡特里派的人，就會立刻衝上前去爭論，有時甚至還會使用武力傷害對方。他們非常熱衷於宗教裁判，因此被稱為「忠犬」。不過另一方面，他們也相當熱衷研究神學，培養出撰寫了經院哲學經典《神學大全》（*Summa Theologica*）的多瑪斯．阿奎那（Thomas Aquinas）。

主張清貧的方濟會

出身於義大利中部亞西西（Assisi）的聖方濟各（Saint Francis of Assisi）在道明會創立的同一時期，也成立了另一個修道院（一二二三）。這個修道院仿效耶穌的清貧樂道，不累積財富，以托缽過生活，是一個主張禁慾的集團。在這一點上，方濟會和道明會的活動形式雖然一樣，但是不同於好戰的道明會，方濟會非常順從教宗，四處傳道，呼籲人們改邪歸正。

支持這個時期的羅馬教會的，正是這兩個托缽修道會。

8 「中世紀第一個近代人」腓特烈二世就任羅馬皇帝

一二二〇年，腓特烈二世在羅馬受到加冕，成為羅馬皇帝。

十九世紀瑞士歷史學家將布克哈特（Carl Jacob Christoph Burckhardt）將腓特烈二世稱為「中世紀第一個近代人」，腓特烈二世著眼於打造出中央集權的近代國家。這個國家的雛型，似乎就是他所成長的家鄉——西西里王國。

創立那不勒斯大學（官僚培育大學）

為了打造中央集權國家，首先他創設了那不勒斯大學（University of Naples Federico II，一二二四）。相對於之前以神學為中心的波隆那大學與帕多瓦大學（University of Padua），那不勒斯大學是世界上第一所專門培育官吏的大學。中國透過科舉制度來遴選官僚，但是科舉制度能實行的條件，是高度發達的出版（造紙、印刷）技術。當時的義大利還沒有這樣的技術，所以才建立了一所培育官吏的大學，也就是東京大學。

腓特烈二世在一二三一年頒佈了根據羅馬法編纂的梅爾菲憲章（Constitutions of

Melfi，又稱奧古斯都法典〔Liber Augustalis〕），從這裡也可以看出腓特烈二世以法律為基礎，透過中央集權的方式治國的想法。

德意志騎士團的東方殖民與《哈梅爾的吹笛人》傳說

當時十字軍國家擁有獲得教宗認可的武裝宗教騎士團（騎士修道會），他們最主要的工作就是保護巡禮者。

最有名的三個騎士團，就是法蘭西的聖約翰騎士團（醫院騎士團）、聖殿騎士團與德意志騎士團（條頓騎士團）。另外，聖約翰騎士團（日後稱羅德騎士團、馬爾他騎士團）至今仍存在於羅馬。

德意志騎士團的第四代團長赫爾曼・馮・舒爾茨（Hermann von Salza）有「十三世紀的俾斯麥」之稱，是一位優秀的政治家，他除了擔任腓特烈二世的參謀之外，同時也看出了十字軍國家的極限，開始計畫往波羅的海沿岸殖民。

一二二六年，腓特烈二世在里米尼（Rimini）對赫爾曼頒布了黃金詔書（Bulla aurea）（一有力說法認為是偽書）。德意志騎士團自一二三〇年開始入侵波羅的普魯士人的土地（普魯士）；這一群原本和平安祥地過著農村生活的人們，被這些曾經與伊斯蘭交戰的專業戰士當成異教徒，一口氣殲滅。普魯士沒有文字，因此後世對他們一無所知。

就這樣，普魯士成為了德意志騎士團的根據地（總部位於格但斯克附近的馬爾堡城堡）。但是想要開拓一片廣大的土地，需要很多人手，因此他們在以萊茵河為中心的西部地區大肆宣傳「東方有一片肥沃的土地」，鼓勵德意志人移民東方。

一般認為《哈梅爾的吹笛人》，就是從這個東方殖民時代留傳下來的傳說。

當大人們去教會的時候，少年、少女們被吹笛人的笛聲所吸引，走進洞窟後便一去不復返——這個故事正暗示著前往普魯士後就再也沒回來的年輕人。

腓特烈二世第五次十字軍，透過外交手段取回耶路撒冷

教宗額我略九世因為腓特烈二世遲遲不派出十字軍而開除他的教籍。到了一二二八年，腓特烈二世抵達巴勒斯坦，和阿尤布王朝的第五代蘇丹阿爾．卡米勒（Al-Kamil）進行外交談判，簽訂了未來十年的和平協定，沒有發動戰爭就收回了耶路撒冷（第五次十字軍），並被加冕為耶路撒冷國王。

這份條約為什麼能順利簽訂呢？因為其實伊斯蘭也是有弱點的。阿尤布王朝的陸軍很強，但海軍卻很弱。敘利亞、巴勒斯坦的地中海沿岸有許多海港都市，只要有威尼斯

或熱那亞海軍的強力支援，伊斯蘭根本無法阻擋他們佔領海港都市。

阿爾．卡米勒明白，與其繼續進行無謂的消耗戰，還不如讓出耶路撒冷的主權，以確保兩座神聖的清真寺留在伊斯蘭方，對自己比較好。

這樣的成果可謂極為優異，畢竟沒有流一滴血就奪回了聖地耶路撒冷。然而羅馬教宗卻大感憤怒，認為不靠武力而只和異教徒交涉，根本不成體統，最後竟然派十字軍攻打腓特烈二世。而十字軍當然被腓特烈二世擊退，教宗也不得不恢復他的教籍。當時的羅馬教會想法實在太過偏頗。

與腓特烈二世對立的北義大利都市（倫巴底同盟）

不過，其實除了教宗之外，還有另外一股勢力反對霍亨斯陶芬王朝皇帝強大的權力，那就是位在北義大利的都市。

例如米蘭、波隆那、帕爾馬（Parma）、布雷西亞（Brescia）等等具代表性的北義大利都市，都是自治都市，擁有的不輸給小國的力量。他們最想避免的就是自治體的自治權遭到專制君主侵犯。

在這個背景之下，北義大利的各個都市與羅馬教宗在反對皇帝的這一點上。利害關係是一致的。

一二三七年，以米蘭為核心的倫巴底同盟軍與皇軍展開激烈衝突，展開科爾泰諾瓦戰役（Battle of Cortenuova）。最後皇軍雖然獲勝，但是倫巴底同盟軍的反抗卻絲毫沒有停止。北義大利的都市非常富有，而且真正上戰場的並不是市民，而是傭兵。只要有錢，想要雇用多少人都可以。

於是這場持續耗費財力和兵力的戰爭，漸漸成為了皇帝的負擔。

9 宗教裁判的制度化，第六次十字軍，馬穆魯克王朝誕生

除了告解制度外，羅馬教會在額我略九世的時候將宗教裁判加以制度化。在許多基督教教會當中，把宗教裁判確立為一種制度的也只有羅馬教會。

在所有宗教當中，為什麼只有羅馬教會能夠實施宗教裁判呢？我想多少受到了羅馬教會是一個擁有世俗領土（教宗國）的國家，而教宗是一個世俗君主的影響吧。感覺就像由國家來制裁罪犯一樣，他們則將擁有不同信仰的人定罪。

一二四八年，第六次十字軍在法蘭西國王路易九世的率領下出兵。他佔領了埃及的海港杜姆亞特（Damietta、Domyat），繼續朝向開羅進攻，卻在一二五〇年的曼蘇拉戰役（Battle of Al Mansurah）中敗給了馬穆魯克拜巴爾（Baibars），成為埃及軍隊的俘虜。

在一片混亂之中，馬穆魯克發起政變，消滅了阿尤布王朝，馬穆魯克誕生。

10 腓特烈二世之死與霍亨斯陶芬王朝的滅絕

被譽為「曠世奇才」（Stupor Mundi）的腓特烈二世晚年在他所愛的普利亞度過，後於一二五〇年死去。他的嫡子康拉德四世（羅馬皇帝）從德意志趕回來繼承王位，卻在四年後死亡，得年二十六歲。當時康拉德之子康拉丁（Conradin）才兩歲，還沒有能力治理國家，因此南義大利和西西里的統治權便落入了腓特烈二世的庶子曼弗雷迪（Manfredi）手中。

始終在一旁虎視眈眈的，就是羅馬教宗；歷代羅馬教宗都吃了霍亨斯陶芬王朝許多苦頭。

羅馬教宗一心一意想消滅霍亨斯陶芬王朝。

於是羅馬教宗逐一對歐洲王室的次子、三子提出利誘，表示只要對方率領軍隊前來，便能獲得南義大利和西西里富饒的土地。被他說動的，就是法蘭西國王路易九世的弟弟查理一世。由於他本來是安茹伯爵，因此也被稱為查理．安茹（Charles of Anjou）。他之所以決定前往義大利，是因為他認為與其一輩子只當個伯爵，還不如前往義大利搏一搏。就這樣，查理一世來到了義大利。

康拉丁遭到斬首，霍亨斯陶芬王朝滅絕

查理一世五在一二六六年與曼弗雷迪在南義大利的貝內文托（Benevento）展開一場激戰。查理一世獲勝，曼弗雷迪在這場戰役中陣亡。當時人在德意志的康拉丁聽見這個消息，就帶著和他一樣年僅十幾歲的堂弟率領德意志軍隊南下，追求祖父腓特烈二世的夢想。

康拉丁在塔利亞科佐（Tagliacozzo）的戰役中打敗查理一世，獲得勝利（一二六八年）。但是，康拉丁並沒有戰爭經驗，他雖然憑著一股想替叔叔報仇的氣勢和熱情打倒了查理一世，但是傭兵們卻沒有繼續追殺逃走的查理一世，直接開始搶奪戰利品。就在這段期間，查理一世重整態勢，最後抓住了康拉丁。

康拉丁在那不勒斯遭到斬首，霍亨斯陶芬王朝家的血脈就此斷絕。德意志進入了史稱「空位期」（Interregnum）的時代（只有形式上的國王）。

德意志的衰亡

德意志國王幾乎自始至終都兼任羅馬皇帝的這個職位，讓德意志國王產生「羅馬皇帝應該統治整個歐洲」的意識形態，促使他們也想統治義大利。對於德意志國王來說，

這也是一種榮譽的象徵。於是，德意志國王從薩克森王朝、薩利安王朝到霍亨斯陶芬王朝，都在德意志與義大利之間往返，期間還被迫參加羅馬教宗的十字軍。換言之，這讓德意志消耗了大量的財力和軍力。

再加上不知為何，德意志的每個王朝都沒有子嗣傳承。即使是強盛的霍亨斯陶芬王朝，在一代英雄腓特烈二世死亡後，也在教宗的反撲之下瓦解。

德意志從九六二年鄂圖一世被加冕為羅馬皇帝以來，經過了三百年，逐漸式微。一般認為，德意志直到近代仍處於分崩離析的狀態，直到普魯士竄起才將其統一，並日益強大。但是以史實而言，第一個在歐洲建立強勢王權的正是德意志。然而，德意志的每一個王朝都後繼無人，被羅馬教宗和義大利玩弄在股掌之間，最後漸漸沒落。在這段期間，法蘭西的繼承人則從無間斷，日漸強大。

11 最後的十字軍

一二七〇年，路易九世發起了第七次十字軍，目的地是突尼西亞。

或許是受到覬覦地中海霸權的弟弟查理一世所煽動吧，原本應該保護耶路撒冷巡禮者的這個名義也已經被拋諸腦後。而且路易九世最後在突尼斯客死異鄉。路易九世的王妃瑪格麗特（Marguerite de Provence）是普羅旺斯（Provence）伯爵之女，她的妹妹們分別嫁給了英格蘭國王亨利三世以及其弟理查（曾被比喻為德意志國王）和查理・安茹，全都成了王妃，因此被稱為普羅旺斯四姊妹。

路易九世死後，羅馬教會為了讚頌他持續與伊斯蘭對抗而將他列聖。法蘭西皇家中獲得列聖的只有他一個人。能夠被羅馬教會敬稱為大帝或是被列聖，就表示這個人非常順從教會。羅馬帝國的三位大帝：君士坦丁一世、狄奧多西一世、查士丁尼一世，全都對教會盡心盡力。查理曼（查理大帝）與鄂圖一世亦是如此。

最後一次的十字軍，也就是第七次十字軍，替為時約兩百年的十字軍運動畫下句點。最後一個十字軍國家阿卡（Acre）在一二九一年被馬穆魯克王朝攻陷而滅亡。

在這個時候（一二六八年），羅馬教會開始實施教宗選舉制度（Conclave），規定樞機在新教宗人選決定之前不可以離開會議室。

經院哲學名家多瑪斯・阿奎那死去

一二六七年左右，熱那亞總主教，也就是道明會的雅各・德・佛拉金（Jacobus de Voragine）完成了《黃金傳說》（*Legenda aurea*），這是一部基督教聖人傳的集大成之作。這部著作為兩百年後文藝復興時代的畫家們提供了絕佳的題材，對後世的影響無可計量。

一二七四年，將經院哲學集大成的道明會多瑪斯・阿奎那死去。他在巴黎大學執教的同時，也撰寫了《神學大全》。他將奧古斯都以來的基督教思想與他在伊斯蘭所學的亞里斯多德哲學加以整合，尋求一種神人協調的境界。

一二七七年，米蘭總主教奧托內・維斯康堤（Ottone Visconti）成為米蘭的「signore」（僭主），展開維斯康堤家在北義大利持續將近一百七十年的統治。

12 德意志哈布斯堡家族發跡

德意志在霍亨斯陶芬王朝滅絕之後，歷經了莫約二十年的空位期，也就是沒有強大王權存在的時代。

諸侯們重新檢視過去三個皇室的作為，並開始思考德意志和義大利的關係、羅馬皇帝由教宗加冕是否合適等問題。

強大的德意志國王因為受到羅馬皇帝這個號稱吸引而前往義大利，把德意志拋在腦後。既然如此，乾脆擁立領土比較小的貴族當德意志國王，說不定他還會抱著感謝的心情，真心替德意志著想呢——於是他們選出了在瑞士擁有一塊小領地的哈布斯堡家的魯道夫一世（Rudolf I）作為德意志國王（一二七三）。

令人意外的是，他其實是個智謀過人的謀略家。

他殺死了當時最有力的諸侯之一，也就是身兼波希米亞（今捷克）國王與奧地利公爵的奧托卡二世（Otakar II），奪下奧地利。

這時哈布斯堡家才首度在德意志擁有領地，並且漸漸擴大勢力範圍。諸侯開始警戒，不讓哈布斯堡家世襲德意志國王。

另外，瑞士的三個州在一二九一年簽署了瑞士同盟誓約，宣告獨立，瑞士建國。

13—第二次諸侯戰爭到模範議會

西蒙·德蒙福爾在阿爾比十字軍中表現突出，與他同名同姓的兒子原侍奉於繼承約翰的亨利三世，但是由於亨利三世施行暴政，因此他決定發起反叛，抓住了亨利三世以及王子。

他讓亨利三世再次確認大憲章，召開議會（西蒙·德蒙福爾議會）。但是人們開始謠傳西蒙可能想篡奪王位，於是再次發生內戰，西蒙戰死，皇權恢復（第二次諸侯戰爭，一二六四—一二六七）。

愛德華一世征服威爾斯，威爾斯親王的起源

亨利三世的王子愛德華一世在第二次諸侯戰爭中學到了很多。

大不列顛島（Great Britain）由英格蘭、蘇格蘭、威爾斯三國所組成，愛德華首先征服了威爾斯（一二八四）。他繼承了凱爾特文化，為了懷柔擁有強烈自尊心的威爾斯人，愛德華一世想到了一個辦法。

那一年，他帶著王妃前往威爾斯，讓王妃在當地生下孩子（日後的愛德華二世），並封他為威爾斯親王（Prince of Wales）。從此之後，英格蘭的王子代代皆被稱為威爾斯親王，直到今日。站在威爾斯人的角度來看，在本地生下的孩子未來將成為英格蘭國王，這當然不是壞事。之後，愛德華一世便開始介入蘇格蘭。

一二九五年，賢君愛德華一世所召開的議會，是由高階神職人員、貴族，以及來自各州的兩名騎士與兩名市民所組成。這個議會決定了國王不得恣意決定諸事，戰爭也必須與議會協議等事項。

議會政治自此生根，後世將其稱為模範議會。

14 西西里晚禱，查理一世遭流放

查理一世打倒霍亨斯陶芬家的曼弗雷迪與康拉丁之後，便將西西里與南義大利據為己有。但他其實擁有更大的野心，那就是打倒統治君士坦丁堡的羅馬帝國，成為地中海的霸主。這個夢想正是當初從諾曼第來到南義大利的羅伯特與羅傑，以及羅馬皇帝亨利六世所描繪的夢想。

一二八一年，在查理一世準備出征的時候，巴勒摩的教堂敲響提醒人們晚禱的鐘聲；而民眾以晚鐘為信號，開始發動叛亂。

西西里人是一支擁有高度自尊的民族。腓特烈二世的母親康斯坦絲與亨利六世這個德國人結婚的時候，遭到了西西里人的強烈反對，之後因為腓特烈二世和曼弗雷迪施政得當才平息。

然而查理一世卻在沒有任何基礎的狀況下，長期在西西里實施法國式的高壓統治，所以西西里人才會群起反抗。他們流放了查理一世之後，便迎回了曼弗雷迪之女康斯坦絲（譯注：與腓特烈二世的母親康斯坦絲同名）的丈夫——亞拉岡王國的佩德羅三世（Pedro III）作為西西里國王（西西里晚禱）。亞拉岡王國位在伊比利亞半島東北部，以沙拉哥薩與巴塞隆納為中心。

就這樣，西西里成為了亞拉岡的領土。又經過了大約一百年之後，南義大利的那不勒斯王國（Kingdom of Naples）也變成亞拉岡家族的領土，法國人遭到流放。然而法蘭西國王主張南義大利和西西里從查理一世之後都是法蘭西的領土，成為日後長期紛爭的原因。

15 十三世紀地中海與歐洲的貿易

弗羅林金幣、非洲砂金、香檳市集、「banco」

一二五二年，佛羅倫斯發行弗羅林金幣（Florin）；一二八四年，威尼斯發行達克特金幣（ducat，亦稱 Zecchino），兩者皆因為具有良好的品質而成為國際貨幣。

不過義大利並沒有產金。金幣的原料——砂金，是從撒哈拉沙漠南部的撒哈拉以南非洲（Sub-Saharan Africa），經過馬利帝國（Mali Empire）的通商據點廷巴克圖（Timbuktu）和傑內（Djenné），由伊斯蘭商隊用駱駝載往埃及的。當時的埃及還是阿尤布王朝和馬穆魯克王朝的時代。這些砂金由熱那亞或威尼斯的貿易船從埃及運送至義大利，鑄造金幣。

進入十五世紀後，葡萄牙的航海家恩里克王子（Infante D. Henrique）乘船沿著大陸

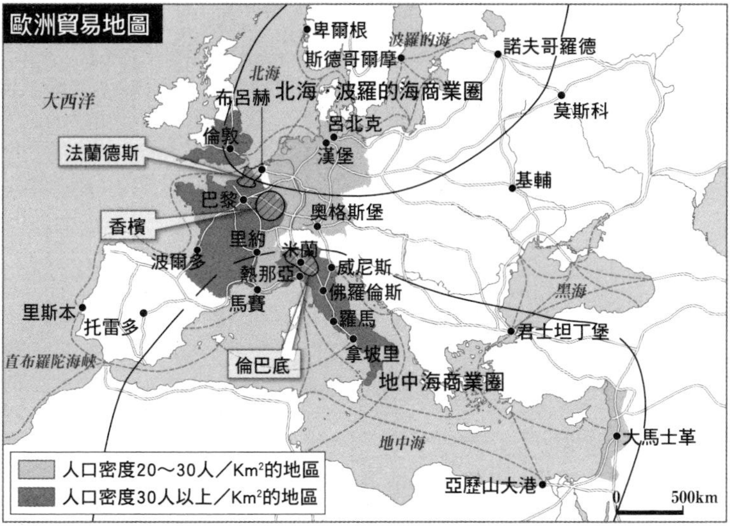

南下，抵達撒哈拉以南非洲。走海路遠比騎乘駱駝穿越沙漠輕鬆多了。非洲海岸南下的路徑開啟，正是葡萄牙開始興盛的關鍵。

一神教革命之後的地中海從大西洋被割離，宛如一座廣大的湖泊。

自古以「海克力斯之柱」（Hercules）聞名的直布羅陀（Gibraltar），原依循在八世紀初征服安達魯斯（西班牙南部）的伊斯蘭武將塔里克（Tariq ibn Ziyad）之名，被稱為「塔里克之岩」（Jabal Tariq），之後又轉音為直布羅陀。塔里克就是從這裡攻進安達魯斯的。直布羅陀海峽是進入非洲大陸最短的路徑，海峽最狹窄處只有十四公里左右，實可謂「地中海之鑰」。

這個海峽長期以來都受到領土包括安

達魯斯以及北非兩岸的伊斯蘭勢力統治，也就是說，基督教徒的海路遭到封鎖，沒有辦法離開地中海，只剩下陸路可利用。

例如非洲的金子和象牙、亞洲的絲綢和胡椒，都必須先聚集在埃及的亞歷山大港，再運送到威尼斯和熱那亞。由於船隻無法進入大西洋，因此只能走陸路運輸，最後沿著現在馬賽附近的隆河北上。另一方面，北方的另一個地中海——波羅的海，則有木材、瑪瑙、漁獲等貿易品，但這裡也沒有辦法走地中海路徑，因此只能從法蘭德斯走陸路南下。

經由這兩個地中海輸出的貿易商品，會在哪裡交換呢？剛好位於兩者中央的地點，就是巴黎東方的香檳。香檳成為了貿易的據點，來自北方和南方的人們在香檳市集進行貿易，熱鬧無比。在香檳進行的貿易活動同時使用北方和南方的貨幣，因此需要兌換貨幣的商人。這些兌幣商所使用的櫃台都是木製的，而這種木板在義大利叫做「banco」。這就是銀行（bank）一詞的起源。

然而，當伊斯蘭在北非與安達魯斯的勢力減弱之後，人們便可以透過直布羅陀海峽自由往來波羅的海、北海以及地中海。這麼一來，威尼斯和熱那亞便開始沒落，香檳市集也變得門可羅雀。自此，貿易的中心就移到了地中海與波羅的海中間的低地國。

16 安達魯斯的奈斯爾王朝與北非的馬林王朝

安達魯斯在一二三二年建立了奈斯爾王朝。這個王朝（亦稱格拉納達王國）建設作為宮殿兼城堡的建築物阿蘭布拉宮（la Alhambra），有一部分保存至今。

建立這個王國的穆罕默德一世和卡斯提亞的費爾南多三世（Fernando III）聯手，以受到卡斯提亞王國保護的形式，讓安達魯斯最後的伊斯蘭王朝得以延續下去。順帶一提，費爾南多三世和路易九世一樣獲得列聖，而且這兩個人都是埃莉諾的曾孫。

另一方面，北非的穆瓦希德王朝逐漸式微，新興的馬利王朝攻陷其首都馬拉喀什後，於一二六九年滅亡。

馬利王朝將首都設立於費茲（Fez），曾經數度遠征伊比利半島，卻仍然無法在安達魯斯建立政權。在一三四〇年的薩拉多戰役（Battle of Río Salado）中輸給基督教諸國聯軍後，馬利王朝便停止遠征。

一二九二年，發生了一件具有象徵性的事情——卡斯提亞與熱那亞的聯合艦隊襲擊直布羅陀，暫時佔據此地。

基督教國家之所以奪取直布羅陀，是為了切斷伊斯蘭國家與北非及安達魯斯的聯繫。除此之外，更可以打通連接地中海、北海、波羅的海的海上路徑。

結果，位於交通要衝上的直布羅陀後來又被馬利王朝與奈斯爾王朝奪回，直到一四六二年，卡斯提亞才真正擁有直布羅陀。

17 中央歐亞升起兩個太陽——成吉思汗獲勝

現在讓我們把時間往回拉一些。

十三世紀初，中央歐亞地區升起了兩個太陽。

一個是殲滅了塞爾柱王朝的花剌子模王朝第七代阿拉烏丁・穆罕默德（Ala ad-Din Muhammad），他在一二一五年打倒了消滅伽色尼王朝的阿富汗古爾王朝，將版圖從中亞拓展至阿富汗、伊朗以及伊拉克。

另一個是在蒙古高原出現的鐵木真。

他透過武力和政治力整合了割據蒙古高原的游牧民族，在游牧民族的最高決議機構忽里勒臺（Quriltai）即位成為皇帝，自稱成吉思汗（一二〇六）。此外，意為「皇帝」的「可汗」稱號，是從第二代窩闊臺（Ūgtāy、Ūkaday）才開始使用的稱號（以往使用的是意為「王」的「汗」），但本書中根據實際狀況，蒙古帝國的所有皇帝皆以「可汗」來表示（qaγan、qan 日後轉音為 khān、χan）。蒙古高原在回鶻之後睽違了三百年，再度統一。換言之，蒙古帝國是繼斯基泰、匈奴、鮮卑、柔然、突厥、回鶻之後，中央歐亞的七個游牧民族國家。

成吉思汗在一二一一年攻打統治蒙古高原東方的金朝；金朝敗北之後南下，捨棄北京，定都開封。一二一九年，成吉思汗開始西征，他的目標是花剌子模王朝。

根據史料記載，兩國衝突的直接原因，是花剌子模王殺害了以蒙古通商使節身份前往花剌子模王朝的訛答剌（Otrar）的四百五十名商隊，並奪走駱駝所運載的物品。不過，歐亞大陸只需要升起一個太陽，這場衝突或許勢必無法避免吧。

然而在這場世紀決戰中，蒙古軍隊不費吹灰之力便取得勝利。這是因為花剌子模王朝使用了「退」的戰術。

草原上的游牧民族經常使用藉由假裝敗逃，引敵軍深入己方陣營內，再加以痛擊的戰術。在相撲比賽中也是一樣，若能將「退」這種戰術運用得當，便可漂亮地擊敗對手；然而倘若時機不對，就可能被敵方一口氣攻陷，最後落敗。

花剌子模軍隊在撤退之後便完全遭到壓制，開戰僅兩年，其位在阿姆河下游的首都烏爾根奇（Urgench）就被攻陷。

於是西方的太陽沉落，東方的太陽（成吉思汗）升起。

成吉思汗平定西方之後，在討伐了拒絕參與西征的西夏後不久便死去。蒙古帝國在成吉思汗死後依然繼續發展，其原因除了接連有聰慧傑出的領導者之外，蒙古自古以來極為講求效率的價值觀，也功不可沒。此外，蒙古早早收服擅長貿易的回鶻人（高昌回鶻國）也很幸運。

18 追求效益的蒙古帝國

其一，十進位軍制

蒙古人已經認知一個人頂多只能照顧十名屬下，因此他們徹底要求一個人照顧十個人。十個擁有十名屬下的隊長，就由更高一層的人來照顧。依此類推，便可構成一支由十人隊長、百人隊長、千人隊長所組成的金字塔型軍隊。

這個架構雖然單純，但只要好好發揮，軍隊便能凝聚非常強的向心力。比方說當他們征服異族，而那些投降的異族人表示願意當他們的家臣，那麼便可由一個蒙古人來照顧十個異族。只要培育出十個可以信賴的異族，便可讓他們分別管理十個異族人；這麼一來，蒙古人就成了百人隊長。我認為這是統治廣大疆域時非常聰明的辦法。

其二，將長子配置在遠方領土

游牧民族的傳統是由么兒繼承，成吉思汗也遵循此傳統。他在把金朝趕往南方，打倒花剌子模王朝時，就把廣大的領土分為東西兩邊，讓自己的三個弟弟統治靠近中國，也就是東方的領土。拙赤・合撒兒、合赤溫、鐵木哥・斡赤斤這三個人，合稱為東方三王家。至於西方，則交給他的長子朮赤、次子察合台、三子窩闊臺統治，他們責被稱為西方三王家。

這三兄弟當中，他將長男配置在最靠近俄羅斯，也就是最遠的領地，次遠的領地則派次子統治，再次遠的則交給三子。而他的四子，也就是么兒拖雷，則與直屬於成吉思汗的大軍一起被配置在中央。

把年長且具有豐富判斷力的長子配置在新佔領的土地，將么兒留在身邊，由父親直接指導——這就是么兒繼承的型態。我認為這也是非常具有效率的做法。長子不但強勢，也很瞭解父親，有的時候可能會對父親有所批評，因此將他配置在難以統治的遠方土地上。這種由么兒繼承的傳統，或許也有風險管理的意義在。

19 古爾王朝的馬穆魯克——艾伯克在印度德里建立了馬穆魯克王朝

征服北印度的阿富汗古爾王朝君主席哈布丁・穆罕默德（Shihāb al-Dīn Muhammad，即穆罕默德・古爾〔Muhammad of Ghor〕），將屬於突厥語族的欽察（Qipchaq）人馬穆魯克艾伯克（Qutb al-Din Aibak）任命為印度總督。但是在一二〇六年穆罕默德・古爾死去，古爾王朝逐漸解體後，艾伯克便在德里獨立，建立屬於自己的王朝。因為他是馬穆魯克，所以和屬於伊朗語支的古爾王朝皇家沒有血緣關係。由於提拔自己的君主已經死去，因此他可以毫無顧忌地建立自己的王朝——馬穆魯克王朝。

艾伯克是個優秀的軍人政治家。他先是破壞那爛陀大學（一一九三），又摧毀印度佛教最後的據點——超戒寺（一二〇三）；斷絕印度佛教命脈的，就是艾伯克軍隊。由於他的王朝是由馬穆魯克擔任君主，因此也被稱為奴隸王朝（一二五〇年埃及也成立了馬穆魯克王朝，但兩個王朝沒有關聯）。這個王朝之後由艾伯克的女婿伊勒杜迷失（Iltutmish，在位期間：一二一一—一二三六）推向高峰，完成了由艾伯克開始建造、世界最高的喚拜塔（Minaret）庫杜布塔（Qutub Minar）（庫杜布是艾伯克的尊稱，世界遺產）。伊勒杜迷失的王位由他的女兒拉齊婭（Razia）繼承（在位期間：一二三六—一二四〇）。她雖是一位傑出的女性，但在當時的印度，女性要守住王位是極為困難的事，因此在其他馬穆魯克的干涉下，她僅在位四年就被趕下了王位。

馬穆魯克王朝統治著富饒的印度，因此總是被蒙古覬覦。但是馬穆魯克王朝也很強大，屢屢在國界擊退蒙古軍隊。

艾伯克之後，王統出現了五次更替，依序為馬穆魯克王朝、卡爾吉王朝（Khalji dynasty）、圖格魯克王朝（Tughluq dynasty）、賽義德王朝（Sayyid dynasty）與洛迪王朝（Lodī dynasty）。洛迪王朝屬於阿富汗，而其他四個王朝皆為突厥語族。一般習慣將

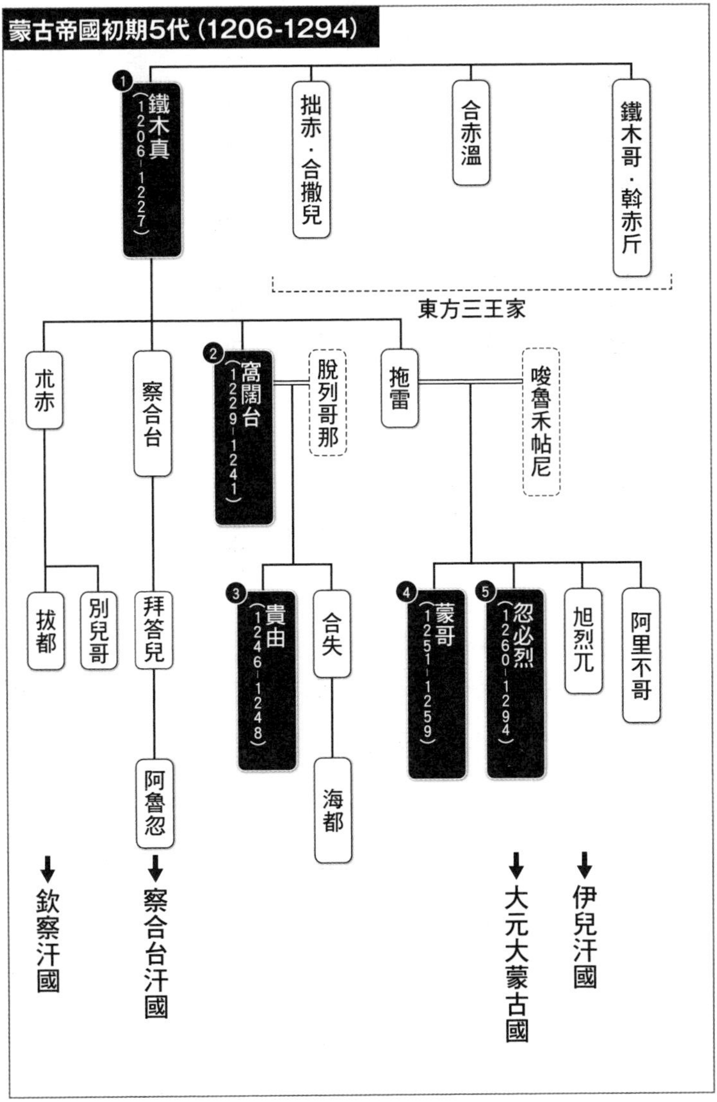
蒙古帝國初期5代（1206-1294）
1 鐵木真（1206-1227）
拙赤·合撒兒
合赤溫
鐵木哥·斡赤斤
東方三王家
朮赤
察合台
2 窩闊台（1229-1241）
脫列哥那
拖雷
唆魯禾帖尼
拔都
別兒哥
拜答兒
3 貴由（1246-1248）
合失
4 蒙哥（1251-1259）
5 忽必烈（1260-1294）
旭烈兀
阿里不哥
阿魯忽
海都
欽察汗國
察合台汗國
大元大蒙古國
伊兒汗國

這五代王朝合稱德里蘇丹國（Delhi Sultanate）。德里蘇丹國在一五二六年被蒙兀兒帝國所滅。

此外，就在馬穆魯克王朝的拉齊婭被逼迫退位的那段期間，泰國建立了第一個王朝——素可泰王國。

20 成吉思汗的後繼者竟為三男窩闊臺

成吉思汗死於一二二七年，而兩年後召開的忽里勒臺，決定由他的三子窩闊臺擔任可汗；當時成吉思汗的長子朮赤已經死亡。依照游牧民族的傳統，可汗的位置理應由么兒拖雷繼承，一般認為由窩闊臺繼承的原因，可能是家族內亂。

窩闊臺即位後，立刻派遣遠征軍討伐金朝，在一二三四年殲滅金朝。之後，窩闊臺建設了哈拉和林（Karakorum）作為新的首都，接著實施名為「站赤」的驛站制度，讓大帝國的道路四通八達。

拔都西征與第一次折返

一二三六年，窩闊臺任命朮赤的長子拔都（Batu）為主將，率領大軍出兵歐洲。

窩闊臺之子貴由以及拖雷之子蒙哥等成吉思汗的孫子輩，都以副將的身份加入這支遠征軍。這支軍隊吸收了突厥語系的欽察族，在一二四〇年攻陷基輔。

然而在一二四一年，窩闊臺在哈拉和林死亡。通報皇帝（可汗）之死的消息花了一些時間，使者快馬追上拔都遠征軍，已經是一年後的事了；拔都是在駐紮於匈牙利的陣營裡接獲這個消息的。

拔都立刻中止作戰，率全軍返國。因為召開聚集所有部族的忽里勒臺，決定下一任領導者，是蒙古的傳統。

這稱為第一次折返。也正因如此，歐洲才得以倖免於蒙古侵略。然而拔都本人卻在欽察汗國（Ulūs-i Jūchī）領地內的窩瓦河畔停下了東進返國的腳步。

拔都於欽察汗國獨立

拔都之所以沒有回到蒙古，是因為下列因素。

他在這場遠征中，不斷與副將貴由起衝突。貴由仗著自己的父親是可汗，處處鄙視拔都。蒙古軍隊的軍紀嚴明，貴由本應因為違反軍紀而在蒙哥的陪伴下返國，而現在窩闊臺已死，下一場忽里勒臺即將召開，拔都對結果感到悲觀。

因為拔都接到情資，得知窩闊臺死後，哈拉和林的政治便由皇后脫列哥那

（Töregene，貴由的生母）把持。蒙古族和鮮卑拓跋部一樣，是一個女性比較強勢的民族。

拔都認為，就算回到蒙古，也沒有自己出場的餘地，而且反而危險。於是他便在窩瓦河附近建設首都薩萊（Sarai Batu），在此獨立。順帶一提，欽察汗國原文的「Ulūs」，在蒙古語中是「國家」、「眾人」的意思。

21 —— 貴由即位後不久去世，蒙哥成為第四代可汗

一二四六年，忽里勒臺終於召開，貴由獲選為第三代可汗。他即位後，便指未出席忽里勒臺的拔都是叛亂者，派大軍前往西方，而拔都也率兵往東方前進。然而一二四八年，就在兩軍即將交戰的時候，貴由死了；這正中拔都的下懷。有人認為甚至有可能是拔都派人去暗殺他的。

現在，蒙古帝國的勢力又會如何演變呢？拔都似乎變成了影響王位決定的有力人士（kingmaker）。在拔都大軍的守護下，拖雷的長子蒙哥獲選為第四代可汗。

拔都和蒙哥一起肅清貴由一族，窩闊臺汗國實質上滅亡。

拖雷的子嗣除了長子蒙哥之外，還有次子忽必烈、三子旭烈兀、四子阿里不哥等四兄弟；他們皆為拖雷的正妃唆魯禾帖尼所生。唆魯禾帖尼出身客烈部（Kereid），是聶

斯托留派的基督教徒。這四人都非常優秀，據說蒙哥智商很高，興趣是閱讀歐幾里得幾何學的書籍。他參加了拔都西征，最遠到達基輔，因此見多識廣。

蒙哥成為可汗之後，立刻下達指令：他將中亞到俄羅斯一帶交給拔都，派弟弟忽必烈征服南宋，命旭烈兀進攻西亞。

世界地圖精密。忽必烈來到雲南，旭烈兀前往巴格達與敘利亞

蒙哥為了攻打宋朝，派忽必烈前往中國南部的雲南。若從北方進攻南宋，就必須渡過長江，因此他打算從青藏高原的東側南下，再從現在的中越邊境（雲南省）往上進攻。忽必烈在一二五二年出征。

一二五三年，旭烈兀也出發西征。

蒙古一定會在準備萬全之後才發動戰爭，而最理想的狀況是不需動用武力，就讓對方屈服。為此，他們需要當地的資訊，尤其是精密的世界地圖。據說蒙古帝國的世界地圖相當完備，宛如一種非常重要的國家機密。

令人驚訝的是，在抵達葡萄牙的好望角前兩百年，蒙古就已經幾乎完全正確地掌握非洲大陸的地圖了。

旭烈兀西進，攻下了散在伊朗西部以及敘利亞北部山地的尼查里派山城，收服了魯

姆蘇丹國。他在一二五八年進入巴格達，殺害哈里發，殲滅了阿拔斯王朝。

旭烈兀緊接著又攻陷大馬士革，並以埃及為目標繼續南下。然而在一二六〇年，使者緊急來到大馬士革的陣營，傳達蒙哥的死訊；蒙哥於一二五九年死去。

旭烈兀接到消息就立刻率兵返國。這便是第二次折返，西方世界再度逃過一劫。旭烈兀可能期待著蒙哥死後，下一個可汗可能就會輪到自己了吧。然而當他在來到裏海西邊的亞塞拜然（Az rbaycan）草原時，便止住了腳步。

旭烈兀沒有回蒙古，建立了伊兒汗國

使者再度急忙趕至旭烈兀在亞塞拜然的蒙古包（游牧民族的移動式帳篷住宅）。這次的使者是來通知他，他的二哥忽必烈在蒙古高原南部的開平府（上都）得到東方三王家的支持，召開了忽里勒臺，自立為王，也就是第五代可汗。此時，來自蒙古的使者也急奔而來，告知他的小弟阿里不哥也自立為可汗。

旭烈兀認為蒙古已經沒有他的容身之地，因此決定將首都設置在伊朗北部的馬拉蓋（Maragheh）（日後又遷都大不利茲〔Tabriz〕），建立伊兒汗國（「伊兒汗」意指「人民之王的國家」）。

得知旭烈兀建立汗國，最驚訝的就屬欽察汗國了。當時欽察汗國的統治者是拔都的

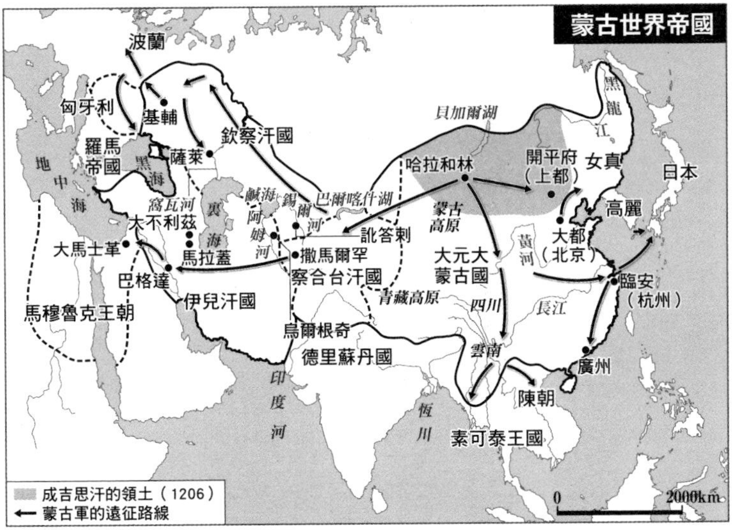

弟弟別兒哥，對他而言，根據成吉思汗當初的分配，高加索山脈以南的伊朗與伊拉克，應該都是他的版圖才對，然而旭烈兀卻闖進這裡，建立了國家。

自此，欽察汗國與伊兒汗國便開始爭奪亞塞拜然的富饒草原地帶。

伊兒汗國在伊朗留下的文化當中，最具代表性的就是細密畫（Miniature）。大元大蒙古國的忽必烈致力於出版事業，當時流行一種稱為「全相本」的書籍，每一頁都附有精美插畫。而將這種技術帶進伊朗的，就是伊兒汗國（日後透過鄂圖曼王朝與胡馬雍傳進蒙兀兒王朝）。這個地區信仰伊斯蘭教，嚴禁崇拜偶像與聖像畫，因此假如沒有伊兒汗國，細密畫這種文化藝術是絕對不可能在此誕生的。

敘利亞的蒙古軍隊敗給馬穆魯克王朝

旭烈兀在即將抵達埃及的時候折返，當時他把一部份部隊留在敘利亞。這支部隊打算憑自己的力量攻陷埃及，因此開始南下。

當時迎擊他們的，是馬穆魯克王朝的蘇丹忽都斯（Qutuz）以及馬穆魯克的英雄拜巴爾等人。所向無敵的蒙古軍隊在這場戰爭中首次嚐到戰敗的滋味。不過，雙方的主力都是突厥語系的士兵，旭烈兀在西征途中吸收了土庫曼的部隊，慢慢壯大，與拔都西征時的狀況相同。既然如此，具有地利的馬穆魯克王朝獲勝，也是理所當然的。

這場戰役史稱艾因札魯特戰役（Battle of Ain Jalut，一二六〇）。「Ain Jalut」是「哥利亞之泉」的意思，傳說中大衛王在此清洗歌利亞的頭顱。

22 馬穆魯克王朝的英雄——拜巴爾

將蒙古軍隊趕出敘利亞的拜巴爾見機不可失，於是打倒了忽都斯，自己建立馬穆魯克王朝。

接著，他擁立從阿拔斯王朝逃亡到開羅的哈里發一族就任哈里發，從此拜巴爾成為哈里發的守護者，埃及也成為了伊斯蘭的宗主國。拜巴爾是突厥語系的欽察人，只靠著武力就坐上了埃及蘇丹（君主）的寶座。

擁立哈里發之後，拜巴爾便開始捐贈基斯瓦。

基斯瓦是覆蓋在伊斯蘭聖地麥加的克爾白上的布幔，現在使用的是一塊巨大的黑布。正如我在一神教革命的章節所敘述的，以前駱駝商隊的商人們會在祭典的時候在麥加聚集，將寫著歌詞的布幔掛在克爾白上，競爭高下。而隨著時間的經過，伊斯蘭漸漸形成了一個傳統：能夠捐贈覆蓋克爾白的布幔——基斯瓦的人，就是伊斯蘭的盟主。確定這項傳統的正是拜巴爾。

拜巴爾每年都會從埃及開羅派遣大批商隊前往麥加，持續捐贈基斯瓦。這個行為就像是在宣示：這是守護哈里發的伊斯蘭盟主拜巴爾所捐贈的基斯瓦，除了他以外，不可以在克爾白覆蓋其他的基斯瓦。

拜巴爾擅長確保自己的正統性，樹立權威。他的策略奏效，成為了與薩拉丁齊名的世界英雄。現在向克爾白奉獻基斯瓦的，是沙烏地阿拉伯的國王。

拜巴爾在他治國的十七年間，一共遠征敘利亞三十八次，更與欽察汗國聯手對抗宿敵伊兒汗國以及十字軍國家。當時十字軍國家只剩下阿卡等幾個都市。以獅子為象徵，在戰場上永遠站在最前線的拜巴爾，是一位名符其實的英雄豪傑。傳說他還曾穿著盔甲在尼羅河裡游泳。他的英勇事蹟成為了傳說故事，始終受到民眾的喜愛。

23 蒙古的世界曆始於蒙哥

話題回到蒙哥。他和拔都一同前往基輔的時候，暗自思考著統一曆法的計畫。

當時蒙古人相當仰賴占卜，我想多半是占卜西征出發時間的吉凶吧。然而從蒙古高原到俄羅斯平原，再進入東歐，中間會經過許多國家，而每個國家都使用不同的曆法。就算利用占卜計算出應該要在何日何時採取什麼樣的戰術，到了當地之後，只要曆法改變，日期也會跟著改變。蒙哥認為，想要統治遼闊的疆域，就必須統一曆法。

蒙哥的這個想法也影響了他的弟弟旭烈兀。一二五九年，旭烈兀在首都馬拉蓋建造了一座天文臺，接著忽必烈又在大都（北京）設立司天台。其後，帖木兒王朝也延續這個潮流，在撒馬爾罕打造兀魯伯天文臺（Ulugh Beg Observatory）。

擔任馬拉蓋天文臺長的是當代最傑出的學者納西爾丁．圖西（Nasir al-Din al-Tusi），他所撰寫的「伊兒汗天文表」（Zīj-i Īl-khānī），是忽必烈時代的學者郭守敬製作「授時曆」時的重要參考。這個曆法於一二七九年誕生，從一二八〇年開始實施，是比現在全世界使用的格里曆還要早三百年開始使用的世界曆。

順帶一提，教宗額我略十三世在一五八二年公佈格里曆，而一六八四年，日本的天文學家澀川春海以授時曆為基礎，創造出調整北京與江戶時差的貞享曆。

24 「韃靼之軛」的真相

傳說欽察汗國建立之後大約二百五十年之間，俄羅斯人因為「韃靼之軛」而苦不堪言；韃靼是住在俄羅斯的突厥語系蒙古族。一般的馬車或牛車前方設有兩根平行的木條，叫做「轅」；在這兩根木條的前方，另有一根與其垂直的木條，讓牛或馬的脖子靠在木條上，車夫便能命令牛或馬往前走，這個木條就叫做「軛」。

據說俄羅斯人在韃靼的統治之下，就像被迫拉車的牛或馬一樣，因為高額的稅金與嚴厲的統治所苦，然而那是十九世紀俄羅斯的愛國主義者所捏造的故事。蒙古和伊斯蘭帝國一樣，對於願意歸順的人們寬容至極。

到底是誰讓俄羅斯的農民們苦不堪言呢？其實是在拔都麾下直接管理農民的俄羅斯貴族。

以當時的諾夫哥羅德（Novgorod）公爵亞歷山大・涅夫斯基（Alexander Nevsky）為例，傳說他擊退了沿著涅瓦河進攻的瑞典維京人，是拯救俄羅斯的英雄，但其實他早早就歸順拔都。

「拔都先生，我會完全聽你的話，請把北方交給我。」

他取得了拔都的信任，打倒瑞典軍隊後，便開始統治當地，詐取當地民眾的血汗。這才是「韃靼之軛」的真相。

另一個被捏造出來的神話是這樣的：相傳一二四一年，拔都率領的蒙古軍隊與德意志波蘭聯軍在列格尼卡（Legnica）交戰（列格尼卡戰役，亦稱 Battle of Wahlstatt），聯軍雖然吞下敗仗，但是也成功阻止了蒙古軍隊的侵略。然而事實並非如此，真相是因為窩闊臺死亡，歐洲才得救的（第一次折返）。對於蒙古軍隊來說，這種戰役簡直就像練習賽罷了。

25 熟知現實的英傑——忽必烈

前面提到，蒙哥死後，忽必烈就發起政變，自己就任為第五代可汗，現在讓我們來看看當時的情況。

忽必烈受蒙哥之命從雲南進攻南宋，然而就在忽必烈征服雲南的大理（南詔的下一個政權）之後，因為不想硬攻進南宋，殘殺士兵，所以選擇了持久戰。但是個性果敢的蒙哥卻希望目標盡快達成，於是他撤除了忽必烈的任務，自己從哈拉和林進入四川，打頭陣率兵攻擊南宋。

實現多樣化人才任用的忽必烈（台北．故宮博物院館藏）

然而蒙哥因為染病高燒而陣亡。

這時，留在哈拉和林的只有小弟阿里不哥。把最年輕的人留在中央，是蒙古的習慣。

忽必烈心想：哥哥解除了我的職務，弟弟擁有哈拉和林的軍隊，如果就這樣什麼都不做的話，下一任皇帝應該就是弟弟了吧。但是我比弟弟優秀，我不想成為弟弟的手下。於是他做出了決定。他長年生活在蒙古帝國最靠近中國的地區，此外，當初成吉思汗安排了自己的三個弟弟統治蒙古帝國的東側，也就是所謂的東方三王家。因此他決定背著東方三王家，在自己的根據地開平府召開忽里勒臺，宣佈自己被選為可汗。這是一二六〇年的事。

忽必烈的弟弟阿里不哥非常憤怒，也宣佈自己是可汗。他們兩人之間的戰爭持續了四年，最後由忽必烈贏得壓倒性的勝利，阿里不哥投降（一二六四）。

就這樣，忽必烈成為了疆域西起俄羅斯，東至日本海的蒙古帝國第五代可汗。可是他終究還是希望能召開一個聚集所有蒙古族的全體忽里勒臺，贏得主要族長的支持，風光地成為大可汗，確立自己統治世界的地位。於是他開始四處打好關係，預備在兩年後召開忽里勒臺。忽里勒臺的主要成員包括伊兒汗國的旭烈兀、察合台汗國的阿魯忽，以及欽察汗國的別兒哥，全都實力雄厚。

沒想到兩年後，到了年，這三名主要成員全都過世，每個汗國都為了安頓繼承人而焦頭爛額，另外窩闊台家的海都也趁亂在中亞發起叛亂（海都之亂）。

忽必烈看見這個狀態，當下判斷就算召集這些不具實力的繼承人來舉辦忽里勒臺，也沒有意義，於是打消了召開忽里勒臺的念頭。這一場沒有開成的忽里勒臺，人稱夢幻的忽里勒臺。或許在這個時候，忽必烈已經放棄成為蒙古帝國整體的大可汗了吧。我相信他一定認為，西方就交給親戚們統治，自己只要在中國建立一個自己滿意的國家就好了——比起和親戚們內鬥，這麼做還比較有建設性。

銀開始循環，連接東西方的大型「樂市樂座」誕生

忽必烈選擇了一個比較順應現實的做法，也就是成為蒙古帝國（四大汗國）的宗主，而非蒙古帝國的大可汗。他想必是個注重效率、思考模式偏向近代化的人。

他想要讓當時的國際貨幣——銀在全世界循環，促進貿易繁榮。

忽必烈的宮殿每到新年，都會有許多來自全世界的蒙古皇族前來拜年，因為大家都認為忽必烈是蒙古的本家。當然，他們都會帶著貢品來朝貢。相對於此，忽必烈則會賞賜他們「bâlis」（波斯文的枕頭），亦即重達兩公斤的銀塊（銀錠）。

比方伊兒汗國的皇族，將銀錠帶回首都大不利茲之後，會怎麼處置呢？就算放著當裝飾也很奇怪，所以他們便將銀錠租給當時稱為「斡脫」的大商人（請想像成現代的貿易商）。

斡脫用這些銀錠購買中國的陶器、絲綢和茶葉，也就是說，忽必烈賞賜的銀又回到了中國。於是忽必烈便對這些銀錠課徵三十分之一的消費稅，加以回收。同時，忽必烈嚴禁在物流途中課稅，例如貨物只要一進港口就得課稅的規定，或是在海關課徵的通行稅等，一律廢除。

換言之，忽必烈在歐亞大陸實施了織田信長的「樂市樂座」政策，撤銷關稅等稅金的課徵，促進自由貿易。就像是進化版的TPP（跨太平洋夥伴協定）。

就這樣，銀大量在市場上流通（貨幣供應量），歐亞大陸整體的景氣變得非常活絡。而且由於通行稅撤銷，陸路和海路可以自由連結，就像名叫馬可．波羅的人（後述）一樣，每個人都能自由往來歐亞大陸。真正的全球化就此誕生。

全世界最早的全球化，是從大流士一世打造波斯御道開始；而在忽必烈連接了海陸交通之後，全球化的規模更向上提升。不只是從泉州到麻六甲海峽，再從波斯灣進入荷莫茲海峽（Strait of Hormuz）的海路，忽必烈更打通了從印度洋到非洲的貿易路線。

不過銀的總量畢竟有限，於是他又發行了一種可以換鹽的高額紙幣「鹽引」。忽必烈也將鹽的專賣當作主要的稅收，所以才用鹽引取代貨幣。忽必烈同時也發行了世界首創的可兌紙幣「中統元寶交鈔」。如前所述，宋朝曾經發行「交子」，那是一種類似支票的限期紙幣，而支票則是從阿拔斯王朝開始使用。但是紙幣（交鈔）本身作為正式貨幣使用，是從忽必烈的時代才開始的。

忽必烈時代的基本貨幣是銀，將二公斤的銀塊（Ingot）定為「錠」，其下還有「兩」（四〇公克）和「錢」（四公克）；除此之外還有鹽引和交鈔等紙幣。紙幣當中的交鈔取代了銅錢。

中國的銀本位制，造成銅錢流入日本，產生「壞人」

忽必烈政權下的中國因為有銀和紙幣，貨幣供給充足，因此過去大量流通的銅錢便不知該如何處理。有人提議將銅錢重新鑄造成銅塊，也有人提議把這些銅錢出口到日本等還沒有能力大量生產貨幣的周邊國家。

於是在鎌倉時代，大量的銅錢就這樣流入了日本。現金（宋錢）一旦供給充足，貿易就會變得活絡，而這時形成的一群人，就是所謂的「惡黨」。這些新興的團體超越了源賴朝所制訂的守護、地頭等土地本位制的框架，用自己的智慧賺取現金，逐漸形成富裕階級。

「惡黨」的代表之一就是楠木正成。「惡黨」帶來了接下來的室町時代。

忽必烈建設大都，國號大元大蒙古國

忽必烈在一二六七年開始建設新首都大都，也就是現在的北京。大都是中國唯一依照《周禮》這本傳說中的書籍中所記載的國都建造法，在一片空地上從零開始建造的都市。據說日本的天守閣所模仿的鼓樓和鐘樓，也是從這時開始設置的。大都設計成物資可以從天津港經由運河直接進入，當然，也有透過內陸運河從江南運送軍糧過來的途徑。

被設計成可經過天津與世界連結的大都，實際上負責建設的是阿拉伯人。

此外，忽必烈把自己在中國建立的新國家國號命名為大元。大元大蒙古國就此誕生。在此之前，中國的王朝皆使用他人（統治者）的爵位名稱命名，例如漢朝就是因為項羽指名劉邦為漢公，唐朝則是因為李淵的父親是唐公。

仔細想想，自己建立的國家由自己來命名，本來就是天經地義的事，但是在忽必烈之前的傳統，都是以別人的稱呼來當作國名。忽必烈以後的中國王朝，就全都變成由開國君主自己命名了。大元大蒙古國之所以被稱為元朝，就像是把大韓民國稱為韓國一樣，是一種簡稱。

忽必烈和日本有一場名為文永．弘安戰役的戰爭。這場戰爭稱為「元寇」，而元寇這個名稱，是幕府末期的日本國學家所命名的。

忽必烈熟知國外情勢，他打算和日本進行貿易，因此派遣使節來到日本。然而鎌倉幕府卻完全不知國際情勢與外交禮儀，竟然殺死了使節。這就是文永之役（一二七四）的導火線。關於元寇，請容我後述。

忽必烈命西藏僧侶八思巴（Drogön Chögyal Phagpa）為國師，創造了新的文字「八思巴文」（表音文字）來取代過去使用的回鶻文字。八思巴文僅使用於大元大蒙古時代，之後就漸漸無人使用。此外，也有學者認為八思巴文是諺文的前身。

忽必烈是多樣性的代表

文永之役後兩年，也就是一二七六年，大元大蒙古國的將軍伯顏在幾乎毫髮無傷的狀態下接收了南宋。南宋的經濟力和海運力，都原封不動地落入忽必烈的手中。

伯顏是從伊兒汗國派往大都的外交使節之一，當時年僅二十歲。忽必烈看中了他的才華，於是將他收為家臣。

攻打南宋可謂忽必烈此生最重要戰役，而他將這名來自大不利茲（伊朗）的三十八歲蒙古人貴族拔擢為這場戰役最高司令官。

忽必烈是一個毫不在乎社會常識的人。忽必烈曾這麼說：

「思想、宗教和信條這些在頭腦裡的東西，誰都看不見。如果因為這些理由就解任，那不管有多少人都不夠。遇到有才華的人，就叫他寫一份報告，只要內容寫得好，就可以直接任用。」

忽必烈徹頭徹尾只重視能力，不論思想、宗教或信條，只要是有能力的人，他都會重用。他是一個重視多樣性（活用各種人才）的人，最典型的政策就是廢除了科舉制度。

中國的高級官員全是由考上科舉的菁英，而科舉的題目皆出自儒教的四書五經。可是大元大蒙古國的政策基礎是讓銀流通循環的重商主義，在忽必烈的時代，必須懂得思考消費稅，或是怎麼和伊兒汗國做生意，因此他所需要的是擁有多種語言能力的國際化人才。過去考上科舉的官僚並沒有這樣的能力，因此忽必烈的內閣成員幾乎都是外國人。也就是說，因為大元大蒙古國沒有需要，所以沒有舉行科舉。文武雙全的忽必烈並沒有輕視儒教，反而比其他王朝更禮遇孔子的後代。

科舉停辦後生計出現困難的士大夫，全力支持朱子學

在此之前的中國，科舉是人民飛黃騰達的捷徑。科舉是個非常巨大的難關，是一個年輕人必須花上十年、二十年的青春埋頭苦讀，不斷挑戰的考試。相對地，只要考上榜

首，就一定能當宰相；只要考出優異的成績，就能成為重臣。因為抱著這樣的夢想，所以大家都拚命地念書。

然而大元大蒙古國卻停辦了這個考試。現在假如不會外語，就無法出人頭地。這麼一來，考生便對忽必烈產生怨懟：「都是忽必烈害我這一生都白費了，不可原諒」。未來到底該怎麼過活呢？他們只好來到南宋，靠著擔任富裕商人或貴族子弟的家庭教師來餬口。

在這些士大夫的支持之下，朱子學變得極為興盛。朱子學是十二世紀後期，由南宋的朱熹集大成的學問。用「理」這個人類的本性將自我和社會、自我和宇宙加以連結的朱熹，首度以邏輯的方式建立了儒教的體系。從這個角度來看，朱熹確實是一位偉大的學者，但是他同時也把意識形態帶進了對歷史的解讀、看法之中。

例如對《三國志》的解釋。漢朝滅亡後，中國進入魏晉南北朝，顧名思義，魏朝就是正統政權。然而朱子學卻認為由於劉備一族與漢朝的皇室有血緣關係，因此主張蜀國才是正統的政權。

以南宋的士大夫為核心的朱子學家們，對於中國被趕到江南，華北地區被金朝與蒙古佔據一事感到慷慨悲憤；朱子學正好反映出他們的這種心情。

讓南宋得以延續下去的，其實是秦檜的現實主義，然而朱子學卻認為秦檜是賣國賊，岳飛才是英雄。

用這種角度來看忽必烈的政策，會怎麼樣呢？銀的流通帶來熱絡的景氣，庶民的生活也變得更富裕，但是站在朱子學的立場來看，外國商人從中獲利，中國製造的陶瓷器和絲綢全都流向世界，怎麼看都像流失了貴重物品似的。而且外國人進入內閣，使得中國人的職位變少。站在朱子學的立場，忽必烈的時代幾乎沒有一點好處，他們認為必須找回真正「美好的中國」。信奉朱子學這種意識形態的狂熱信徒在南宋不斷增加。當自卑感和愛國主義產生不當的連結時，就會產生偏頗狹隘的愛國主義，這正是一個絕佳的例子。

忽必烈基本的想法和王安石一樣，都是重商主義（但忽必烈傑出的地方，是編纂了《農桑輯要》，強調農業的重要性），沒有任何意識形態。但是在這個時代的南宋，王安石被趕出了孔子廟，取而代之的是朱熹被奉為孔子的正統繼承人。

就在朱子學家悲憤慷慨的時候，泰國的素可泰王朝有一位叫做蘭甘亨大帝（Ram Khamhaeng）的明君即位（在位期間：一二七九—一二九九）。他將王國的版圖延伸至馬來半島、柬埔寨以及印度的孟加拉地區。此外，他看見鄰國緬甸成功把上座部佛教定為國教，於是也從斯里蘭卡招聘了上座部佛教的僧侶，同樣將其定為泰國的國教。素可泰王朝信仰上座部佛教，使上座部佛教逐漸在東南亞普及。

忽必烈讓南宋的失業官僚和軍人，負責出版事業與開拓殖民地

忽必烈靠著伯顏的才智，不費一兵一卒就接收了南宋。也就是說，原本在南宋工作的大批官僚和軍人，也全都留下來了。

忽必烈認為讓他們繼續待在原本的職位上，是一件危險的事。所謂小人閒居為不善，人只要一閒下來，就很容易開始動歪腦筋。所以忽必烈命令這些官僚和文人編纂古今中外的書籍。

例如被稱作「元曲」的雜劇散曲書籍、被稱作「說話」的歷史讀物（平話）等；除了上述大眾文學之外，也出版了名為《事林廣記》的百科全書。政府把永久保存用的厚重大本書籍「大字本」送至儒教經營的廟宇或書院等地方公共設施，再出版可以隨身攜帶的書籍「小字本」，作為日常閱讀的書籍。

這個出版事業就是解決南宋官僚失業問題的對策。剩下的就是南宋的軍人了。軍人的失業問題要怎麼解決呢？世上沒有比放著失業軍人不管還要危險的事。

這時忽必烈想到了日本。當時使者被斬首，雙方已經不可能進行貿易。那麼就請南宋的軍人前往日本吧——忽必烈想派他們去殖民。就這樣，總數超過十萬的大軍（關於人數眾說紛紜，也有一說認為只有幾萬人）侵襲日本。這就是一二八一年，在日本稱為

弘安之役的戰爭。

忽必烈晚年的軼事

忽必烈在弘安之役後，便將矛頭轉向東南亞。不過事實上這都是為了解決失業軍人的問題所想出的對策。他出兵越南（當時為繼承李朝的陳朝），要求對方臣服，但由於對方頑強抵抗而撤退。緬甸的蒲甘王國雖然也奮力抵抗，但卻被殲滅。接著在一二九二年他又遠征爪哇島，但也沒有成功。

《集史》中描繪成吉思汗即位情景的細密畫

忽必烈在一二九四年死去，享年八十歲。當時統治西部的欽察汗國與伊兒汗國皆已開始走上獨立之路，因此沒有必要召開忽里勒臺來決定忽必烈的繼承人。從此之後，大元大蒙古國的統治者就由忽必烈家世襲。

忽必烈七十二歲的時候（一二八七年），發生了東方三王家之亂。

東方三王家是當初贊成忽必烈舉辦忽里勒臺，把忽必烈推上可汗地位的人們。這場動亂的主謀是三王家之首的當家乃顏，他是個年僅二十九歲的年輕人。他認為當初是他們讓忽必烈成為皇帝的，現在差不多該把王位讓給年輕人了，於是發起了叛變；據說另一個原因則是為了爭奪貿易權。

但乃顏是個沒有吃過苦的少爺，他先是在叛亂前夜舉辦了盛大的宴會，接著沉沉睡去。他心想，明天就要發起叛亂了，年邁的忽必烈聽見這個消息，一定會嚇得發抖吧。

沒想到忽必烈聽到叛亂的消息，大為震怒，馬上騎著戰象衝上戰場。親衛隊嚇了一跳，趕緊追上忽必烈。

一邊是在宴會上喝得醉醺醺，睡得不省人事，一邊是七十二歲的老人乘著大象上前線奮勇親征，勝負立判。

忽必烈的思考充滿彈性，不管遇到什麼狀況，都能看清現實，用自己的智慧想出對策。我認為他是一位難得一見的優異政治家。

一二九二年，一名詩人在伊兒汗國的設拉子（Shiraz）辭世。他就是撰寫《薔薇園》、《果園》等作品的波斯國民詩人薩迪（Saadi Shirazi）。薩迪與蒙古貴族是出了名的友好，有一部小說描述伯顏在前往大都之前，曾經拜訪過薩迪。

伊兒汗國在一二九五年即位的第七代君主合贊改信伊斯蘭教，穩定了原本混亂的國情。他拔擢知名猶太醫師兼政治家拉施德丁（Rashid-al-Din Hamadani）作為宰相。

拉施德丁奉合贊之命編纂了與《史記》齊名的歷史名著《集史》，而《集史》中美麗的彩色細密畫也非常有名。

26 影響十四世紀的兩件事——鄂圖曼王朝的建立、法蘭西國王與教宗之爭

一二九九年，土庫曼的鄂圖曼・貝（Osman Bey）佔領了安那托利亞半島西部，位在羅馬帝國國界附近的沿海小鎮（耶尼謝希爾，Yenişehir），從魯姆蘇丹國獨立。這個小國，就是日後伊斯蘭世界帝國鄂圖曼王朝的開始。

一三〇〇年，羅馬教宗博義八世（Bonifacius PP. VIII）從猶太教的五十年祭典獲得靈感，開始舉行一種叫做「聖年」的宗教儀式。為什麼要開始舉行這種活動呢？原因出在教宗與法蘭西國王腓力四世之間的爭執。

腓力四世為了爭奪阿基坦與歐洲最先進的低地國的統治權，與英格蘭對戰，因此長期苦於財政困難。這時他想到可以向教會課稅，但教宗卻禁止他向神職人員課稅。腓力四世對此相當憤怒，決定停止法蘭西對羅馬教會的捐獻。

於是博義八世便用聖年來與之對抗——既然你不能捐獻，那我就叫信徒自己帶著錢來羅馬巡禮。於是教宗和法蘭西國王的鬥爭就此揭幕。

第四章 寒冷期與黑死病的時代

十四世紀是寒冷期與黑死病的世紀。從十三世紀後期到十四世紀前期，蒙古世界帝國為歐亞大陸東部至中央地區帶來有「蒙古和平」之稱的繁榮景象，但現在因為寒冷期和黑死病而傾倒，蒙古帝國的領土被明朝和帖木兒王朝瓜分。

在西方，十四世紀初法蘭西卡佩家的奇蹟斷絕，英格蘭趁機發動戰爭，英法百年戰爭揭幕。德意志的分治狀態幾乎底定，北部的漢薩同盟漁翁得利，富饒的義大利都市已經準備展開文藝復興運動。然而就在這時爆發了黑死病。

歐洲人口有三成以上死於黑死病，一直到十八世紀，人口數量都沒有恢復到原本的水準。但是因為黑死病而被迫面對死亡的人們，戰勝了宗教性思考，孕育出積極的人生觀以及讚譽人類的歌曲，而這正是催生文藝復興的導火線。

1 蒙古世界帝國迎向全盛期

在蒙古帝國，與大元大蒙古國持續對立的海都戰死，海都之亂在一三〇三年告終。位於東方大元大蒙古國以及西方伊兒汗國、欽察汗國中間的中亞戰亂平息後，往來東西的陸路交通便恢復原本的繁榮景象。波斯人、阿拉伯人以及歐洲人，都透過草原絲路或絲路來到蒙古帝國，當然蒙古帝國的人們也可以隨意出國。順帶一提，忽必烈同時也打通了海上交通，因此海都的企圖（截斷東西方的貿易網路）並沒有成功。

蒙古在談事情時，喜歡先打好關係，而非直接進入主題。他們會舉辦宴會，和對方一起飲酒作樂，摸清楚對方的想法之後，再進行交涉。這就像在拿破崙戰爭之後召開的維也納會議一樣。當時人們將這種宴會叫做「Тал」。「Тал」是一種世界宴會，在歐亞大陸各地都會舉辦。

人們在宴會上使用的通用語包括蒙古語、土耳其語、波斯語等等，而宴會中使用的青花瓷（藍色的陶瓷器）也廣受全世界人們喜愛。

這個時期的蒙古世界帝國明君輩出：

＊大元大蒙古國有第六代鐵穆耳（在位期間：一二九四—一三〇七）、第七代海山（在位期間：一三〇七—一三一一）

＊伊兒汗國有第七代合贊（在位期間：一二九五－一三〇四）、第八代完者都（在位期間：一三〇四－一三一六）

＊欽察汗國有月即別（在位期間：一三一三－一三四二）

完者都的巨大圓頂墳墓，一直到日後佛羅倫斯的穹頂（Cupola）出現之前，都是世界上最大的圓頂建築。

中國氣候宜人，文化進步，農業也很發達。王禎撰寫了世界第一本農業百科全書《農書》。這是繼北魏名著《齊民要術》之後的另一創舉。

就在海都之亂結束的時候，交付給南宋官員的出版事業也呈現空前的盛況。一三一三年，科舉恢復。這也證明元朝的政治已經融入中國在地。在科舉復辦的影響之下，各式各樣的書籍紛紛問世。

這個時期出版的書籍，有許多都對日本帶來很大的影響。例如被認為替中國史奠定基礎的《十八史略》（原為以兒童為對象撰寫的書籍），以及深受忽必烈喜愛的唐太宗言行錄《貞觀政要》等（《貞觀政要》在平安時代傳入日本）。日本的五山僧也從中國帶回許多小字本，形成被稱為「五山文學」的漢詩、漢文文化。此外，附有插圖的日用百科全書《事林廣記》裡，記載著現在已經融入日本生活的「大安」以及「佛滅」等等（譯注：六曜，一種曆注。包括先勝→友引→先負→佛滅→大安→赤口）。

十四世紀剛開始的十五年左右，可謂是蒙古世界帝國的全盛期。然而從一三一五年左右開始，地球漸漸變得寒冷，溫暖期帶來的種種好處消失，世界開始轉暗。

2 有關「名叫馬可．波羅的人」

威尼斯商人馬可．波羅將日本描述為黃金之國「Zipangu」，他口述的《馬可．波羅遊記》世界聞名。這個人在歷史上似乎確實存在，但奇妙的是，他的名字卻沒有出現在蒙古所保留下來的龐大資料裡。例如，馬可．波羅從中國搭乘的船，是大元大蒙古國的公主嫁到伊兒汗國時所搭乘的船，因此船上所有船員及乘客的名字，都紀錄在一份名單裡。然而這份名單上卻沒有馬可．波羅的名字。所以就算他真的去了中國，他使用的究竟是不是這個名字，也成為一個很大的謎團。

可是在《馬可．波羅遊記》中有關忽必烈的宮廷紀錄皆正確無誤，顯示這本書的確與曾經造訪過大元大蒙古國的人有關。因此部份學者為了更精準地敘述，便稱呼此人為「名叫馬可．波羅的人」。

透過這件事情我們可以知道，當時的大元大蒙古國是一個就連「名叫馬可．波羅的人」都能夠自由進出的「樂市樂座」之國。而人們可以自由往來，也就代表附著在人類身上的病原體也能自由往來歐亞大陸。

3 北印度的圖格魯克王朝遷都至德干高原

北印度在一三二〇年出現了德里蘇丹國的第三個王朝——圖格魯克王朝（Tughluq dynasty）。第二代君主穆罕默德・賓・圖格魯克（Muhammad bin Tughluk），是一個不知該稱為天才或狂人的君主。

過去印度的王權，都建立在北部的恆河流域以及印度河流域的旁遮普地區，不過印度南部其實也有包括德干高原在內的許多富饒地區。但是德干高原地勢較高，無論是地理環境或氣候都很不同，因此印度始終無法統一南部的德干高原。

然而身為一名天才軍人，穆罕默德擊敗了試圖侵略的欽察汗國，鞏固北方領土之後，便開始計畫統一南方。為此，倘若繼續以德里為首都，臣下們就不可能認真，所以他決定把首都遷至南方。實際上他也強硬地將首都遷至德干高原正中央的道拉塔巴德（Daulatabad）。

這件事就像日本的平清盛遷都福原一樣。道拉塔巴德是一個又熱又落後的地方，許多臣子都表示強烈的反對，於是幾年後他又將首都遷回了德里。若單看這個行為，只會覺得他是一個任性又恣意妄為的君主。不過，因為在遷都時必須搬運大量的物資，於是他一鼓作氣打造了一條連結恆河與德干高原的道路。這條道路十分寬廣，物資、軍隊和人民都能頻繁往來。

他為了遷都，於是具體打造了一條通往南方的道路。此外他也非常驍勇善戰，他擊敗了南部勢力，讓圖格魯克王朝擁有印度史上最廣大的疆域。但是在一三三六年，信奉印度教的毗奢耶那伽羅王朝（Vijayanagar Empire）誕生，圖格魯克王朝於是失去南方的領土。

無論如何，穆罕默德・賓・圖格魯克完成了進出南方所需的基礎建設。我認為這成為了日後蒙兀兒帝國統一印度的基礎之一。

4 黑死病大流行

名叫馬可・波羅的人能夠輕易前往大元大蒙古國，就表示全球的海陸交通已經四通八達，人們可以自由往來移動；但是這同時也意味著病原體也能輕易地和人一起前往各處。

據說在歐亞大陸漫長的歷史中，人類對病原體的抗體可分成三種類型：東歐亞大陸・中國型、西歐亞大陸・歐洲型，以及被喜馬拉雅山脈擋住的印度亞熱帶型。

簡單講，一旦東方的病原體來到西方（反之亦然），就會造成大災難。假如再加上印度，造成的影響更是無法估計（蒙古勢力曾屢次嘗試入侵印度）。新的病原體在沒有抗體的人類之間傳染，災情當然一發不可收拾。

在人稱蒙古和平的時代裡，由於氣候溫暖、經濟發達，人們可以好好吃飯，攝取足夠的營養。在這段時間，人類的抵抗力是比較強的。但是當天氣不穩定，氣候變得寒冷，農業生產力下降的時候，人類的抵抗力也會跟著降低。在這種時候，假如病原體橫跨歐亞大陸的三個抗體區入侵的話，可以想見勢必會出現全球性的傳染病。最具代表性的，就是黑死病的大流行。

黑死病爆發於一三三〇年代的中亞，首先襲擊的是大元大蒙古國以及印度，接下來沿著草原絲路西進，在一三四七年進入克里米亞半島（Crimea）上的熱那亞殖民都市卡法（Kaffa，現稱費奧多西亞〔Feodossia〕），最後登上了西西里島的墨西拿。黑死病成為以大元大蒙古國為中心的蒙古世界帝國走向滅亡的重要原因，同時導致歐洲人口有三成以上死亡。一般認為埃及馬穆魯克王朝的衰亡，也是出自於相同的原因。

在歐亞大陸的各處都有人大量死亡的過程中，中國型．歐洲型．印度型的病原體與抗體皆互相混合，等到黑死病的流行退去，活下來的人們便擁有歐亞大陸共通的抗體。也就是說，人們是透過瘟疫肆虐而得到了強力的抗體。在不久的將來，這些擁有強力抗體的人們，在遇到對歐亞大陸的病原體毫無抵抗力的新大陸的人們時，又將引發一場悲慘的大流行病。

在黑死病肆虐的同時，日本因為元寇而耗盡力氣的鎌倉幕府滅亡，後醍醐天皇親政，展開建武中興。

5 大元大蒙古國衰亡，紅巾之亂爆發

在大元大蒙古國全盛期，東海上看不見任何一艘海盜船，但是因為黑死病導致國力衰退、權臣專横導致政治紊亂，制海權也隨之變弱。這時，九州、琉球列島、台灣、中國以海為業的人民當中，部份充滿冒險精神的人，為了尋求自由貿易而開船來到東海，襲擊貿易商船、搶奪朝鮮半島或中國沿岸都市。

這些人被稱為倭寇（前期）。

一三五一年，泰國的第一個王朝素可泰王朝被合併，第二個王朝大城王國（Ayutthaya）建國。

同樣在一三五一年，中國發生了紅巾之亂。

在五世紀初，江西省的廬山出現了淨土宗的祕密結社白蓮社。這個宗教提倡只要唸南無阿彌陀佛，就能前往淨土。這個祕密結社一直流傳到南宋，就成了白蓮教。從這個時候開始，他們的信仰中就加入了彌勒佛。彌勒菩薩是一個導正世間的菩薩，因此白蓮教變得愈來愈激烈。韓山童就是在此時出現的。

他對信徒說，天氣變得寒冷，是上天要大家群起反抗蒙古的暗示，於是發起了紅巾

之亂。參加叛變的同伴，都會綁上紅色的頭巾以供識別。

紅巾之亂始於河南省，漸漸擴散到安徽省。將米等糧食從南部運往北部的大運河，被紅巾賊切斷。

然而大元大蒙古國並沒有因此而斷糧，因為大都還有另外一條海上道路是暢通的，也就是透過江南沿海地區的港口，從天津前往北京的路線。忽必烈原本就很重視海運，因此這條海路便成了大都的命脈。

掌握江南穀倉地區以及海運的是張士誠，當張士誠謀反的瞬間，大元大蒙古國的命脈就等於被切斷了。

朱元璋與軍師劉基擊敗張士誠

在紅巾賊當中，有一個出身貧農的男子，名叫朱元璋。他軍師劉基的輔佐下，開始嶄露頭角。他殺死韓山童的遺子韓林兒後，改變方針，開始打壓白蓮教，擴大勢力範圍，在南京自立為王。

朱元璋與握有海運權的張士誠開戰，將他擊敗。一三六八年，明朝誕生。

劉基是一位能力傑出的軍師，以他為樣本的諸葛孔明大為活躍的《三國演義》，就是在明朝完成的。所以孔明的各種傑出表現，其實都是以劉基為樣本的。

朱元璋身邊的人都是朱子學的信徒，他們具有排斥異族的意識形態。所以劉基和孔明的形象重疊，塑造出為了大義捨身的軍師孔明，流傳後世。

6 大明建國與帖木兒的崛起

朱元璋建立明朝後，便派將軍徐達前往大都（北伐）。而大元大蒙古國幾乎完全沒有戰鬥，就直接交出了大都，返回蒙古高原（之後稱為北元）。因為就算想要守住大都，海陸的補給路線都被封鎖了，糧食無法運入。為了避免出現犧牲，所以他們決定回到北方的故鄉——蒙古高原。大都更名為北平，落入明朝的手中。

在東方的大元大蒙古國滅亡的時候，西方的汗國又是如何呢？中亞本來就是黑死病流行的地方，所以每一個汗國都已經疲弱不振。這時竄起的是察合台汗國的武將帖木兒。他和擁有成吉思汗血脈的女性結婚，將首都設在撒馬爾罕，創立了帖木兒王朝（一三七〇）。

帖木兒首先攻下了他的出生地察合台汗國，接著在明君完者都死後，收服當時一片混亂的伊朗伊兒汗國。最後又攻陷欽察汗國的首都薩萊，造成莫大的損害。

就這樣，帖木兒幾乎佔領了西方三個汗國的舊領地。蒙古世界帝國倒下後的歐亞大陸，由明朝和帖木兒王朝重新分配。

7 — 蒙古史與歷史的真相

蒙古打造了一個人類史上空前絕後的大帝國，並且透過讓銀流通這種先進的貿易手法來經營它廣大的版圖。他們串連起海陸交通，實現了全球化。雖然病原體也在全世界擴散，但同時也創造出頑強的人類。蒙古替使用火藥、槍彈的軍事革命奠定了基礎，世界地圖也是蒙古的產物。

時至今日，像以前那種認為蒙古是個濫殺人民、破壞都市的野蠻國家的印象，已經逐漸變淡。

過去我們所學的蒙古史，都是以中國留下的資料為依據。根據中國的傳統，一個王朝的正史，會由建立下一個王朝的人來撰寫。因此撰寫蒙古歷史的，就是明朝的學者——也就是對異族恨之入骨的朱子學家們。由他們來撰寫蒙古歷史，當然會把蒙古寫成破壞文化的野蠻人。而這樣的歷史漸漸流傳至世界各地。

然而事實上，有關蒙古歷史，還有以土耳其文及波斯文撰寫的大量史料，只是以前沒有人去讀它。最早開始研讀這些史料的是蘇聯學者，由於他們統治中亞地區，所以才開始學習中亞的歷史。這些史料的內容跟中國所撰寫的歷史有很大的出入，全世界注意到這件事情後，便也開始閱讀用土耳其文和波斯文撰寫的蒙古歷史。再加上網路的普及，研究出現飛躍性的進展。

日本人由於長期習慣閱讀以漢字書寫的歷史，所以對於以前的蒙古與新的蒙古所抱持的印象有很大的落差，但這實非日本歷史學者之罪。

8 法蘭西國王腓力四世與教宗博義八世的殊死戰

在歐洲，和法蘭西國王對立的教宗博義八世宣布了一三〇〇年為聖年，獲得人民的接納。

例如傳說在每年的七月十日前往淺草寺參拜，就能得到四萬六千日份的福報。直到現在，在那天舉辦的「鬼燈市」也都熱鬧無比。

博義八世是個聰明人。法蘭西國王不再繼續捐獻，對教會來說可謂損失慘重。畢竟羅馬教會為了維持威嚴（說白一點，其實是為了維持奢華的生活），是需要金錢的。因此他才想到讓信徒來羅馬的這個方法。生活富足的法蘭西市民前往羅馬，接受教宗的祝福，捐獻大筆金錢，法蘭西國王也無法阻止。而且人們來到聖彼得教堂後，除了捐獻以外，也會購買伴手禮、用餐，把錢花在羅馬。

站在法蘭西國王的立場，法蘭西人民的錢就是他的錢，這些錢全都流向羅馬教會，實在難以原諒。他很想教訓一下教宗。他認為首要之務就是先鞏固自己的立場，所以創設了三級會議（Estates General）。他召集了貴族、神職人員以及平民代表，舉行三個會議。只是腓力四世之所以能順利舉辦三級會議，其實是有其原因的。

腓力四世的父親腓力三世將貴族的敘任加以制度化。一個人即使並非生在貴族家，只要法蘭西國王一句話，就能變成貴族。因此不同於國王與貴族可以在會議中面對面對等討論的英格蘭，法國的貴族幾乎等於國王的傀儡。

此外，神職人員也住在法蘭西，擁有財產，也有情婦和小孩。相較於住在羅馬的教宗，國王跟他們比較親近。而平民則是不得不少數服從多數。

鞏固好自己的地位之後，即使被教宗開除教籍，腓力四世也絲毫不以為意。他派法學家（légiste）威廉・德・諾加雷（Guillaume de Nogaret）前往羅馬。

當時正好是夏天，博義八世回到故鄉阿納尼（Anagni）避暑。此時威廉・德・諾加雷率領軍隊出現，軟禁了教宗。

傳說博義八世因此氣憤而亡，後世將此事稱為「阿納尼事件」（Outrage of Anagni）（一三〇三）。

9 威尼斯的繁榮與非洲的金礦

在腓力四世召開三級會議的一三〇二年，威尼斯在埃及馬穆魯克王朝的亞歷山大港設立領事館，開始進行貿易。十字軍雖然早就結束，但是教宗應該也嚇了一跳吧。

威尼斯是一個非常重視利益的都市國家。從中國經過印度來到波斯灣的這條貿易路線，一直以來都是由伊兒汗國所統治。由於不確定伊兒汗國是不是一個安全的交易對象，因此威尼斯著眼於由馬穆魯克王朝掌控的，從紅海到埃及的這條貿易路線。馬穆魯克王朝是伊斯蘭教國家，因此其他基督教國家不會來；只要和馬穆魯克王朝打好關係，就能獨佔紅海路線——這就是威尼斯打的如意算盤。這個策略奏效，威尼斯變得繁榮昌盛。

一三一二年，曼薩．穆薩（Musa I of Mali，「曼薩」為「國王」之意）在撒哈拉以南非洲的伊斯蘭國家馬利帝國即位。篤信伊斯蘭教的穆薩在廷巴克圖、加奧（Gao）等地建造清真寺，在一三二四年決定前往麥加巡禮，並在途中造訪了開羅。穆薩用駱駝載著大量黃金，極盡奢華之能事，將大量的金塊投入市場，結果造成埃及的金價暴跌。

「撒哈拉以南非洲有大量黃金」的傳說，就從這個時候開始出現。本來非洲的黃金，都是由伊斯蘭商人運送到威尼斯與佛羅倫斯，製成金幣；不過人們並不知道伊斯蘭商人是從非洲的什麼地方把黃金帶來的。直到這時，人們才終於知道黃金來自曼薩．穆薩的馬利帝國。於是馬利的貿易城市廷巴克圖便出現了黃金傳說。

如前所述，日後恩里克王子之所以會沿著非洲西海岸往南航行，正是因為曼薩・穆薩在開羅大肆揮霍的關係。

10 亞維農之囚與十三日星期五

在阿納尼事件之後，腓力四世這麼想。

如果遙遠的羅馬有個教宗在，說不定又會想從富有的大國法蘭西榨取金錢。對了，乾脆把教宗帶來法蘭西好了。只要人在法蘭西國內，就算教宗過著奢華的生活，錢也是花在法蘭西。這麼一來不但可以課到稅，法蘭西的錢也不會流出國外。

於是他真的執行了這個對國王來說雖然有好處，但是對羅馬教會來說卻完全不合理的想法。同時他也介入教宗選舉，要求羅馬教會選出法蘭西人擔任教宗（克勉五世）。一三〇九年，他在隆河中游河畔的亞維農建造一座教皇宮（Palais des Papes），將教宗軟禁於此。

一直到一三七七年，亞維農之囚總共持續了莫約七十年之久。這段期間裡選出的教宗，當然全都是法蘭西人。

法蘭西和英格蘭的紛爭持續不斷，始終苦於財政赤字的腓力四世這次把腦筋動到聖殿騎士團身上。在十字軍興盛的時代，無法參與十字軍的人們，或是對守護巡禮者與聖地的聖殿騎士團表示高度讚許的人們，都會奉獻鉅額捐款給騎士團。騎士團和教會一樣不能課稅，而十字軍現在已經完全結束。

腓力四世認為聖殿騎士團已經沒有存在的必要，留著無用的軍事力量也很麻煩，因此他在一三〇七年十月十三日星期五，一口氣逮捕了聖殿騎士團的所有幹部，將他們全部處死，並且沒收他們所有的財產。這起事件之後，腓力四世與他的三個嫡子也全部死去，卡佩王朝自此絕後，於是人們開始將十三日星期五視為一個不吉利的日子。

11 瑞士邦聯擊敗哈布斯堡軍隊。同時期歐洲豪雨成災

如前所述，瑞士三州在一二九一年締結「瑞士同盟誓約」，形成事實獨立。然而瑞士的領主哈布斯堡家對此非常憤怒，對瑞士展開攻擊。

哈布斯堡軍與「瑞士同盟誓約」軍在瑞士中部展開蒙加頓戰役（Battle of Morgarten）（一三一五）。同盟軍大勝，將哈布斯堡家趕出瑞士。

這場戰爭確立了瑞士的獨立地位，而哈布斯堡家從此將本籍從舊領地瑞士改為奧地利。

從蒙加頓戰役的時期開始，歐洲就持續豪雨成災。這場大雨一直下了六年，原因是地球寒冷期所導致的異常氣象也波及到了歐亞大陸西部。

歐洲出現飢荒，大量的人們餓死。此外，緊接著大雨之後，黑死病也悄悄地潛入歐洲。歐洲的黑死病從此時開始，一直持續到一三五二年。

一三二一年，《神曲》的作者但丁死去。他因為捲入政治鬥爭而被趕出故鄉佛羅倫斯，於是長居拉溫納。源自巴勒摩腓特烈二世的宮廷，以義大利語（托斯卡尼語）為基底的文藝運動，透過以義大利文撰寫的《神曲》開花結果。但丁被譽為義大利最優秀的詩人，同時也是文藝復興運動的先驅者。

此外，北非馬林王朝的旅行家伊本．巴杜達（Ibn Battuta）在一三二五年展開橫跨印度、中國乃至於東非的長途旅行。期間，他在北印度的圖格魯克王朝擔任了八年的官員。他這段持續到一三五四年的旅行紀錄，後來以口述的方式集結成《伊本．巴杜達遊記》一書，是一部與《馬可．波羅遊記》齊名的遊記。

這樣的長途旅行能夠完成，顯示忽必烈打造的蒙古海路交通仍然功能健全。

一三二五年，以墨西哥盆地的湖上之島為首都的阿茲特克王國（Aztec）在美洲大陸誕生。

12 腓力四世死亡。卡佩王朝結束，進入瓦倫王朝

人稱「le Bel」（美男子），以英俊聞名的法蘭西強勢君主腓力四世，在一三一四年

死去。

他有三個嫡子，因此大家都認為王位繼承應該沒問題，然而不幸的是，他的三個嫡子都沒有留下兒子便死去了。一三二八年，第三個查理四世死去後，在三百五十年間都有直系嫡子繼承，讓法蘭西成為大國的卡佩王朝（直系）就此斷絕。

雖然坊間半開玩笑地謠傳這是聖殿騎士團的詛咒，不過能血脈能延續三百五十年本身就已經非常難得（卡佩家的奇蹟）。和因為沒有子嗣而反覆斷絕的德意志王朝相比，便能明白這有多麼驚人。之後法蘭西的王位由腓力四世的弟弟——瓦盧瓦伯爵查理之子繼承，成為腓力六世。由於是由堂弟繼承，因此就算繼續延續卡佩王朝也很正當，但由於英格蘭國王提出抗議，所以從腓力六世開始便稱為瓦盧瓦王朝，與卡佩王朝做出區隔。

13 莫斯科大公國的誕生與塞爾維亞的興亡

同樣在一三二八年，東方欽察汗國的英明君主月即別，冊封莫斯科的伊凡一世（Ivan Ⅰ）為大公。

莫斯科大公國就此誕生。同年，全俄羅斯的東方教會主教區也遷移至莫斯科。伊凡宣誓效忠欽察汗國，成為一個優秀的徵稅人，讓莫斯科日益繁榮。

巴爾幹半島上，過去被東羅馬皇帝巴西爾二世消滅的保加利亞再次振興（第二帝國。一一八七—一三九三）。

然而位在西邊的鄰國塞爾維亞出現一名英雄斯特芬・烏羅什四世（Stefan Uroš IV Dušan Silni），勢力急速擴張。一三三〇年，他擊敗保加利亞軍隊，一轉眼就征服了巴爾幹半島。烏羅什四世趁勢想要打倒羅馬帝國，準備進攻君士坦丁堡，卻在遠征途中猝死於薩洛尼卡（Thessaloniki）。

一個充滿領袖魅力的君主出現，讓國家急速擴張，如今卻又突然死去——這麼一來，正如過去經常看見的，在行政組織、領土統治制度都還沒成熟的狀態下，國家便彷彿脹滿的氣球爆裂一般，急速衰亡。塞爾維亞僅享受了二〇多年的風華，便開始式微。

在塞爾維亞走向衰亡的契機下，鄂圖曼王朝開始變得強大。

14 英格蘭國王愛德華三世讓法蘭西陷入百年戰爭

法蘭西國王美男子腓力四世有個女兒，人稱「佳人伊莎貝拉」（Isabella the Fair）。伊莎貝拉嫁給英格蘭國王愛德華二世，而他們的兒子是愛德華三世。

愛德華三世對腓力六世繼承王位一事提出異議。

「我的母親是腓力四世的女兒，因此她擁有法蘭西王位的繼承權。而她的兒子，也就是我，比腓力六世更有資格繼承王位。」英格蘭王家不受薩利克法的限制，再加上薩利克法可以解釋成雖然禁止女兒繼承，但卻沒有禁止女兒的子嗣繼承。一三三七年，愛德華三世對法蘭西發動戰爭。

他的軍費，由當時正處全盛期的佛羅倫斯兩大銀行——巴爾迪家（Bardi）與裴魯齊家（Peruzzi）提供。

得到強力支援的愛德華三世高聲宣戰，展開了後世稱為百年戰爭的戰役。

克雷西會戰、加萊市淪陷、羅丹的「加萊義民」

剛開戰的時候，國力約為英格蘭三倍的法蘭西佔上風。兩軍在一三四六年在法蘭西北部的克雷西（Crécy）對峙。雖然法蘭西的兵力較多，但是英格蘭擁有強力的武器，也就是凱爾特人的傳統武器——長射程的威爾斯長弓（Welsh Longbow）。法蘭西的十字弓由於射程短，完全不是對手，因此百年戰爭的序幕，是由英格蘭獲得壓倒性的勝利。身穿黑色盔甲的愛德華三世長子——黑太子愛德華（Black Prince）在此戰役中威名遠播。

隔年，多佛海峽沿岸的戰略要地加萊（Calais）也落入英格蘭的手中。當時有六名市民代表用繩子將自己綁起來，向愛德華三世懇求：「你可以將我們處死，但是請放過其他市民。」這個故事就是羅丹著名的雕刻作品「加萊義民」（The Burghers of Calais）的藍本。加萊一直到一五五八年，都由英格蘭統治。

志得意滿的愛德華三世非常嚮往在亞瑟王傳說中出現的圓桌武士，於是在一三四八年創設了嘉德騎士團；這是一個以吊襪帶聞名的騎士團。另一方面，法蘭西失去了許多領土，但在一三四九年，得到了瑞士附近的多菲內地區（Dauphiny）。這個地區後來成為王子的領土，從這個時候開始，法蘭西的王子就被稱為「Dauphin」（Dauphin de France）；也就是海豚的意思。

以上就是百年戰爭初期的戰況。

15 黑死病成為文藝復興的契機之一

黑死病在十四世紀中葉來到歐洲，導致許多人喪命。人們在每天都必須面對死亡的生活中，不得不對神抱著虔敬的心情。當時甚至流行著這麼一句話：「勿忘人終將一死」（memento mori）。然而另一方面，人們也開始這麼想：既然人這麼容易死去，那麼何不活得充實一點，趁活著的時候好好享受生活，談一場美好的戀愛，大啖美食呢？

在黑死病中存活下來的人們，因為身上擁有強力的抗體，所以開始嚮往積極的人生。讚譽人生的文學在此時誕生，並且廣受歡迎。

義大利的薄伽丘所撰寫的《十日談》（*Decameron*），意為十天裡的故事，內容是逃過黑死病的十名男女所說的滑稽故事。薄伽丘對但丁極為推崇，致力向世人推薦但丁。薄伽丘的朋友佩脫拉克創作了情詩集《*Canzoniere*》。此外，英格蘭的喬叟所創作的《坎特伯里故事集》（*The Canterbury Tales*）也在這時問世，內容為各個階層的人們聚集在坎特伯里大教堂所說的故事，諷刺教會的道德觀。

現在我們漸漸發現，這些書裡所描述的故事，其實大多借用《一千零一夜》等伊斯蘭世界的故事作為藍本（《神曲》亦是如此）。

佛羅倫斯的麥地奇家族（Medici）在文藝復興的全盛期對許多藝術家提供金援，這個家族的主人羅倫佐（Lorenzo de' Medici）留下了許多詩，其中有一首是這麼寫的：「既然明天可能會死，那麼今天就讓我們飲酒作樂，盡情相愛吧」

人類因黑死病而產生的對死亡的恐懼，反而催生了正向積極地看待「愛」的文藝復興思想。

黑死病造成許多農民死亡，使得原是小領主的地方中小貴族大受打擊。由於死亡人數眾多，GDP變小，通貨膨脹，導致經濟不景氣。人口減少亦使不景氣加劇。這麼一來，正如同日本近幾年來也因為不景氣而導致人口往都市集中，歐洲人口也開始流入義大利的都市國家。歐洲的中小貴族也因為受這些都市國家聘僱為傭兵，而大舉前往義大利。這個時代知名的傭兵隊長，包括佛羅倫斯的約翰·霍克伍德（John Hawkwood）與米蘭的法蘭切斯科．斯福爾扎（Francesco Sforza，日後的米蘭公爵）等等。

16—德意志的分治與漢薩同盟的組成

太過偏袒義大利的三王家讓德意志的諸侯學到教訓，於是選出瑞士小領主哈布斯堡家的魯道夫一世作為德意志國王，但出乎意料地，他竟然毫不掩飾自己想併吞奧地利的野心。於是諸侯不承認哈布斯堡家的世襲，又從小領主拿騷家（Haus Nassau）與盧森堡家（Luxembourg）另選出德意志國王。一三四六年，盧森堡家的查理四世（Karl IV，盧森堡伯爵兼波希米亞國王）被選為德意志國王。

然而查理四世也是一個充滿野心的人，他被加冕為羅馬皇帝後，隔年，也就是一三五六年，頒布了蓋有金色印璽的文書——黃金詔書，規定選出羅馬國王（羅馬皇帝）的程序。包括普法茲（Pfalz）、薩克森（Saxony）、布蘭登堡（Brandenburg）、波希米亞（Bohemia）這四個世俗諸侯家，以及美因茲（Mainz）、特里爾（Trier）、科隆（Cologne）這三大主教在內的七人，才擁有選擇羅馬皇帝的權利；但背地裡真正的意圖，其實是規定選出皇帝時無須教宗認可。而盧森堡家的競爭對手哈布斯堡家與維特爾斯巴赫家（巴伐利亞公爵），則巧妙地被排除在外。

然而當時的情況是，大約從一百年前的霍亨斯陶芬王朝以來，德意志國王就不再對

義大利進行干涉。而替羅馬國王（羅馬皇帝）加冕的教皇，也從一三〇九年以來，就一直被軟禁在法蘭西的亞維農。

因此這份黃金詔書等於是確定了七個選帝侯的領地，亦即確立德意志的分治，阻斷了德意志走上發展為中央集權大國的道路。有一群人非常樂見這樣的小國分治狀態，那就是在北海與波羅的海進行貿易的商人們。

要是德意志建立了大國，那麼港口和船隻就可能被課稅，貿易權也可能被剝奪。對於以貿易維生的人而言，小國林立的狀態對他們是最有利的。

北方的自治都市與港灣都市也締結同盟，呼應德意志分立為七個領邦。一三五八年，呂北克與漢堡組成商業同盟之後，人稱北地中海的這個海域，也出現了名為漢薩同盟的強力準國家。

17 百年戰爭由法蘭西反敗為勝。「稅金之父」登場

百年戰爭持續進行。一三五六年，在法蘭西中西部的普瓦圖戰役中，法蘭西軍隊再度潰敗，國王約翰二世遭到俘虜。

法蘭西的農民持續面臨悲劇。攻進當地的英格蘭軍隊破壞農地、搶奪糧食、姦淫婦女，徹底蹂躪當地。於是法蘭西北部發生了農民的叛亂，這就是一三五八年的札克雷暴動（Grande Jacquerie）。

儘管百年戰爭開戰以來一直是英格蘭佔上風，但事實上法蘭西的國力原本就比較強，人口也比英格蘭多上三倍。約翰二世被俘虜之後，一三六四年即位的查理五世開始展開反擊。

查理五世實行了稅制改革。他認為法蘭西原本就很富強，只要確保稅金收入，獲得充足的軍費，絕對不可能輸給英格蘭。查理五世重新打造財政基礎，以人頭稅、消費稅、鹽稅作為稅收的三大支柱。這個政策大大成功，後世稱他為「稅金之父」。而名將貝特朗·杜·蓋克蘭（Bertrand du Guesclin）也在這時候開始嶄露頭角。原本就具有實力的法蘭西重整態勢，查理五世幾乎將失去的國土全部收復。

之後兩國仍然有許多小紛爭，最後在一三九六年決定暫時休兵。這是因為兩國都出現了王位繼承的問題。

18 鄂圖曼王朝出現耶尼切里

在安那托利亞半島西北部建立小國的鄂圖曼王朝，進入第三代穆拉德一世（Murad I，在位期間：一三六二—一三八九）的時代。鄂圖曼王朝的四周有許多同為土庫曼的小國，他們全都驍勇善戰。海峽的另一邊，則有歷史悠久的東羅馬帝國首都君士坦丁堡。

不過若將視線往北方延伸，巴爾幹半島上，強國保加利亞輸給了敗給了塞爾維亞，而塞爾維亞在烏羅什四世死後便開始沒落。換言之，只要來到君士坦丁堡的另一頭，似乎不會遇到什麼強敵。穆拉德一世發現了這一點。

穆拉德一世認為巴爾幹半島比較容易擴展領土，所以他渡過海洋，比較輕鬆地攻陷哈德良堡（Adrianople，今愛第尼（Edirne））後，便遷都於此。這是穆拉德一世的第一處歐洲領土，當時是一三六三年。

然而在巴爾幹半島上擁有領土的穆拉德一世，忽然發現了一件事——鄂圖曼王朝的軍力是土庫曼的騎兵團，但是巴爾幹半島的地形並非平原，幾乎沒有人騎馬，大多數的人都是信奉基督教的農民，因此想在這裡培養騎兵團是很困難的。於是他打算發明一個新的制度。

他從基督教徒農家中比較富裕，而且兒子比較多的家庭裡，挑選出一兩個條件較佳的孩子。就像是培養馬穆魯克一樣，他花錢來買這些孩子。這種制度叫做德夫希爾梅（devşirme）。他讓這些年紀還小的孩子改信伊斯蘭教，細心扶養他們長大，接著把他們分為日後擔任事務官的「卡普庫魯」（Kapıkulu）與日後擔任步兵的「耶尼切里」（yeniçeri）。

槍砲開始普及之後，鄂圖曼王朝便發明了讓步兵部隊持槍作戰的戰術。

鄂圖曼王朝遷都巴爾幹半島後，只經過一〇年左右，就建立了領土包括現在伊朗西北部及土耳其東部的黑羊王朝（一三七五年建國。Karakoyunlu，黑羊）與白羊王朝（一三七八年建國。Akkoyunlu，白羊）這兩個土庫曼的王朝。黑羊王朝的首都在大不利茲，白羊王朝的首都在大不利茲西方，土耳其的迪亞巴克爾（Diyarbakır）。

19 漢薩同盟透過鹹魚掌握波羅的海霸權

一三五八年誕生的漢薩同盟日益強大。貿易活動熱絡，從內陸到沿岸，加入同盟的都市愈來愈多，讓漢薩同盟愈來愈像一個聯邦。看見漢薩同盟的成長，首先感到危機的，就是丹麥王國的瓦爾德瑪四世（Valdemar IV，中興王）。

丹麥是過去曾締造北海帝國的維京人的子孫。然而包括丹麥的港灣都市在內，許多市民都在漢薩同盟的旗下積極展開貿易活動，而且沒有繳稅給丹麥。於是丹麥與漢薩同盟爆發了戰爭（一三六二—一三七〇）。資金充沛的漢薩同盟在兵力方面也沒有任何短缺，在這場戰爭中輕鬆獲勝。挪威和瑞典擔心丹麥坐大，於是決定站在漢薩同盟這一邊。

漢薩同盟興盛的祕密在於鹹魚。他們從挪威的卑爾根將鱈魚、鯡魚送到漢薩同盟的盟主，也就是德意志北部的呂北克，再用呂北克南方呂訥堡出產的岩鹽醃製成鹹魚，賣到整個歐洲。

在此之前世上從來沒有鹹魚，這是漢薩同盟的獨占商品。以往歐洲的內陸地區只能吃到淡水魚。法蘭西的亞維農教皇宮裡有一幅巨大的畫作，描繪的就是人們在池塘捕魚的狀況。假如沒有醃魚的技術，歐洲內陸的人們是吃不到海水魚的（以往只有鱈魚乾等魚乾）。

雖然這只是一個單純的發明，但卻是「哥倫布的蛋」（Egg of Columbus），誰先發明，誰就獲勝；於是鹹魚成為一種大受歡迎的商品。用鹽醃製的鱈魚和鯡魚，便成了漢薩同盟發展的原動力。漢薩同盟的勢力愈來愈大，加盟的都市超過了兩百個。丹麥再也忍不住，一三九七年，在女王瑪格麗特一世（Margrete I）的努力下，與挪威、瑞典聯手組織卡爾馬同盟，對抗漢薩同盟。

20 亞維農之囚結束，小分裂開始

羅馬教宗遭受的亞維農之囚，在一三七七年結束。

法蘭西因為忙於和英格蘭之間的百年戰爭，沒有心力管教宗的事。另一方面，羅馬教宗最重要的頭銜，是第一任羅馬主教彼得的繼承人。在建造於彼得遺體之上的聖彼得教堂內傳教，才是羅馬教宗本來的職責。

沒有教宗的聖彼得教堂，信徒也漸漸不再造訪，羅馬變得冷清。這時，義大利中部的西恩納（Siena）出現一位聖女——聖加大利納（Santa Caterina da Siena），她大聲疾呼：「羅馬教宗應該回到羅馬」。這個簡單易懂又合理的呼籲非常有效，就像「讓凱撒的歸凱撒」一樣。再加上有頒布黃金詔書的羅馬皇帝查理四世的後援，睽違了七十年後，羅馬教宗額我略十一世終於回到了羅馬。

教宗是領袖，因此回到羅馬沒有任何問題。但是原本在亞維農教廷工作的主教、官員，以及在教廷做生意的商人們，是沒有那麼容易切割的。

一直在亞維農教廷工作的人們，在這七十年間當然也傳承了許多代。他們現在只會說法語，也擁有土地和財產。當地的商人如今也失業了。

事到如今，以亞維農樞機團為中心的人們群起拒絕前往羅馬。在額我略十一世回到羅馬的隔年，羅馬選出新的教宗烏爾班六世（Urbanus VI），而亞維農樞機團也擁立了對立教宗。

就這樣，羅馬教會進入了小分裂（schism）的時代，這種同時有兩名教宗存在的異常狀態，持續了莫約三十年至四十年。

21 英格蘭發生瓦特・泰勒農民起義，「民有、民治、民享」

在札克雷暴動爆發後不久，義大利在一三七八年發生了梳毛工起義（Tumulto dei Ciompi）。

「梳毛工」（Ciompi）是對佛羅倫斯毛織品工廠低階勞工的蔑稱。他們得知法蘭西發生叛亂的消息，便決定起而效尤。當時新興財閥麥地奇家族的成員薩爾韋斯特羅（Salvestro Alammano de' Medici）也參與了這場暴動。這個人雖然被流放，不過後來重組後的麥地奇家族又再次抬頭。

一三八一年，在英格蘭也發生一場名叫「瓦特・泰勒農民起義（Wat Tyler's Rebellion）」的大規模農民暴動。這場暴動的導火線是百年戰爭以及為了戰爭而實行的增稅。主導這場動亂的，是名叫瓦特・泰勒的農民以及名叫約翰・鮑爾（John Ball）的神父（「當亞當在耕作，夏娃在紡織時，誰是貴族呢？（When Adam delved and Eve span, Who was then the gentleman?）」為其名言），而另有一位名叫威克理夫（John

Wycliffe）的牛津大學著名神學家，也因為涉嫌參與這場暴亂而被大學開除。威克理夫對招致分裂的羅馬教會灰心透頂，於是將聖經翻譯為英文。他在序文中這麼寫道：

「本聖經贊成民有、民治、民享的政府（This Bible is for the government of the people, by the people, and for the people.）」

林肯在葛底斯堡（Gettysburg）演說中提到的這句名言，其實出自威克理夫。林肯在好幾百年後才能使用這句話，可見這句話在當時是多麼激進，英格蘭國王會生氣也是可以理解的。威克理夫死後，在一四一四年的康士坦茲大公會議中被認定為異端。

在收復失地運動（Reconquista）的過程中誕生的葡萄牙第一個王朝——勃艮第王朝（一一四三—一三八三），在伊比利半島與卡斯提亞王朝爭端不斷，後來在葡萄牙出現明君約翰一世（João I）後，便打敗了卡斯提亞王朝。他在國會（Cortes）的推舉下開創了新的阿維斯王朝（inastia de Avis），並在一三八六年與英格蘭簽署溫莎條約（Treaty of Windsor），與愛德華三世的四子約翰（John of Gaunt）之女菲利帕（Philippa of Lancaster）結婚，作為對抗卡斯提亞王朝的策略。

他們生下的孩子都非常優秀，航海家恩里克王子就是其中之一。此外，約翰想法開明，以保護威克理夫而聞名。

22 雅蓋洛王朝大勝德意志騎士團

德意志騎士團攻打波羅的普魯士人，將普魯士收為領土；而在普魯士的東方，有十一世紀建立的波蘭王國（Kingdom of Poland）與十三世紀建立的立陶宛大公國（Grand Duchy of Lithuania）兩個國家。這兩個國家很擔心德意志騎士團會不會趁勢繼續往東推進，因此加強警戒。

一三八五年，波蘭女王雅德維加（Jadwiga Andegawe ska）與立陶宛大公雅蓋沃（Jogaila）成婚（克雷沃聯合（Union of Krewo）），兩國形成共主邦聯（Personal union）關係，雅蓋洛王朝（Jagiellonian dynasty）就此誕生。一四一〇年，聯軍與德意志騎士團在斯滕巴克（St bark）展開激戰。最後聯軍大勝，雅蓋洛王朝確立其北方大國的地位。

23 鄂圖曼王朝急速成長，與之抗衡的是帖木兒王朝

一三八九年，波斯國民抒情詩人哈菲茲（Hafez）辭世。

同年，巴爾幹半島爆發了科索沃戰役（Battle of Kosovo）。這場戰爭的起因，是由於塞爾維亞與斯拉夫民族的諸侯皇族對於定都哈德良堡的鄂圖曼王朝感到威脅，才主動

挑起戰爭的。然而結果是鄂圖曼王朝獲得壓倒性的勝利。

當時匈牙利已經在巴爾幹半島北部發展為一個大國，匈牙利國王西吉斯蒙德（Sigismund）奮勇挑戰勢不可擋的鄂圖曼王朝。西吉斯蒙德是查理四世的兒子，日後將成為德意志國王、羅馬皇帝，並且替羅馬教會的小分裂劃下休止符。他完全不把鄂圖曼王朝放在眼裡。然而面對綽號「雷霆」的鄂圖曼王朝巴耶塞特一世（Bayezid I），西吉斯蒙德在多瑙河畔的尼科波利斯戰役（Battle of Nicopolis）中慘敗。

鄂圖曼王朝之所以能在科索沃戰役與尼科波利斯戰役大勝，都要歸功於手持槍枝的耶尼切里軍團。這個新戰力是鄂圖曼王朝急速擴張的支柱。

然而就在此時，帖木兒從東方逼近勢如破竹的鄂圖曼王朝。

稱霸中亞，將版圖擴張到俄羅斯欽察草原的帖木兒，在一三九八年攻陷印度德里。隨後他轉向西方，征服敘利亞的大馬士革，接著又率兵轉向安那托利亞半島。在十五世紀初，帖木兒與鄂圖曼王朝展開激烈的衝突。

在北義大利的米蘭建設米蘭大教堂的吉安・加萊亞佐・維斯康蒂（Gian Galeazzo Visconti）向羅馬皇帝（德意志國王）文策爾（Wenzel）行賄，獲得米蘭公爵的稱號（一三九五）。

麥地奇家族的喬凡尼・德・麥地奇（Giovanni di Bicci de' Medici），與因為參與梳毛工起義而被趕出佛羅倫斯的薩爾韋斯特羅屬於不同血脈，他在一三九七年將麥地奇銀行的總行從羅馬搬到佛羅倫斯，迎向麥地奇銀行在佛羅倫斯金融界的新挑戰。

24 大明的黑暗政權

建立明朝的朱元璋是個出身清貧的人，而他的身邊都是朱子學家。這些人都是因為科舉制度在蒙古時代遭到廢止而無法當上高級官員，只好靠著當家庭教師餬口的人們以及他們的弟子。

大元大蒙古國讓銀在世界上流通，將中國的陶瓷器、絲絹、茶葉出口，帶動中國的經濟，然而這種全球化經濟看在朱元璋以及朱子學家的眼裡，卻只是本國的名產品不斷流失而已。朱元璋和他的親信都相當厭惡商人與外國人。

這樣的人所打造的政權會是什麼呢？他們徹底打壓商業，重視農業。別說全球化經濟了，TPP對他們而言更是荒唐至極。古代的漢朝和唐朝，才是最理想的中國。

此外，朱元璋很清楚自己不學無術，因此對知識份子（士大夫）抱著懷疑，認為他們一定在心中瞧不起自己，這些知識份子都不值得信任。他的個性非常陰沉。

肅清十多萬人，頒布海禁令

疑神疑鬼的朱元璋為了鞏固自己的政權，開始透過所謂的「文字獄」來殘殺知識份子。另外他擔心自己遭到背叛，於是將過去和他並肩作戰的功臣一一肅清，傳說人數高達十幾萬人。

據說二十世紀的文化大革命有數百萬人遭到殺害，不過這是包括全中國一般市民的數字；而朱元璋所殺的十幾萬人，卻只是首都南京的知識份子與建國有功的人們。鎖定十幾萬名能人賢士加以殺害，可謂異常至極。

也因為如此，明朝的文化與文明技術都大幅後退。不論是陶瓷器、書畫或是雕版印刷，都明顯比大元大蒙古國時代還要拙劣。

朱元璋接著又頒布了海禁令，也就是所謂的鎖國政策。他認為只要禁止貿易，就能防止陶瓷器和絲絹流出，因此禁止所有私人貿易行為。

海禁令頒布後，靠海吃飯的人該怎麼辦呢？他們要不就是轉而務農，要不就是成為海盜。但是長期在海上生活的人，很難在陸地上討生活，因此他們全都成了倭寇。就這樣，倭寇漸漸成為由日本人、中國人與朝鮮人組成的混合部隊，以東海的島嶼為根據地，慢慢坐大，就像一個由靠海吃飯的人們所組成的海上共和國一樣。另外，從唐朝就開始的海關、市舶司等機構，也都被廢除了。

朱元璋在施行海禁令之後，便開始朝貢貿易作為補償。他命令鄰近諸國必須帶著貢品來朝貢，相對地，只允許他們跟國家進行貿易。具體的做法是發行「勘合符」給前來朝貢的國家，國家只和持有「勘合符」的船隻做生意，稱為「勘合貿易」。

朱元璋鞏固黑暗體制

朱元璋是明朝的第一個皇帝，稱為洪武帝，不過在本書中皆以他的本名朱元璋稱呼。他開始實施「一世一元制」，也就是就像現在的日本一樣，明治天皇在位的時代就叫做明治時代，以君主名稱作為時代名稱的制度。

另外，他也開始三跪九叩這種權威式的禮儀，要求臣子來到皇帝的面前時，必須下跪三次，且每次下跪都必須磕頭三次。

從隋唐時代就存在的中書省，也被廢止了。專司立案、起草詔書的這個機構，原本擁有決定國家所有政策的權力，但簡單講，朱元璋把所有的宰相職務全部廢除，由皇帝親自指揮六部長官，打造皇帝獨裁制。

他還禁止擔任宮廷僕役的宦官習字讀書，還把所有識字的宦官處死。宦官是宮廷內不可或缺的僕役，他們的工作包括遞送皇帝的親筆書信給大臣。朱元璋擔心他們在遞送書信的時候偷看，把內容洩漏出去，或是偷偷竄改內容。

關於治國體制，朱元璋不信任家臣，因此只仰賴他的親屬。為了防禦北元，他派遣自己的子嗣駐守北方的要地。他分別派二子、三子、四子駐守西安（長安）、太原與北平（大都），把長子配置在首都南京，但他的長子不幸早逝，所以朱元璋死後，便由他的孫子繼任為第二代建文帝。只不過優秀的家臣已幾乎全被朱元璋殺光。

拒絕貨幣經濟，重農抑商

朱元璋想打造一個完全不使用貨幣的社會制度，實施以農業為本，抑制商業的政策。

首先，為了徹底實施將農民綁在土地的制度，他重整了從宋代開始紀錄的土地登記簿《魚鱗圖冊》，同時製作戶籍登記簿《賦役黃冊》。他認為只要把每一個人民跟土地綁在一起，就不會出現想進行全球化貿易的人了。

他將人民分成四種類別，包括農民（民戶）、軍人（軍戶）、稱之為「匠」的陶瓷器等專業製造者（匠戶），以及製鹽的人（灶戶）。他用里甲制整理組成社會的基本，也就是民戶。將一百一十戶定為一里，將其中最有力的十戶定為里長戶，其餘皆稱為甲首戶。一戶里長戶加上十甲首戶，合計十一戶，便構成一個單位（甲），而國家會以這個單位來維持治安或徵收年貢。這是一種鄉村制度。年貢，也就是稅金，必須以物品繳納，而非現金。各里必須將年貢搬到縣政府所在的都市，包括米、布、陶瓷器。這樣一來，商人便沒有介入的餘地。

至於軍戶，朱元璋不允許用金錢買賣軍糧，而是要求軍戶直接將糧食送至軍隊駐紮處；根據送來的糧食，再依照比例發放鹽引。鹽引是一種可以用來換鹽的高額紙幣，這裡商人也無法插手。這個制度稱為開中法。軍戶也有像里甲制一樣的集團管理制度，稱為衛所制。

然而，即使實行了這種完全排除商人的制度，對於本來就喜歡買賣、做生意的中國人來說，實在是太為難了。這個制度大約維持了一百年，就開始崩壞。

朱元璋死去，發生靖難之變

朱元璋死後，他的孫子建文帝在一三九八年即位。當時明朝已經徹底執行朱元璋不使用現金的政策，因此國庫豐沛，軍隊也很完整。然而由於無論是政府或軍隊，優秀的指揮官都幾乎被殺光了，因此欠缺領導力。建文帝即位時年僅二十一歲。

建文帝的親信對他進言：

「現在已經沒有會對皇帝造反的將軍或謀士了，國家也很穩定，現在唯一值得擔心的，就是鎮守北方的叔父們。請依序打倒他們吧。」

建文帝聽信這個建議，採取打壓諸王的政策，依序廢除叔父們的地位，最後剩下駐守大都（北平）的四子燕王朱棣。燕王握有強力的軍隊，建文帝即位後，便找藉口把軍隊調離燕王身邊，於是燕王手邊只剩下少數兵力。面對彷彿掐著自己脖子的建文帝，燕王明白要是不打倒建文帝，最後一定是自己被打倒，於是決定發起叛變。這就是打著「清君側，靖國難」口號的靖難之變（一三九九）。

北平與南京就此開戰。雙方的兵力可說天差地遠，但是建文帝的手下沒有一個能夠好好指導作戰的將軍。此外，宮廷裡的宦官們也對禁止他們讀書的朱元璋懷恨在心，更厭惡延續這種政策的建文帝。他們團結起來支持燕王，派密使前往北平，告訴燕王，建文帝的大本營南京現在兵力單薄，建議他進攻南京。一四〇二年，燕王攻陷南京，即位為永樂帝。大明政權最黑暗的時期已經過去，進入永樂帝的時代。

朝鮮半島李氏朝鮮建國，日本足利義滿使北山文化開花結果

罕見地不合時宜又充滿妄想的朱元璋，晚年想把首都從南京遷回長安（西安）。他似乎夢想著把中國純化為一個從世界上孤立的古代帝國。他將科舉制度完全恢復，又從蒙古手中奪回中國南部最弱的雲南。但他的政策所帶來的反彈，使中國失去更多。全球化從此在中國消失。

朝鮮半島在一三九二年由李成桂殲滅高麗，建立李氏朝鮮。李成桂是高麗的重臣，

當高麗分裂為蒙古派與反蒙古派，互相鬥爭時，他站在反蒙古派的那一邊。在朝鮮與中國的歷史上，經常可見政權剛好在同時輪替的情形。中國政權瓦解後，朝鮮政權也跟著瓦解。朝鮮和越南皆與中國相連，因此經常直接受到影響。

在同一時期，日本的足利義滿統一了南北朝。後醍醐天皇與足利尊氏分開建立的南朝，位在吉野的深山裡，本來就是個苟延殘喘的弱小政權，因此「統一」的說法是否適切，著實令人懷疑。或許一切只是因為日本也受到朱子學的影響，認為南朝是正統政權吧。

他在京都的室町建造花御所，在此處理政事，因此足利政權的時代又稱為室町時代。他和平清盛一樣，是個具有國際觀又重視效益的人，因此善加利用明朝所謂「勘合貿易」的朝貢制度，增加國益，讓北山文化開花結果。

（後續請見《世界史躺著讀II》）

國家圖書館出版品預行編目 (CIP) 資料

世界史躺著讀 I : 從文字的誕生到現代世界的形成 , 輕鬆掌握人類文明 5000 年 / 出口治明著 ; 周若珍譯 . -- 二版 . -- 新北市 : 遠足文化事業股份有限公司 , 2023.05
368 面 ; 12.8×19 公分
譯自 : 「全世界史」講義 . I, 古代 . 中世編 : 教養に効く ! 人類 5000 年史
ISBN 978-986-508-214-7（平裝）

1. CST: 古代史　2. CST: 中古史　3 .CST: 世界史

712.1　　112007016

世界史躺著讀 I

從文字的誕生到現代世界的形成，輕鬆掌握人類文明 5000 年

「全世界史」講義 I 古代・中世編：教養に効く！人類 5000 年史

作　　者 —— 出口治明
譯　　者 —— 周若珍

執 行 長 —— 陳蕙慧
資深主編 —— 賴虹伶
責任編輯 —— 郭昕詠（初版）、賴虹伶（二版）
封面設計 —— ivy_design
內頁排版 —— 簡單瑛設
行銷企畫 —— 陳雅雯、余一霞、趙鴻祐、林芳如、張偉豪

社　　長 —— 郭重興
發 行 人 —— 曾大福
出 版 者 —— 遠足文化事業股份有限公司
地　　址 —— 231 新北市新店區民權路 108-2 號 9 樓
電　　話 —— (02)2218-1417
傳　　真 —— (02)2218-8057
客服信箱 —— service@bookrep.com.tw
郵撥帳號 —— 19504465
客服專線 —— 0800-221-029
部 落 格 —— http://777walkers.blogspot.com/
網　　址 —— http://www.bookrep.com.tw
法律顧問 —— 華洋法律事務所 蘇文生律師
印　　製 —— 呈靖彩藝有限公司

定　　價 —— 400 元
二版一刷 —— 2023 年 5 月
I S B N —— 978-986-508-214-7 (紙本)
978-986-508-217-8 (PDF)
978-986-508-218-5 (EPUB)

Printed in Taiwan